L'ÉTOILE

D'ASSURANCES MUTUELLES

CONTRE LA GRÊLE

FONDÉE PAR ORDONNANCE ROYALE DU 7 JUIN 1834

******

ORIGINE — HISTOIRE — STATISTIQUES — BIOGRAPHIES, ETC.

PAR

E. REGNAULT DE BEAUCARON

DIRECTEUR GÉNÉRAL DE LA SOCIÉTÉ

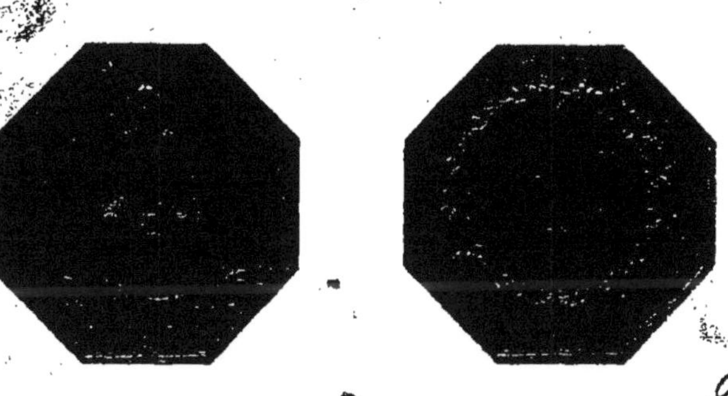

PARIS

IMPRIMERIE PAUL DUPONT

141, RUE MONTMARTRE, 141

1905

L'ÉTOILE

SOCIÉTÉ D'ASSURANCES MUTUELLES

CONTRE LA GRÊLE

L'ÉTOILE

SOCIÉTÉ D'ASSURANCES MUTUELLES

CONTRE LA GRÊLE

FONDÉE PAR ORDONNANCE ROYALE DU 7 JUIN 1834

⁂

ORIGINE — HISTOIRE — STATISTIQUES — BIOGRAPHIES, ETC.

PAR

E. REGNAULT DE BEAUCARON

DIRECTEUR GÉNÉRAL DE LA SOCIÉTÉ

PARIS

IMPRIMERIE PAUL DUPONT

144, RUE MONTMARTRE, 144

1905

Société Royale

D'ASSURANCES MUTUELLES

CONTRE LA GRÊLE,

(L'ÉTOILE)

Rue du Faubourg-Poissonnière, N° 41, à Paris

AUJOURD'HUI, 49, RUE BOISSIÈRE

Jetons de présence de la Société

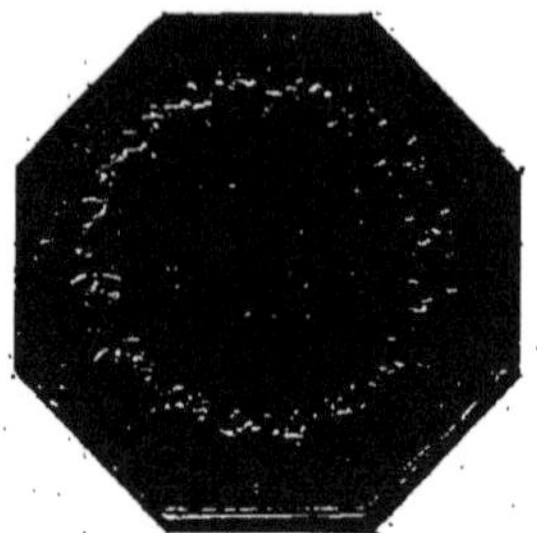

Sceaux de l'Étoile a sa fondation

CE LIVRE

ÉCRIT EN L'HONNEUR DES

FONDATEURS ET ADMINISTRATEURS

DE LA SOCIÉTÉ

EST DÉDIÉ

AU CONSEIL D'ADMINISTRATION

Avril 1905

L'ÉTOILE

SOCIÉTÉ D'ASSURANCES MUTUELLES

CONTRE LA GRÊLE

CHAPITRE I

La Grêle. — Grêlons extraordinaires. — Orages particulièrement graves antérieurs à la fondation de la société l'ÉTOILE.

Il ne sera pas fait de théorie scientifique de la grêle. Ce point a été traité par de savants auteurs dans des ouvrages spéciaux. Ici, il ne s'agit pas d'étudier la formation de la grêle, mais de constater ses effets et d'y remédier. En commençant l'historique d'une société d'assurances contre ce terrible fléau, on se bornera donc à le décrire très sommairement et à énumérer quelques-unes de ses manifestations, telles qu'elles furent consignées dans les anciennes chroniques.

La grêle tombe, on le sait, d'une manière capricieuse, tantôt atteignant un territoire très étendu, tantôt n'en frappant qu'une partie, et inégalement, respectant parfois des récoltes voisines de celles qu'elle anéantit. Les grêlons affectent les formes les plus variées; on en a vu d'une grande régularité et d'autres de la plus curieuse bizarrerie, grêlons transparents, ellipsoïdes à noyau opaque ou transparent, avec stries rayonnantes, sphériques à noyau opaque, avec protubérances, et bulles d'air sphériques, coniques, conico-sphériques, etc... grêlons représentant un œuf, une poire, une noisette, une lentille. Certains contiennent des corps étrangers. Leur abondance est parfois extraordinaire, et même quand ils sont petits ou moyens, ils peuvent laisser sur le sol des couches de 10, 15, 20 centimètres d'épaisseur. Le 19 juin 1899, à Madrid, la couche atteignit 50 centimètres (1). Leur chute ne dure en général que 5, 10 et 15 minutes. Cependant le 17 juillet 1895, à Aigueperse, et le 7 juillet 1896, à Sainte-Christine, commune de Saint-Gervais, elle dura trois quarts d'heure. Le 19 mai 1894, à Neuville, canton de Billom, elle dura une heure et demie sans interruption (2).

La dimension des grêlons est très variable ainsi qu'on le verra dans la description des orages suivants. Leur chute a souvent blessé et tué des hommes et des animaux. Innombrables seraient les exemples qu'on en pourrait citer.

La peste générale qui sévit en France sous Louis le Débonnaire, suivit une grêle prodigieuse tombée en l'an 825, et qui fut considérée comme envoyée par « l'ire de Dieu ».

En 1293, suivant la chronique de Saint-Riquier, le même phénomène se produisit. La disette suivit la grêle : « Les hommes et femmes mouraient le long des chemins, tous les habitants du pays étaient réduits à la misère, et personne ne pouvait venir au secours de ses voisins et de ses amis. » (3)

En 1519, le Vexin fut dévasté par la grêle.

Il en fut de même en 1565, où, le 2 mai, Pontoise subit de grosses pertes.

Le 11 juin 1593, à Meaux, Amiens, Beauvais, Pontoise, Soissons, Mantes, Méru, Senlis, etc., « les orages de grêle décochèrent et causèrent de grandes ruines et démolitions telles qu'impossible n'était plus ». Les catholiques et les huguenots y virent de part et d'autre la colère céleste, et l'on ajouta aux litanies : « *A tempestate et fulgure defende nos, domine.* » « Il fit grêles si horribles que de mémoire d'homme n'en fut ni ouï parler de telles. Il en fut pesées telles (à Pontoise) qui pesaient 18 et jusqu'à vingt livres de poids chacunes. De quoi il en procéda ruines intolérables tant d'édifices que grands dégâts de grains et d'autres fruits de la terre. Plusieurs furent tués et

____

(1) PLUMANDON, *Les orages et la grêle* ; Paris, Masson.
(2) PLUMANDON,   —
(3) Sur tous ces orages et les suivants, voir PLANCOUARD, *Etude sur les localités des deux Vexins* ; Paris, Imp. nat. 1900. — GALLIA CHRIST. ; *Registre de la Catholicité d'Arthies* ; La ligue à Pontoise. — DUCHAUSSOY, *Almanach des cultivateurs*. — PLUMANDON, *Les orages et la grêle*. — FLAMMARION, *L'atmosphère* ; Paris, Hachette 1888.

blessés et d'autres demeurèrent troublés et insensés de leur
esprit, sans le dommage des bêtes tant domestiques que sau-
vages. » A Soissons, le clocher de la cathédrale s'écroula. A
Mantes, « la grêle a été trouvée peser jusqu'à 12 et 13 livres,
grosse comme une balle d'artillerie, et comme la teste d'un
homme, chose admirable ! » Les poids des grêlons de cet orage
paraissent invraisemblables. Pourtant, le 8 mai 1802, on ra-
massa un grêlon de 1 mètre de large, de 1 mètre de long. et
de 7 décimètres d'épaisseur. En octobre 1844, dans le Midi, des
grêlons pesèrent 5 kilogr. A Cette, des hommes furent lapidés
et des vaisseaux coulés bas. Le 28 juillet 1872, il tomba à Semur (Côte-d'Or) des grêlons de 400 grammes. En juin 1874,
à Lyon, des grêlons pesèrent de 500 à 700 grammes. Plus récemment, dans les arrondissements de Trévoux et de Bourg,
le 2 juillet 1897, les grêlons mesuraient plus de 16 centimètres
et pesaient jusqu'à 1.200 grammes. Le 15 août 1882, il tomba
à Salvia (Kansas), des grêlons dont le poids moyen était de
5 livres, l'un d'eux pesa 40 kilos. En 1806, à l'Isle-en-Dodon, il
tomba un bloc de glace qui, « par sa forme et sa grosseur,
ressemblait à un mouton de grandeur ordinaire (1) ». Enfin un
météorologiste autrichien, M. Probaska, rapporte qu'en Ca-
rinthie, il est tombé une plaque de glace de 1 mètre de diamètre, et dans les « Annalen der Hydrographie und Maritimen
Météorologie » on cite à Blankenrath (province Rhénane) la
chute d'un bloc de glace de 2 mètres de long, 1 mètre de large
et d'une épaisseur proportionnée. Ce grêlon phénoménal fut
l'objet d'un rapport au gouvernement.

En 1632, orage à grêle épouvantable dans la Somme « les
personnes étant incommodées par le vent du sud ».

En 1652, forte grêle à Boves et à Flesselles.

En 1658, chute de grêle dans le Vexin « suivie d'un grand
et fâcheux dégel ».

En 1697, en Angleterre, le 29 avril, suivant Halley, les grêlons pesaient 130 grammes; le 30 mai, ils avaient 30 centimètres de tour.

En 1698, le 18 juillet, à Mantes, « grêle grosse comme œufs

___

(1) BARRAU, *Manuel des propriétaires de toutes les classes.*

de pigeon, et si violente qu'elle perdit tous les blés et toutes les vignes, en sorte que les vendanges furent faites en trois quarts d'heure. On croyait que c'était la fin du monde ».

Le 15 mai 1703, dans le Perche, les grêlons gros comme le poing pesaient 300 à 400 grammes, au dire de Parent, de l'Académie des Sciences. Aux environs d'Illiers, il y eut trente paroisses dont les blés ont été fauchés comme si on y avait passé la faucille.

Le 17 mai 1708, après vêpres, un orage fondit sur le plateau de Cléry.

En 1724, le Vexin et le Parisis furent grêlés.

Le 31 juillet et le 1er août 1737, le territoire de Brétigny fut ravagé par une grêle violente. Les vignerons firent expertiser leurs dommages pour être déchargés de l'imposition du « quart pour les chemins ». L'arpent de vigne ne devait plus fournir que 4 ou 5 « demi-queues ».

Le 1er mai 1744, « jour malheureux par le désastre occasionné par la grêle », fut suivi d'une autre journée non moins désastreuse, le 6 août. Tout fut ravagé entre Versailles et Pontoise.

Le 11 juillet 1753, à Toul, Montignot et Tressan ramassèrent des grêlons, de la forme de polyèdres irréguliers, d'un diamètre de 8 centimètres.

Le 8 juillet 1760, les récoltes furent détruites en un instant par la grêle, à Saint-Valery-sur-Somme.

En 1761, le 19 août, « grêle extraordinaire, qui endommagea toutes les récoltes ».

Le 5 août 1768, « il est survenu un orage qui a perdu la plus grande partie de la récolte. On remarque que l'année précédente, on avait aboli la fête de la Vierge du 14 et du 15 août. La récolte a été faite en huit jours. L'hiver qui suivit, le pain était si cher que l'on mangeait du riz, encore était-on fort heureux d'en avoir ».

En 1769, après cette terrible épreuve, tout fut encore perdu par la grêle.

En 1775, le 28 juillet, un orage de grêle s'abattit sur Caulière, Thieuloy, Vraignes, Camps-en-Amiénois, Lignières, Châtelain, Sainte-Segrée, etc... Plusieurs personnes furent foudroyées.

En 1776, les 5, 15 et 16 août, suite de grêles dévastant

Sainte-Segrée, Doullens, Havernas, Beauval, Haleux, Brévilliers, Gezaincourt, Grouches, Naours, le Valheureux, etc...

Le 3 Août 1783, trente paroisses de la généralité d'Amïens furent ravagées.

Volta rapporte que les grêlons du 20 avril 1787, à Côme, pesaient jusqu'à 280 grammes.

Mais l'orage le plus formidable du xviii⁰ siècle fut, sans contredit, celui des 12, 13 et 14 juillet 1788, qui traversa la France et les Pays-Bas en allant du S.-O au N.-E., sur deux bandes parallèles, que la grêle couvrit de ruines. L'une de ces bandes avait 175 lieues de long et l'autre environ 200. Celle de gauche commença en Touraine près de Loches, à 6 h. 1/2 du matin, passa sur Chartres à 7 h. 1/2, sur Rambouillet à 8h., sur Pontoise à 8 h. 1/2, sur Clermont-en-Beauvaisis à 9 h., sur Douai à 11 h., entra en Belgique, passa à Courtray à midi 1/2, et s'éteignit au delà de Flessingue à 1 h. 1/2, (175 lieues sur 4 de large.) Celle de droite commença à Orléans à 7 h. 1/2 du matin, passa à Arthenay et Audonville et arriva à Paris à 8 h. 1/2, à Crépy-en-Valois à 9 h. 1/2, Cateau-Cambrésis à 11 heures, à Utrecht à 2 h. 1/2 (200 lieues sur 2 de large). On estime que l'orage se mouvait à une vitesse de 16 lieues à l'heure. Les grêlons, gros comme des œufs de dinde, quelques-uns formés comme des navettes de tisserand, d'autres ayant la forme d'artichauts garnis en tous sens de pointes et de coupants d'une grande dureté et transparents, et pesant 1 livre 1/2 (1), tombèrent pendant 5 à 6 minutes. A Pontchartrain, près de Versailles, les grêlons ressemblaient, écrit Volney, à des plâtres jetés d'un toit que l'on démolirait. On ne put rien tirer des moissons; les laboureurs retournèrent leurs champs. La perte fut évaluée à 25 millions. Les spectacles donnèrent des représentations au profit des malheureux, on fit de grandes aumônes, le roi donna 50,000 livres au département de Senlis, 21,000 à celui de Pontoise (2). Dans cette dernière localité et

---

(1) *Registre municipal de Pontoise.* — PLANCOUARD, *Eod. loc.*

(2) Paroisses grêlées le 12 juillet au soir : Ableiges-Bercagny, Chars, Commeny, Cormeilles, Courcelles, Frémicourt, Gouzangrez, le Perchay, Marines, Montgeroult, Moussy, Santeuil, Us. Toutes les autres paroisses du territoire de Pontoise furent grêlées le 13.

aux environs, l'orage avait été signalé par une obscurité profonde (il était 8 h. 3/4 du matin), si bien que le sieur Hyacinthe Lefeu, soldat revenant d'un long congé, se perdit dans la plaine de Pontoise « dont les chemins étaient tout bouleversés, les arbres détruits, le gibet de la Justice de Guéry abattu ». Les habitants du Perchay et d'Hérouville étaient plongés dans la plus affreuse misère.

Le 26 mars 1790, les grains avaient la grosseur d'une forte aveline, et rappelaient par leurs formes celles d'un champignon. Ils étaient arrondis à une extrémité et pourvus d'un pied mince à l'autre extrémité (1).

Le 12 juillet 1790, orage de grêle. On préparait alors à Paris au milieu d'un enthousiasme général, les estrades pour la fête du 14 juillet. Le bailli de Virieu raconte à ce sujet : « Vendredi, il y a eu un particulier tué dans les travaux. On assure qu'un jeune homme à cette vue, animé d'un excès de patriotisme, a traîné sous l'autel futur de la patrie, une fille de bonne volonté et, pendant l'orage, a réparé le mal qu'on venait de faire (2) ».

Le 16 août 1791, cinquante communes du diocèse d'Amiens furent atteintes par la grêle. On évalua leurs pertes à 550,000 livres. A Amiens, 226,140 carreaux avaient été brisés. « Les glaçons, aussi gros qu'aigus, ont blessé nombre de moissonneurs, qui eussent péri s'ils n'avaient trouvé un abri pour se dérober à cette épouvantable grêle, » qui détruisit notamment les récoltes de Boves, Monsures, Querrieu, Allonville, Bacouel, Longpré-les-Amiens, Glisy, Montagny, Belleuse, Saint-Gratien, Fréchencourt, Bussy-les-Douars, la Motte-Brévière, Rivery, etc...

En 1793, les récoltes du Vexin étaient médiocres et furent en partie ravagées par la grêle. Une « trombe descendante » vida l'étang du Plessis-le-Veneur.

Le 16 prairial, an XIII, 5 juin 1805, un orage affreux dévasta tout l'arrondissement de Murat. Barrau, on le verra plus

---

(1) Duchaussoy, *Observations météorologiques.*

(2) *La Révolution française racontée par un diplomate étranger,* publiée par le Vᵗᵉ de Grouchy ; Paris, Flammarion.

tard, venait de fonder depuis quatre ans sa société d'assurances *réciproques* dont le Conseil d'Etat lui fit arrêter les opérations en 1811. A propos de cet orage, il rapporte le fait suivant : « Dans le temps que la grêle détruisait tout, plusieurs malheureux qu'elle faisait ses victimes, se trouvaient réunis sous un hangar dans le village de Forgues. Au milieu du désespoir général, un seul ne se plaignait pas, on lui demanda la raison de cette tranquillité : « Mes amis, répondit-il, je suis assuré ! » Ses voisins auxquels il avait fait mystère de la salutaire institution, l'accablèrent de reproches et vinrent à la Direction porter plainte contre lui... Mais les statuts des assurances n'ayant pas prononcé contre un agriculteur qui ne s'affligerait pas de voir tomber la grêle, celui dont il s'agit n'en reçut pas moins son indemnité, soit 6,813 fr. 27 ».

En 1811, La Ferté-sous-Jouarre en Seine-et-Marne, fut ruinée par la grêle. En 1812, ce fut le tour de la commune de Jouy (Seine-et-Oise).

Le 1er janvier 1813, 40 jeunes oies furent tuées par la grêle à Pendé. Le 3 août de la même année, des grêlons gros comme des œufs ravagèrent les environs d'Angoulême. Un enfant fut tué, plusieurs personnes furent blessées. Le lendemain, il restait sur le sol une couche de grêle de 8 à 10 centimètres, et la campagne présentait l'aspect de l'hiver le plus rigoureux, plus une feuille aux arbres.

En 1816, de violents orages survinrent. C'était l'année où Barrau publiait son premier manuel d'assurances mutuelles contre la grêle. « Il semble, écrivait-il, que la Providence ait voulu seconder mon projet, en permettant le mal au moment même où je préparais le remède. »

Le 4 juillet 1819, l'Ouest de la France fut ravagé par des grêlons sphériques de 9 centimètres de diamètre, dit Delcros. Le 5 juillet, il est tombé à Montdidier de la grêle de forme cubique, ayant la dimension de forts dés à jouer.

L'orage de 1825 s'abattit en pleine moisson, accompagné d'un vent violent qui emportait au loin gerbes et dizeaux.

En 1829, dans le centre de la France, les grêlons se manifestèrent « biscornus, gros comme le poing ». Le 24 mai, un orage tel que les vieillards assuraient n'en avoir jamais observé de plus effrayant, blessant les hommes et les animaux, déra-

cinant les arbres, ravinant les côteaux et brisant les vitres des
maisons, ravagea l'arrondissement de Chaumont et une partie
de ceux de Châtillon et de Vervins. Pendant plus de vingt minutes, une grêle anéantissant les récoltes, formée de grêlons ag-
glomérés et de glaçons anguleux, depuis le volume d'une aveline jusqu'à celui d'un œuf de poule, est tombée avec une impétuo-
sité inimaginable, notamment sur Noiron, Gommeville,
Massingy, Brion, Toiras, Bissey, Courban, Montigny, Rouvray,
Vitteaux, Pouilly, etc... L'arrondissement d'Avallon ne fut point
épargné. Le roi donna 20,000 fr. pour être distribués aux victimes. Les princes de la famille royale ajoutèrent des sommes
importantes.

Le 15 juin de cette année, des grêlons pesant 2 kilos défon-
cèrent les toits des maisons de Casorta (Espagne). Le 23 juin,
l'orage de grêle fut si violent à Tonnerre, que, en sortant de
la ville, le postillon de la diligence de Dijon, ne pouvant maî-
triser ses chevaux épouvantés, versa dans le fossé de la route.

Le 15 juillet, des grêlons pesant 1 livre 1/2 ravagèrent la
vallée de l'Armançon et les contrées de l'Aube et de l'Yonne.
Des gens furent soulevés, des clochers foudroyés. Le roi, les
princes et le gouvernement envoyèrent aussitôt des secours
en argent aux victimes des dix communes de l'arrondissement
de Tonnerre les plus maltraitées, et des remises d'impôt furent
accordées.

Le 13 avril 1832, il tomba sur les bords du Rhin des grêlons
pesant, d'après Vogel, 90 grammes. Le 19 août, grand orage
de grêle. La moisson était heureusement faite.

On arrête ici cette énumération, car relater tous les orages
survenus depuis plusieurs siècles est impossible. On a voulu
seulement en signaler un certain nombre parmi ceux qui sont
antérieurs à 1834, date de la fondation de l'*Étoile*. Plus tard,
on aura à parler de ceux qui ont atteint la Société depuis sa
création.

CHAPITRE II

Moyens employés pour se défendre de la grêle ou en atténuer les effets.
Les assurances réciproques de Barrau.

Lancer des pierres contre le ciel, comme font les personnages de la *Terre*, de Zola, avec force imprécations que l'honnêteté interdit de reproduire ici, constitue évidemment un remède insuffisant contre les orages de grêle.

Il en était de même des impuissantes flèches que les Thraces, d'après Hérodote, et qu'ensuite les Gaulois et d'autres peuples tiraient contre les nues. Aussi, depuis longtemps chercha-t-on des moyens plus sérieux de combattre la grêle, ou de parer aux désastres qu'elle occasionne.

Au viiiᵉ siècle, pour l'éviter, on planta de hautes perches dans les champs. Mais, comme leur vertu dépendait de mots magiques écrits sur un parchemin placé à leur sommet, un capitulaire de Charlemagne, daté de 789, en proscrivit l'usage comme constituant une superstition (1).

Du xviᵉ au xviiiᵉ siècle, l'habitude était très répandue de lutter contre la grêle et les orages en sonnant les cloches, pratique dangereuse, car les sonneurs risquaient d'être foudroyés. La cloche de Bouconvilliers, en Vexin, porte l'inscription suivante qui fait allusion à cette coutume : « M Vᶜ IV † ie suis Estienne patron de céans pour éviter toute tempeste, toutefois que serai sonnante aux habitans de cette pˢˢᵉ (2). »

Le registre journalier du grand chantre de l'église Notre-Dame de Paris signale que, dans l'année 1618-1619, « de nombreuses recettes ont été essayées contre la grêle (3) ».

(1) PLUMANDON, *Les orages et la grêle* ; Paris, Masson.

(2) PLANCOUARD, *Etude sur les localités des deux Vexins* ; Paris, Imp. nat. 1900.

(3) PLANCOUARD, et *Bul. de la Soc. d'Hist. de Paris*, 1839.

Lors du terrible orage de 1703, cité plus haut, les habitants d'Illiers sonnèrent leurs cloches avec tant de vigueur, que la nuée, dit-on, se fendit et que la commune ne fut pas endommagée. De nombreux accidents sont venus démontrer que, loin de détourner la grêle, le fait de sonner les cloches attirait la foudre, et l'Académie des sciences, en 1747, et un arrêt du Parlement, en 1784 (21 mai), proscrivirent cet usage.

En Bavière, au XVIIIe siècle, et notamment en mai 1769, on prétendit écarter la grêle au moyen de décharges multipliées de fusils, de canons et de mortiers. Mais, comme les engins étaient souvent trop chargés et éclataient en tuant les artilleurs improvisés, le roi Joseph II en interdit l'usage plus dangereux qu'efficace.

En Romagne, dans la première moitié du XIXe siècle, les paysans déposaient des tas de paille et de bois léger de 15 mètres en 15 mètres, sur une étendue de 12 kilomètres, et à l'approche de l'orage, ils y mettaient le feu.

En 1820, Lapostole inventait des paragrêles et publiait son *Traité des parafoudres et des paragrêles en cordes de paille*, qui avaient pour but de « soutirer insensiblement l'électricité atmosphérique », et qui furent expérimentés dans les Hautes-Pyrénées, en Italie, en Suisse, dans le Haut-Rhin, la Marne, le Doubs, le Rhône. Ces instruments parurent d'abord, de 1820 à 1826, donner d'excellents résultats, puis ils furent abandonnés.

Au commencement du XIXe siècle, dans le Mâconnais, on tira des boîtes et des canons, à l'exemple du marquis de Chevriers, ancien officier de marine, qui, dans sa terre de Vaurenard, consommait annuellement 100 à 150 kilos de poudre de mine contre les orages. On avait remarqué, en outre de l'exemple de la Bavière, que le comte d'Estrées, en 1680, avait dissipé, à coups de canon, des orages formés sur les côtes de Carthagène; que, pendant la guerre avec l'Espagne, de 1792 à 1797, dans le voisinage des Pyrénées, il y avait eu très peu ou même point d'orages, et que, notamment, pendant le siège du fort de Rose, 48 pièces d'artillerie, tirant en même temps, avaient dissipé un orage menaçant (1).

---

(1) BARRAU, *Traité des fléaux*, 1827.

Aussi, de nos jours, a-t-on procédé à de très intéressantes expériences avec des canons et des fusées paragrêles; on en a fabriqué de plus de 60 modèles différents.

Des stations se créèrent depuis 1896, des syndicats se formèrent, des Congrès se réunirent.

On a construit un canon tout à fait extraordinaire, fonctionnant sans poudre et sans artilleur : une étincelle électrique y fait détonner un mélange d'acétylène et d'air. Un mouvement d'horlogerie permet de faire tirer un, deux, ou trois coups par minute et de faire partir en même temps, au moyen d'un fil conducteur, tous les canons à grêle d'une vaste région. Les résultats ne sont pas encore assez concluants pour offrir une certitude. Quoi qu'il en soit, le moyen, vu son prix de revient, semble ne pouvoir être employé que pour des récoltes de grande valeur, telles que les vignes de nos grands crus. Pour donner, en effet, une idée de la dépense, on peut citer la commune de Denicé, en Beaujolais, où furent installés, en 1900, 52 canons sur 1,000 hectares, (un canon devant protéger 20 hectares environ). On tira 1,097 coups de canon le 18 juillet, 1,158 le 29 juillet, 2,769 le 7 août, 1,330 le 20 août, 2,366 le 22 août, ensemble : 8,720 coups de canon en moins d'un mois, et sans que l'expérience ait été complètement décisive (1).

Le seul moyen pratique que l'on ait découvert jusqu'à maintenant, non pour empêcher la grêle, mais pour en atténuer les dommages, est l'assurance, et c'est à Pierre-Bernard Barrau que revient l'honneur de l'avoir imaginée et expérimentée en France.

Si, en effet, il semble résulter d'un passage du Talmud de Babylone, d'après M. Woltemberg, que les Hébreux qui employaient de nombreux ânes pour le transport de leurs marchandises, pratiquaient une sorte d'assurance mutuelle contre la mortalité du bétail, en s'engageant à remplacer à frais communs un animal mort en cours de route (2); si les ghildes scandinaves, dont le but était de se prêter mutuelle-

(1) PLUMANDON, *Eod. loc.*

(2) TAILLANDIER, *Les assurances agricoles en France* ; Paris, Rousseau, 1899.

ment secours, en cas de maladie, naufrages, réparations d'injures, etc., contenaient les principes des assurances mutuelles (1); si des Compagnies d'assurances maritimes s'étaient fondées dès le xii* siècle et avaient été réglementées ultérieurement par l'ordonnance de 1681; si, en 1182, les Juifs, expulsés de France sous Philippe-Auguste, avaient eu recours à l'assurance pour mettre leurs fortunes à couvert (2); s'il est vrai qu'en Islande, aux xii* et xiii* siècles, il avait existé des sortes d'assurances contre la perte des bestiaux; si, en 1555, certains contrats d'assurances contre le jeu et l'intempérance avaient été conclus à Auxerre (3); si, en 1684, une Compagnie d'assurances-incendie avait été créée à Londres; si à Paris, en 1754 et en 1765, on avait essayé de fonder des Compagnies d'assurances-incendie; si en 1765, Frédéric le Grand avait rendu obligatoire en Silésie l'assurance contre les pertes causées par l'espèce bovine, si, à la fin du xviii* siècle, on avait risqué des tentatives d'assurances-vie, qualifiées d'immorales par Mirabeau, jamais par contre on n'avait essayé de garantir les récoltes contre le terrible fléau de la grêle.

Pendant le régime féodal, les serfs, en allant à la guerre, où les menaient les seigneurs, faisaient entre eux un accord qu'ils appelaient *assurement*, par lequel ils s'engageaient réciproquement à fournir des secours convenus et déterminés à leurs veuves et à leurs enfants, dans le cas où l'un des contractants mourrait dans l'expédition. Ces contrats d'assurement étaient communs à deux ou trois personnes. C'est en s'inspirant de ces principes que Barrau, en 1799 (4), conçut le projet de l'assurance « réciproque » des cultivateurs entre eux contre la grêle. On se moqua de lui, on le traita de fou. Il ne se découragea pas, et finit par faire partager sa conviction. Le 24 pluviôse an X (13 février 1802), il constitua à Toulouse la

---

(1) et (2) Berthoude, *Des assurances mutuelles ;* Paris, 1892, *Rec. des Et. Hist.*

(3) Quentin, *De l'intérêt historique des anciens dépôts d'actes notariés ;* Auxerre 1848, *Bul. de la Soc. des Sciences Hist. de l'Yonne.*

(4) Deux ans avant, en 1797, se fondait à Neubrandenbourg, dans le Mecklembourg, une société d'assurances mutuelles contre la grêle,' qui existe encore. Elle était inconnue de Barrau.

première Société d'assurances réciproques contre les ravages de la grêle, avec le concours de huit administrateurs, lesquels *officiers de la Compagnie*, ainsi qu'on les nommait, déclarèrent « placer leur établissement, qui, par sa nature, ne pouvait que tourner à l'avantage de l'humanité et de l'État, sous la sauvegarde des lois, de l'honneur et de la probité ».

Barrau y consacra sa fortune et son activité. Il développa son institution avec une surprenante ardeur, et recueillit les encouragements les plus flatteurs des préfets, des Sociétés d'agriculture, des députés et du ministre de l'intérieur Chaptal. Le conseil général de la Haute-Garonne, par une délibération prise à l'unanimité, demanda à Sa Majesté d'accorder à M. Barrau « la récompense honorable qu'elle décernait au génie et au talent », c'est-à-dire la croix de la Légion d'honneur. En neuf ans, Barrau avait assuré 17,167,000 francs de récoltes, et remboursé jusqu'à concurrence de 394,360 francs de pertes causées par la grêle. A la Société d'assurances contre la grêle, Barrau avait annexé une Société d'assurances contre l'incendie et une autre contre la mortalité du bétail. De toutes parts on lui demandait les renseignements nécessaires pour créer ailleurs des établissements philanthropiques semblables. Barrau se donna tout entier, aucun sacrifice ne lui coûta, et il se voyait sûr du succès lorsque, inopinément, tout fut arrêté !

En France, l'administration supérieure voyant les choses de haut, et théoriquement, prétend parfois pouvoir régler les industries privées mieux que les particuliers eux-mêmes. Le Conseil d'État, saisi de la question des assurances réciproques, déclara, le 30 septembre 1809, que les statuts de la Société établie à Toulouse, et dont il n'avait vu qu'un résumé, « manquaient de développement et d'étendue », et que ses opérations devaient être suspendues, « pour permettre aux associés de réformer et de perfectionner les statuts » !

« J'aurai toujours présent à l'esprit, s'écrie Barrau, le moment où, en plein succès des institutions que j'avais créées, je lus, dans le *Journal de Toulouse*, l'avis du Conseil d'État qui les suspendait ou les supprimait, et surtout cet autre moment plus pénible où me parvint la lettre en date du 15 mai 1810, du chef de la deuxième division du ministère de l'Intérieur. Des larmes coulèrent de mes yeux, et cependant alors je ne prévis pas tout ce qui devait arriver… Je pensai, il est vrai, à la perte de mon état, aux sacrifices que j'avais faits; mais je vis principalement les propriétaires des départements que j'avais affranchis du malheur de la grêle; enfin, je regrettai surtout de ne pouvoir plus me rendre utile.

« L'on ne verra, dans ces épanchements, ni le dépit, ni les regrets de l'ambition trompée. Eh ! quelle était mon existence pendant le temps qu'ont duré mes établissements ? Enfermé dans mon cabinet ou dans mes bureaux, depuis le lever de l'aurore jusqu'à la fin du jour, et souvent pendant la plus grande partie de la nuit, sans intérêt personnel, sans rechercher aucun éclat extérieur, je n'aimais que ma famille, les assurances que j'avais fondées, et je sacrifiais à leur prospérité ma fortune, toutes les jouissances de mon âge et toutes les facultés que la nature m'avait départies. »

Barrau multiplia les démarches et réclamations, mais ce fut seulement *quatre ans plus tard* que le comte de Montalivet, ministre de l'Intérieur, rendit une décision par laquelle, en convenant que le Conseil d'État avait prononcé sans une suffisante connaissance de cause, il l'autorisait à reprendre *provisoirement* ses travaux à la direction de ses assurances.

Mais il n'était plus temps! Non seulement cette autorisation était tardive, mais Barrau ne pouvait plus en faire usage, sa fortune entière ayant été épuisée par les sacrifices qu'il avait consentis !

« O France ! ô mon pays, je ne verrai pas mes vœux réalisés, écrit-il, ni mes efforts couronnés de succès ! Je languirai longtemps encore dans cette funeste inaction où me plongea la précipitation qui règne trop souvent dans les décisions des hommes en place ; et de même que tant d'autres qui se dévouèrent au bien public, je descendrai dans la tombe avec le regret d'avoir travaillé le champ sans en recueillir le fruit. »

Cependant, « subjugué par une conviction puissante », emporté par ce zèle qui ne connut « jamais de terme ni de frein », Barrau voulut signaler d'une manière positive les principes, les règles et les résultats des institutions auxquelles il avait consacré sa vie et sa fortune. Il publia donc, en 1816 et en 1827, après avoir obtenu l'argent nécessaire par souscription, *le Manuel des propriétaires de toutes les classes, ou traité des assurances réciproques ou mutuelles contre les fléaux et les cas fortuits*, volume de plus de 600 pages, où il exposa le fruit de ses recherches, de ses travaux et de ses expériences.

Partant du principe juste d'assurances possibles, il en arrive, sous l'influence de l'idée qui le domine, à certaines théories d'assurances universelles, privées ou administratives, irréalisables. Néanmoins, la lecture de ses ouvrages et des observations pratiques qui y abondent, la connaissance des premiers succès obtenus, suscitèrent la création de nouvelles Sociétés d'assurances contre la grêle, au nombre desquelles figure l'*Étoile*.

CHAPITRE III

Fondation de l'ÉTOILE. Difficultés administratives. Autorisation et privilège du Roi.

A Monsieur le Ministre du Commerce
et des Travaux publics.

Septembre 1833.

Monsieur le Ministre,

Nous avons l'honneur de vous adresser une expédition des statuts par nous adoptés provisoirement pour l'organisation d'une compagnie d'assurances mutuelles contre la grêle, et nous venons vous prier de vouloir bien faire autoriser cet établissement par une ordonnance royale.

Cette compagnie porte avec elle sa recommandation.

La rivalité que pourrait rencontrer cet établissement ne saurait être qu'un motif de plus pour obtenir l'assentiment de l'administration et l'appui du Gouvernement, car on sait qu'un résultat heureux est toujours l'effet de la concurrence.

C'est du bien-être général et de la prospérité des intérêts ruraux sur une certaine étendue locale que nous voulons nous occuper, et nous croyons fermement nos statuts de nature à réaliser nos intentions.

La lecture de ces statuts, Monsieur le Ministre, vous fera partager notre opinion sur ce point, et vous voudrez bien, sans doute, concourir à l'accomplissement de ce projet en nous faisant donner, le plus tôt possible, l'autorisation que nous sollicitons.

Nous avons l'honneur d'être, etc...

Telle est la première lettre sortie des bureaux de l'*Étoile* en formation. Elle était signée de MM. :

Besson, Pair de France, président du conseil général de la Seine, grand officier de la Légion d'honneur.

Cottier, banquier, Régent de la banque de France; directeur fondateur de la Caisse d'Epargne et de Prévoyance de Paris, administrateur de la Compagnie Royale d'assurances contre l'incendie (La Nationale), conseiller général de la Seine, officier de la Légion d'honneur.

Cochin, député, membre du Conseil général de la Seine, maire du douzième arrondissement de Paris, avocat à la Cour de cassation, administrateur des Hospices, officier de la Légion d'honneur, etc.

Drouot, Maire-adjoint du troisième arrondissement de Paris, chevalier de la Légion d'honneur.

Guyot Desfontaines, notaire à Paris.

Odier, banquier, pair de France, député, censeur de la Banque de France, directeur fondateur de la Caisse d'Epargne et de Prévoyance de Paris, conseiller général de la Seine, président du Tribunal de Commerce, etc.

Chereau, directeur de la Société en formation, chevalier de la Légion d'honneur.

M. Chereau, qui avait conçu l'idée de la création de la Société et avait su intéresser à sa cause les notabilités que l'on voit, ne se borna pas à l'envoi de cette lettre, mais dut entreprendre des démarches aussi nombreuses qu'actives, et user de toutes les influences dont il pouvait disposer pour arriver à mener son projet à bonne fin.

Le Ministre ne se contenta pas, en effet, de la lecture des statuts présentés. Il en fit faire un examen approfondi dans ses bureaux et par les juristes du Conseil d'Etat, et en même temps procéda à une sérieuse enquête dans les départements où la Société devait opérer, afin de se rendre compte des services qu'elle y pouvait rendre. Le Ministre exigea de la Société nouvelle de lui rapporter l'adhésion des préfets de ces départements qui tous durent étudier le projet. Les uns donnèrent immédiatement leur approbation. D'autres, comme le préfet de l'Oise, le baron Feutrier, promirent, en outre, l'appui et le concours de leur administration. Mais certains manifestèrent tout d'abord quelque hostilité, ou firent diverses observations qui nécessitèrent des réponses, des correspondances et des voyages. D'autres, enfin, ne comprirent pas bien la question, ou furent extrêmement longs à donner une réponse ; il fallut aller les voir presque tous, leur donner les explications nécessaires, et ce ne fut que dans les premiers mois de 1834 que l'accord, l'adhésion et l'approbation de tous les préfets purent être acquis.

Les plus importants propriétaires et cultivateurs, les principaux fonctionnaires, tels que directeurs des contributions directes, furent aussi consultés et entendus, et l'on réunit ainsi, pour constituer le dossier du ministère, « une masse de renseignements, de conseils et de documents propres à donner, au système et à la pratique de ces sortes d'assurances, une véritable perfection. »

De là « une revue sérieuse » du projet primitif et l'adoption de notables changements, à la satisfaction de tous, dans l'organisation de la Société, dans la classification des récoltes, dans la liste des départements.

Il n'y a pas lieu d'entrer ici dans le détail des difficultés qu'il fallut surmonter pour arriver à une rédaction contentant à la fois les propriétaires et les cultivateurs, les fonctionnaires départementaux, les préfets, le Conseil d'Etat et les bureaux du ministère.

L'entente intervint cependant au commencement d'avril 1834, et l'ordonnance royale allait enfin être rendue, lorsque surgit une nouvelle entrave : un changement de ministère à la suite des troubles de Lyon suscités précisément par l'association qui avait pris le nom de « Mutuellistes ».

Le nouveau ministre vit le dossier et demanda des éclaircissements. Il fallut en recommencer tout l'examen. Le 18 avril, un texte de statuts, encore remanié, fut soumis au ministère, « après une discussion séparée et collective des objections formulées par le Conseil d'Etat et les auteurs des différents rapports sur cette affaire ». Nous n'exposons pas ici les modifications imposées, et qui, outre la circonscription, s'étendaient au tiers des articles ! Il suffira, pour montrer jusqu'à quels minces détails on s'arrêtait, de citer les discussions soulevées au sujet du nom de la Société.

Tout d'abord elle s'était intitulée « Société agricole d'assurances contre la grêle », titre qui avait été admis. Mais en dernier lieu, le ministre critiqua le mot « agricole ». On se demande pourquoi ? Bref, après avoir supprimé « agricole », on discuta sur les trois qualifications suivantes :

Société Royale d'assurances mutuelles contre la grêle.

Ou bien : Société rurale d'assurances mutuelles contre la grêle;
Ou bien : L'*Etoile*, société, etc…

En attendant, des démarches et une nombreuse publicité
avaient annoncé dans les départements la création de la Société,
et les retards apportés dans son autorisation lui causaient un
gros préjudice. Le directeur de l'*Etoile* dut en donner à chaque
instant l'explication, et contrebalancer le discrédit que ces
longs délais commençaient à répandre. En même temps il
redoublait ses sollicitations auprès de l'administration.

Enfin, après approbation du ministre, le projet fut renvoyé
au Comité du Conseil d'Etat, qui donna un avis favorable à la
fin d'avril 1834.

Le 30 avril on semblait d'accord, lorsque le ministre proposa la suppression des départements de l'Oise et de Seine-et-
Oise dans la circonscription !

Or, quatre des soutiens de la première heure de la Société,
MM. Cochin, Drouot, Cottier et Granger avaient leurs propriétés en Seine-et-Oise ! Retrancher ces départements comme
le demandait le ministre, c'était repousser, par une exclusion
d'autant plus inattendue que le département de l'Oise avait
promis son appui et son concours, les sociétaires les plus
influents qui, depuis un an, accordaient leur puissant patronage
à la Société naissante !

D'autre part, le directeur de la Société espérant légitimement
être autorisé au plus tard en avril, ce qui eût eu lieu sans les
obstacles causés par les événements politiques, avait, comme
on l'a vu, fait, depuis le commencement de l'année, parcourir
le pays par des inspecteurs, créer des agences partout, visiter
les cultivateurs. Des adhésions provisoires avaient été obtenues
sur le vu des statuts, et avec la promesse que la Société fonc-
tionnerait régulièrement à bref délai. On conçoit le préjudice
causé par ces retards administratifs, par ces changements
successifs de statuts. Les agents récemment installés, et diffi-
cultueusement recrutés, ne savaient plus que dire, commençaient à douter du succès, et rendaient leur parole aux
cultivateurs qu'à grand'peine ils avaient acquis à la Société
en formation ! Le mois de mai, le plus favorable aux affaires,
se passa ainsi tout entier sans que l'ordonnance d'autorisation
arrivât, rendant les démarches faites dans les provinces inutiles

et même préjudiciables, puisque les engagements pris semblaient ne pouvoir être tenus !

Enfin, le 3 juin 1834, on tomba d'accord avec le ministère. MM. Besson, Cottier, Cochin, Odier, ci-dessus qualifiés, et, en outre, Poullain-Deladreue, chevalier de la Légion d'honneur, Sauvage, Granger, chevalier de la Légion d'honneur et Chereau, chevalier de la Légion d'honneur, se portant forts enfin pour M. Jules Loubers, commandeur de la Légion d'honneur, colonel de la 3ᵉ Légion de la Garde nationale de Paris, se présentèrent chez Mᵉ Alphonse-Jean-Baptiste Daloz, notaire à Paris, à l'effet de faire convertir en acte public le projet des statuts de la Société.

Dans cet acte, les personnages susnommés furent nommés administrateurs et M. Chereau directeur. L'acte fut enregistré le lendemain, 4 juin, à Paris, folio 106 verso, case 1ʳᵉ, et revêtu de la mention : vu pour être annexé à l'ordonnance royale, signé : le ministre du Commerce : Duchatel.

Les statuts ne portant pas le nom de la Société, on se borna à le proposer. La collation en restait réservée à l'ordonnance d'autorisation, laquelle parut enfin le 7 juin. Elle débute ainsi :

Louis-Philippe, roi des Français,

A tous, présents et à venir, salut,

Sur le Rapport de notre ministre secrétaire d'Etat au commerce, notre Conseil d'Etat entendu,

Avons ordonné et ordonnons ce qui suit :

Art. 1. — La Société d'assurances mutuelles contre la grêle, établie à Paris sous le titre de « Société d'assurances mutuelles contre la grêle, dite de l'*Etoile* », est autorisée.

Sont approuvés les statuts, etc...

Art. 5. — Notre ministre secrétaire d'Etat du Commerce est chargé de l'exécution de la présente ordonnance, qui sera publiée au Bulletin des Lois, et insérée au Moniteur, et dans un journal d'annonces judiciaires de chacun des départements compris dans la circonscription de la Société.

Donné au Palais des Tuileries, le 7 juin 1834.

Signé : LOUIS-PHILIPPE.

Par le Roi :

Le ministre secrétaire d'Etat au département du Commerce,

Signé : T. DUCHATEL.

Voici donc la Société autorisée, mais à quelle date ! Le 7 juin, et il faut plusieurs jours pour que les publications soient faites et que la nouvelle en soit donnée aux agents. De plus, l'ordonnance royale n'autorisait que 14 départements sur 20 qui avaient été tout d'abord demandés. Des départements retranchés avaient été visités et organisés, tandis qu'il n'en était pas de même pour d'autres compris dans l'autorisation. L'époque utile pour la réalisation des affaires grêle était trop avancée et l'on ne réunit jusqu'à la moisson que trois millions d'affaires. Or, on avait imposé à la Société la condition de n'entrer en fonctionnement que lorsqu'elle aurait un capital de cinq millions. Des sinistres survinrent, le directeur de la Société ne pouvait légalement réclamer de cotisations, les assurés eussent pu refuser, la condition des cinq millions n'étant pas réalisée. Pour ce même motif, il est vrai, la Société pouvait, d'autre part, refuser le paiement des sinistres. Mais on juge quel en eût été le déplorable effet.

Le directeur de l'*Etoile* ne voulut pas que le discrédit fut jeté ainsi dès le début sur son entreprise. Il ne voulut pas que les premiers adhérents de la Société, ceux qui lui avaient manifesté leur confiance, ne fussent pas intégralement remboursés de leurs pertes. Il ne perçut donc pas de cotisations. Par contre, il paya toutes les indemnités intégralement sur ses deniers personnels. De cette manière d'agir est née la bonne réputation dont l'*Etoile* et son directeur ont joui depuis cette époque auprès des cultivateurs, des autorités et du roi.

Celui-ci, en effet, donna à la Société l'*Etoile* l'autorisation de prendre le titre de Société ROYALE.

Le directeur de l'*Etoile* reçut, à ce sujet, successivement les lettres suivantes :

CABINET DU ROI   Aux Tuileries, 29 avril 1835.
    Secrétariat

Monsieur,

Le Roi a pris connaissance de la demande que vous lui avez adressée.

S. M. a ordonné qu'elle fût immédiatement transmise à M. le ministre du Commerce.

J'ai l'honneur de vous informer que les ordres du Roi ont été exécutés.

Recevez, Monsieur, l'assurance de ma considération distinguée.

Le chef du Secrétariat,
LASSAGUE.

LIQUIDATION
de
L'ANCIENNE LISTE CIVILE

Paris, le 12 juin 1835.

Monsieur,

Je vous prie de croire que ce sera avec plaisir que je recommanderai votre Société, car je pense qu'elle peut être très utile aux cultivateurs en même temps qu'elle pourra concourir à alléger les charges du Budget (1).

Agréez, Monsieur, l'assurance de mes sentiments distingués.

Signé.....

INTENDANCE GÉNÉRALE
de la
LISTE CIVILE
DIRECTION GÉNÉRALE
1er bureau

Paris, le 16 mars 1836.

Monsieur,

Le Roi, sur le rapport de mon prédécesseur. a bien voulu, par une décision en date du 21 février 1836, accorder à la

---

(1) Préoccupés, en effet, de venir en aide aux cultivateurs ruinés par la grêle, les gouvernements successifs, Henri IV et Sully, Louis XIV et Colbert, Louis XVI, Turgot et Necker (édits des 18 décembre 1774, 30 janvier et 1er novembre 1775), la Convention (loi du 23 février 1793), le Directoire (loi du 19 vendemiaire an IV), les lois du 11 frimaire an VII, 21 ventose an IX, 7 brumaire an X, 15 septembre 1807 et les lois de finances depuis 1819 édictaient soit des dégrèvements d'impôts, soit des secours pour les cultivateurs victimes de la grêle et de divers autres fléaux.

Compagnie que vous dirigez le titre de *Société Royale* de l'Etoile.

Je suis heureux d'avoir à vous faire connaître ce témoignage de la bienveillance royale et je m'empresse de vous adresser le brevet que vous avez sollicité.

Recevez, Monsieur, l'asssurance de ma considération distinguée.

Le conseiller d'Etat,
Intendant général de la liste civile,
Baron FAIN.

Ce brevet sur parchemin est ainsi conçu :

INTENDANCE GÉNÉRALE
de la liste civile   [Ici l'écusson Royal.]

—

BREVET DE LA SOCIÉTÉ ROYALE
DE L'ÉTOILE

—

Nº d'ordre 81

LOUIS-PHILIPPE, ROI DES FRANÇAIS,

Sur le témoignage avantageux qui lui a été rendu de la Société l'*Etoile*,

Désirant lui donner une marque de sa bienveillance et de sa protection,

Accorde à la Société de l'*Etoile* (assurances mutuelles contre la grêle),

Le titre de *Société Royale de l'Etoile.*

En vertu de quoi Sa Majesté a ordonné de lui expédier le présent Brevet, signé par moi, conseiller d'Etat, intendant général, administrateur de sa Liste Civile.

Paris, le seize mars mil huit cent trente-six.

Baron FAIN.

[Sceau du Roi.]

CHAPITRE IV

Obstacles créés par la concurrence. — Comment furent organisées les premières agences.

Aux difficultés administratives que le directeur de l'*Etoile* dut surmonter pour obtenir l'autorisation et entrer en fonctionnement, il faut ajouter la lutte qu'il eut à soutenir contre d'autres sociétés similaires créées tant en province qu'à Paris, (l'*Etoile* est la seconde créée à Paris). Celles-ci redoutant la concurrence, mirent tout en œuvre pour faire échouer l'*Etoile* dès le début, jeter la défaveur sur le commencement de ses opérations, le découragement dans l'esprit de ses agents.

Quand il s'agit de s'assurer l'approbation des préfets, elles s'efforcèrent d'user d'influences contraires. L'une d'elles, qui avait obtenu le patronage des plus grands noms de France, adressa aux préfets, à la fin de l'année 1833, des lettres de protestations. Ces lettres, ainsi qu'il résulte d'un exemplaire en date du 26 décembre 1833, tombé entre les mains du directeur de l'*Etoile*, étaient signées : le duc de Montmorency, le duc de la Rochefoucault, le duc de Crillon, le duc de Caraman, le duc de Rauzan, le comte de la Borde, le comte de Labriffe, le comte d'Haussonville, le comte de Chastellux, le comte de Courtarvel, le baron de Bray, etc....., tous anciens pairs de France, ou députés, ou conseillers du Roi, ou membres de l'Institut.

Malgré cela, le directeur de l'*Etoile*, on l'a vu plus haut, réunit toutes les approbations préfectorales. Mais il ne fut pas au bout de ses peines, et il eut à se défendre contre bien d'autres menées.

Le représentant d'une société rivale ne craignit pas de venir, sous un faux nom, solliciter auprès de lui, au moment de l'organisation de son personnel, plusieurs agences pour ses créatures qui, recevant le mandat de l'*Etoile*, devaient, par une convention secrète, se charger de la desservir.

Bien plus, un directeur ne trouva rien de mieux que d'adresser, en août 1834, une plainte au Parquet, prétendant que le directeur de l'*Etoile* lui avait fait voler des registres et pièces diverses! Des perquisitions furent opérées aussitôt, non seulement dans les bureaux de la direction de l'*Etoile*, mais au domicile même de ses employés et dans plusieurs agences de province. On conçoit l'effet produit, effet d'autant plus durable que l'on se trouvait en période de vacances, que le juge d'instruction chargé de l'affaire était parti en congé, et qu'il fallait attendre une ordonnance de non-lieu avant d'engager une action en dommages-intérêts. On imagine combien ces délais impossibles à éviter aggravaient le préjudice causé.

Et pourtant, ces manœuvres, loin de nuire à l'*Etoile*, firent éclater son entière bonne foi, et, par suite, tournèrent à son profit.

Les diverses perquisitions n'aboutirent qu'à faire découvrir une note relatant certains actes à la charge du directeur plaignant. Cette note, communiquée à un employé de l'*Étoile* à une époque antérieure, avait été oubliée et n'eût certainement jamais vu le jour, si la plainte de l'homme dont elle révélait les écarts, n'en avait amené la saisie. Le dénonciateur effrayé, désespéré des conséquences qui en pouvaient résulter pour lui, se fit sauter la cervelle.

Citera-t-on ce directeur qui, arrivant flanqué de secrétaires et d'agents, faisait annoncer ses visites dans les villages à coups de tambour et à son de trompe? Cet autre qui, pour en imposer davantage, avait donné, à ses auxiliaires, des casquettes galonnées d'allure officielle?

Parlera-t-on, mais ceci n'était pas bien méchant, de cette société qui faisait de la réclame en musique, et dont les prospectus, et même les polices, portaient des vers de mirlitons :

Moi j'assure
L'immeuble et la créature,
Les sujets
Et les objets.

. . . .

Soudain, une voix secourable
Vient consoler chaque esprit ;
Je rends au riche, sa table,
Je rends au pauvre, son lit.
Moi j'assure, etc.....

Un agent, qui représentait à la fois la grêle, l'incendie et la vie, chantait :

> Moi j'ai trois branches à mon système, etc.....

Ce n'était que ridicule. |Mais sérieuses étaient les polémiques acharnées soulevées dans les journaux agricoles (1) pendant les dix ou quinze premières années de l'*Etoile*. Leurs colonnes étaient remplies d'articles de critiques des diverses Sociétés, les unes contre les autres. Le résultat, le plus clair, était de les discréditer successivement. Aussi, sans paraître s'en inquiéter, le directeur de l'*Etoile*, laissant dire les autres, mais profitant de leurs expériences et tâchant de faire pour le mieux, se tenait éloigné de ces discussions regrettables et stériles. Il s'était borné, au début, à faire annoncer, dans les journaux, la création de la Société, son système et son organisation, « de manière à éveiller l'attention publique et à provoquer, en sa faveur, la confiance et l'intérêt ». Les journaux lui prédirent « une grande et utile destinée ».

Lorsque l'*Etoile* était prise trop vivement à partie, le directeur envoyait surtout des circulaires privées destinées à rectifier les allégations erronées. Soucieux de ne pas envenimer les choses, il s'exprimait en termes très modérés :

« Une Société autorisée par le gouvernement, écrivait-il, et dont la condition d'existence est de mériter la confiance publique, doit être, avant tout, attentive à ne pas s'écarter de la bonne foi, à ne jamais faillir devant la vérité. Tels sont les principes rigoureux de la Société Royale de l'*Etoile*, principes qu'elle n'abandonnera en aucune occasion. Le directeur de cette Société voudrait bien n'avoir pas à redresser les fausses énonciations d'un établissement rival. C'est une mission toujours pénible, que celle qui consiste à prouver aux gens qu'ils ont tort. Mais un devoir, auquel nous ne voulons pas nous soustraire, c'est d'empêcher le public de se laisser éblouir par des calculs éventuels et fictifs, par des chiffres mensongers, etc... »

Une autre fois, il écrivait : « Ce n'est pas à cause du chiffre plus ou moins élevé, de la cotisation annuelle et passagère,

---

(1) Voir notamment l'*Echo des Halles*.

qu'une Société devra être justement préférée. Mais c'est par la sagesse et l'équité de ses conditions, et la loyauté de son administration qu'il faudra juger de ses garanties et de son avenir. Sous ces différents rapports, la Société Royale ne reconnaîtra jamais, à aucune autre, le droit de se dire et de se présenter mieux entourée qu'elle, de toutes les conditions nécessaires pour mériter et obtenir la confiance des propriétaires et des cultivateurs. »

Pendant ce temps, de nombreux inspecteurs de l'*Etoile* parcouraient la campagne, chargés de faire connaître son organisation, les services qu'elle était appelée à rendre, et d'inculquer aux populations des idées de prévoyance jusqu'alors à peu près inconnues d'elles. Les cultivateurs, pour la plupart illettrés, étaient, en compensation, très méfiants, sentiment, il faut bien le reconnaître, assez justifié par les promesses fallacieuses des nombreux concurrents dont la vie fut éphémère. Longue est la liste des assurances qui, après une existence plus ou moins mouvementée, durent cesser leurs opérations. On la trouvera au chapitre XI et encore toutes les sociétés disparues n'y figurent pas ! Seules, les sociétés comme l'*Etoile*, sérieuses, prudentes et honnêtes, purent subsister. On ne pouvait donc convaincre les cultivateurs du premier coup. Il fallait revenir à la charge, maintes fois, et lorsqu'un agent était installé, l'accompagner dans ses démarches.

A cette époque, l'organisation de la poste était encore rudimentaire, le télégraphe et le téléphone existaient encore moins. Les correspondances n'étaient donc ni faciles, ni rapides, entre le directeur et les inspecteurs. Ceux-ci marchaient sous le contrôle de deux inspecteurs principaux, MM. Dupuy et Stévenot, dépendant, eux-mêmes, du directeur.

Il n'y avait pas de chemin de fer. En dehors des grandes routes royales desservant les villes, on ne trouvait que des chemins de terre peu accessibles aux voitures. Le moyen le plus pratique de voyager était d'aller à cheval, et c'est en cet équipage que les inspecteurs de l'*Etoile* firent leur apparition dans les campagnes.

Le 14 octobre 1834, le directeur de l'*Etoile* écrivait à M. Dupuy, inspecteur à Corbeil :

« J'ai reçu vos deux lettres des 11 et 13 octobre, contenant, notamment, un petit traité d'hygiène sur votre jeune jument. Il paraît, en définitive, que vous rentrerez au logis, l'un portant l'autre d'une manière à peu près satisfaisante. Hâtez votre retour. Je ne vous laisserai le temps que de passer quelques heures en ménage, et je vous livrerai, immédiatement, une autre jument, neuve, de 5 ans, et capable, je crois, de vous satisfaire. »

Parfois, survenaient des accrocs, des aventures et des accidents. Dans une lettre du 28 octobre 1834, adressée à l'inspecteur Stévenot, on lit ces mots : « Toute la direction de l'*Etoile* a frémi des dangers que ce pauvre Mouton vous a fait courir. Nous espérons tous que votre blessure aura été légère et ne diminuera pas votre zèle et votre activité ». Qu'avait donc fait ce pauvre Mouton pour occasionner un danger susceptible de faire frémir toute la direction ? Les détails manquent. M. Stévenot semblait prédestiné aux accidents, car on lit, dans les délibérations du Conseil du 15 novembre 1848 que : M. Stévenot, inspecteur, attaché à l'*Etoile* depuis sa fondation, a eu une mort tragique en service d'expertise (les détails ici manquent encore), et que la Société décida de prendre, à sa charge, les frais de ses funérailles s'élevant à 495 francs, et de donner à sa veuve un secours de 400 francs.

L'ordonnance d'autorisation n'avait accordé, on l'a vu, que 14 départements. Mais le directeur de l'*Etoile* ne se considéra pas comme battu. Il fit de nouvelles démarches, et la circonscription, à peu près telle qu'elle existe aujourd'hui, a été successivement autorisée par ordonnances royales en date des 30 mars 1837, 23 mars 1838, etc.....

Or, elle comporte 84 arrondissements, 620 cantons et 9,908 communes qui furent visitées au début de la Société, à plusieurs reprises, inutilement souvent, et parfois avec un bon résultat. Comme on ne pouvait d'avance deviner où l'on trouverait les meilleurs agents et où l'assurance-grêle réussirait le mieux, il fallut tout parcourir, et si l'on compte seulement à 10 francs les dépenses faites en moyenne, pour les visites réitérées de chaque commune par les inspecteurs, on peut se rendre compte de la somme que déboursa, de ses deniers, le directeur de l'*Etoile* pour la fondation de la Société.

CHAPITRE V

Propriété du nom de l'ÉTOILE.
Usurpations dont la Société fut victime.

Ainsi qu'on l'a vu dans le chapitre III, lorsque la Société fut fondée, on discuta sur le choix de son titre. C'est le nom de l'*Etoile* qui fut choisi par l'autorité supérieure, et sous lequel elle fut autorisée par ordonnance royale en date du 7 juin 1834. Ce nom de l'*Etoile* lui fut maintenu et confirmé par le brevet du Roi, en date du 16 mars 1836, l'autorisant à porter le titre de l'*Etoile, Société Royale*, puis par ordonnances royales des 30 mars 1837, 23 mars 1838, 11 juin 1842, 4 septembre 1847, et par décrets impériaux des 23 novembre 1854, 3 février 1858, 30 avril 1859, 29 août 1863, 20 octobre 1865. C'est également sous le nom et le titre de l'*Etoile* qu'elle a été réglementée et prorogée sous le régime de la loi de 1867 et du décret du 22 juillet 1868, par délibérations des conseils en date des 17 décembre 1879, 14 décembre 1881, 11 décembre 1889, 6 décembre 1899, 4 décembre 1901, déposées au rang des minutes de M⁰ Robin, notaire à Paris, enregistrées et régulièrement publiées conformément à la loi.

Ce nom de l'*Etoile*, que la Société a toujours et sans interruption porté depuis 1834 et qui avait acquis un renom de haute honorabilité, était bien fait pour tenter des personnes peu scrupuleuses qui, en voulant le prendre pour de nouvelles créations d'assurances, espéraient amener une confusion avantageuse pour elles.

L'*Etoile* eut donc à défendre la légitime propriété de son nom, qui ne fut pas usurpé moins de dix fois, comme on va le voir par l'énumération des « fausses » *Etoiles* ci-après :

§ I. — 1ʳᵉ et 2ᵉ ÉTOILE.

On cite en commençant, pour mémoire, la compagnie d'assurances, créée en 1858 sous le nom de l'*Etoile de la mer*, et celle fondée, ensuite, sous le nom de l'*Etoile du marin*, qui ne vécurent pas et auprès desquelles l'*Etoile* (1834) n'eut **pas à** intervenir.

§ II. — 3ᵉ Étoile.

En 1873, le 23 décembre, se fondait, à Londres, une société d'assurances sous le nom de l'*Etoile française*. Le conseil d'administration était présidé par le colonel Piétri. Elle était passée inaperçue, lorsque le 25 février 1875, M. Savary, député, secrétaire d'Etat, dans son rapport sensationnel fait à la Chambre des députés sur les menées bonapartistes, déclara que « tous les correspondants de la compagnie d'assurances l'*Etoile* n'étaient autres que des agents locaux du comité de l'*Appel au Peuple* et que cela résultait des dépositions faites à M. le Préfet de police. »

Cette assertion eut immédiatement un grand retentissement, non seulement dans le monde des assurances agricoles, où la société d'assurances contre la grêle, *l'Etoile*, la seule connue, n'avait pas, jusqu'alors, été soupçonnée d'intrigues politiques, mais encore chez beaucoup d'agents et chez nombre d'assurés qui écrivirent des lettres pour demander des explications. Le directeur de l'*Etoile* dut faire des insertions dans les journaux et obtenir de M. Savary de démentir, lui-même, le fait dans le journal qu'il dirigeait. Cette Etoile de Londres, ayant aussitôt disparu, l'*Etoile* (1834) n'eut plus à s'en occuper.

§ III. — 4º Étoile.

Plus tard, un sieur D.... fondait à Paris une autre *Etoile française*. Il y pratiqua des escroqueries qui lui valurent trois ans de prison, avant que l'*Etoile* (1834) ait eu le temps d'intervenir pour faire changer de nom à sa société. Le sieur D... se fit, quelques années après, condamner encore par le tribunal de Rouen, à huit ans de prison, dix ans d'interdiction de séjour, cinq ans d'interdiction de droits civils et civiques, et à 3,000 fr. d'amende, comme directeur d'une autre assurance fondée par lui.

§ IV. — 5º Étoile.

Le 28 novembre 1878, une société d'assurances sur la vie était établie à Bruxelles sous le nom de l'*Etoile*. Elle passa les frontières, pour porter en France les bienfaits de ses combinaisons, mais le tribunal de commerce de la Seine vint, par un jugement en date du 14 octobre 1879, lui apprendre, sans plus tarder, que son existence était parfaitement irrégulière.

§ V. — 6ᵉ ÉTOILE.

Elle repassa donc en Belgique, et pour agrandir, sans doute, le cadre de ses opérations, elle se transforma en *Etoile universelle* qui fut assignée en déclaration de faillite avant qu'un an ne se fût écoulé.

En rappelant ces faits, le *Bulletin des Assurances* écrivait : « L'*Etoile* est encore un exemple de ces créations fantaisistes qui se placent à l'abri de la loi belge. En dévoilant leurs procédés malhonnêtes, c'est l'intérêt du public que nous prenons en main, du public qui est souvent pris dans ces pièges... »

Là encore, le directeur de l'*Etoile* (1834) en fut pour l'envoi de circulaires et de notes rectificatives à ses agents et à ses assurés ; ces affaires mort-nées, malgré le préjudice causé par leur apparition, n'ayant pas valu d'agir contre elles par les voies de droit.

§ VI. — 7ᵉ ÉTOILE.

En 1885, une septième *Etoile* surgissait et l'on pouvait lire dans les journaux : « Croirait-on qu'il s'est trouvé, en l'an de grâce 1885, après les nombreuses faillites et liquidations que l'on sait, un groupe de héros capables de braver l'opinion et la destinée, au point de constituer une nouvelle compagnie d'assurances à primes fixes, contre l'incendie, le chômage, l'explosion de la foudre, du gaz et des appareils à vapeur? L'*Etoile* est son nom. L'astre s'est levé le 17 octobre, à une heure que l'Observatoire n'a pas déterminée, etc..... Ce qui est intéressant d'apprendre, c'est que cette compagnie naissante va être obligée de renoncer à son titre, sur les observations de l'honorable société l'*Etoile* (mutuelle contre la grêle) fondée en 1834. »

Le directeur de l'*Etoile* (1834), en effet, après des démarches amiables, infructueuses, avait fait sommation au directeur de la nouvelle compagnie l'*Etoile* de changer de nom. Il craignait des confusions préjudiciables, et il avait raison, car bientôt on lisait dans les journaux, le 24 janvier 1886, que le directeur de l'*Etoile* avait démissionné (il s'agissait du directeur de la nouvelle *Etoile*), et que, par exploit en date du 15 février 1886, « les administrateurs qui s'étaient fourvoyés dans cette aventure avaient collectivement résigné leurs fonctions ». On lisait ensuite dans les journaux, que le 2 mars, sur de nombreuses plaintes en escroqueries, les scellés avaient été apposés dans les bureaux de l'*Etoile*, que le fondateur-directeur avait pris la fuite après un vol de bijoux au Palais-Royal.

Et voici comment les choses s'étaient passées. Les scellés avaient été mis, difficilement, dans les bureaux de l'*Etoile* nouvelle, car on n'y avait trouvé ni caisse, ni livres, ni argent. Le fondateur-directeur de la nouvelle *Etoile* avait vendu, avant de fuir, les meubles achetés à crédit avec lesquels son appartement était garni somptueusement. Il avait aussi pris la précaution de donner rendez-vous, au Palais-Royal, à un courtier qu'il avait connu autrefois à Londres, en l'invitant à lui apporter certains bijoux qu'il lui indiquait et dont il lui promettait le placement. Le courtier, muni des bijoux demandés, attendait au rendez-vous depuis un quart d'heure environ, lorsque le grand assureur, arrivant en voiture de remise, lui dit qu'il était impossible de s'attarder, qu'il fallait aller porter immédiatement les bijoux, et invita le courtier à monter avec lui dans sa voiture. Il prenait, en même temps, la boîte du courtier contenant pour 32,000 francs de diamants et lui disait : « Vous avez, n'est-ce pas, la facture acquittée ? ». Le courtier ayant répondu non, l'assureur lui dit d'aller simplement la chercher sans retard. Le malheureux courtier courut au magasin ; l'assureur, sautant en voiture, disparut.

A quelque temps de là, ce personnage fut arrêté à Nantes, puis transféré à Mazas. Le jour où il dut comparaître devant le juge d'instruction, il demanda aux deux gardiens qui l'accompagnaient à s'arrêter aux cabinets. Les gardiens y consentirent, et ne le voyant pas sortir, le recherchèrent, mais inutilement. Il avait trouvé le moyen de tromper leur vigilance en enfilant un corridor de service où l'on perdit ses traces.

Il est juste d'ajouter que plusieurs journaux, en racontant ces détails, « appuyaient sur ce fait que la fondation nouvelle n'avait absolument rien de commun avec l'honorable mutuelle l'*Etoile* (grêle) ». D'autres mettaient en garde le public « contre certaines officines qui arborent hardiment, sans en avoir aucun droit, le titre respecté, jusqu'ici, de compagnies d'assurances ».

N'empêche qu'il était préjudiciable, et, tout au moins, fort ennuyeux, de lire des articles intitulés : « L'*Etoile* vient d'avoir une fin lamentable »... ou bien : « La société d'assurances l'*Etoile*, cette escroquerie, etc... » ou bien : « La débâcle de l'*Etoile*...... », « La fugue du directeur de l'*Etoile*....., etc. ».

Et cela était d'autant plus désagréable que, sur ces entrefaites, le directeur de l'*Etoile* (1834) se mariait et que ses lettres de part, portant sa qualité de directeur de l'*Etoile*, étaient envoyées, au moment même où tous ces entrefilets paraissaient dans les journaux.

§ VII. — 8ᵉ Etoile.

Quoi qu'il en soit, l'honorabilité de l'*Etoile* (1834) sortit intacte de ces atteintes portées à son nom, si bien qu'à peine un an après, il se fonda une nouvelle société d'assurances contre l'incendie et la mortalité du bétail, sous le nom de l'*Etoile de Paris*, constituée le 11 septembre 1886 et ayant son siège à Paris, rue de Châteaudun, 57. Le directeur fondait, en même temps, pour émettre des valeurs à lots, la *Banque générale du crédit pour faciliter le développement de l'épargne et du crédit en France*, au capital de 6,000,000 de francs, pas un sou de moins. De plus, pour se faire connaître sans doute, il faisait raconter, dans le *Figaro* et le *Petit Journal*, que son cheval s'était emporté et qu'il avait failli être victime d'un accident de voiture. Heureusement, « le sympathique financier, si connu à Paris, n'avait aucun mal et avait pu regagner, à pied, son domicile ».

Le directeur de l'*Etoile* (1834) en avait assez de ces usurpations successives. Dès qu'il eut connaissance de cette dernière, il mit en demeure, par lettre recommandée, le directeur de la nouvelle entreprise, d'en modifier le nom, l'adjonction du mot « de Paris », n'infirmant en rien le fait d'avoir pris le nom de l'*Etoile*. Cette mise en demeure par lettre et deux démarches amiables faites les 22 et 26 octobre, étant restées sans résultat, le directeur de l'*Etoile* (1834) fit sommation, par acte extra-judiciaire en date du 27 octobre, à la nouvelle société d'avoir à changer sa dénomination sous quinze jours.

Cette sommation resta sans résultat. Force fut donc au directeur de l'*Etoile* (1834) d'assigner la société nouvelle devant le tribunal civil de la Seine qui, par jugement en date du 5 janvier 1887, donna gain de cause à l'*Etoile* (1834) en ces termes :

« Attendu qu'il est constant qu'en prenant le nom de l'*Etoile de Paris* la société défenderesse, fondée le 11 septembre 1886, a porté atteinte aux droits de la demanderesse en rendant possible une confusion entre deux compagnies à raison de la similitude de leurs titres.

Que, s'il est vrai que l'*Etoile* assure contre la grêle, tandis que l'*Etoile de Paris* assure contre les risques d'incendie et de mortalité du bétail, les deux compagnies exploitent deux branches d'une même industrie.....

Par ces motifs :

Dit que le nom de l'*Etoile* est la propriété exclusive de la société d'assurances mutuelles ayant son siège rue du Mont-Thabor, 26 (aujourd'hui rue Boissière, 49) ;

Ordonne que la société défenderesse sera tenue de supprimer la dénomination de l'*Etoile*, tant de son acte constitutif que de ses polices, prospectus, imprimés et annonces.....

Condamne l'*Etoile de Paris* à tous les dépens. »

L'avocat de l'*Etoile* (1834), en cette affaire, était Mᵉ Dubois, ancien subsistut près le tribunal de la Seine, devenu depuis, chef du contentieux de la Compagnie des chemins de fer d'Orléans.

<h2 style="text-align:center">§ VIII. — 9ᵉ ÉTOILE.</h2>

L'*Etoile* se voyait, depuis quelque temps, tranquille avec son nom, lorsque de nouveaux industriels voulurent, au commencement de l'année 1900, s'en servir pour le donner à une société d'assurances contre les accidents du cycle. Les 15 et 25 janvier 1900, le directeur de l'*Etoile* (1834) en lisait l'annonce dans les journaux. Dès le 25 janvier, il écrivit au directeur de la nouvelle entreprise pour l'inviter à changer de nom, celui de l'*Etoile* étant la propriété exclusive de la Société de 1834. Cette lettre, une deuxième recommandée en date du 8 février et des démarches amiables n'ayant obtenu aucun résultat, le directeur de l'*Étoile* (1834) assigna la nouvelle société devant le tribunal civil de la Seine qui rendit le jugement suivant :

« Le Tribunal,

Attendu que par exploit, en date du 12 mars 1900, la Société d'assurances mutuelles contre la grêle l'*Étoile* a assigné devant le Tribunal civil de la Seine, la Société d'assurances mutuelles contre les accidents de cycles et d'automobiles l'*Étoile*, en suppression du nom l'*Étoile* usurpé par elle, avec une astreinte de cent francs de dommages-intérêts par jour de retard, et en 500 francs de dommages-intérêts pour le préjudice causé ;

« Que la Société défenderesse a conclu au déboutement et subsidiairement a demandé acte de ce qu'elle était prête, afin d'éviter toute confusion, à ajouter au mot l'*Étoile* la mention explicative « du cycle » ;

« Attendu que la prétention de la Société demanderesse est justifiée ; que celle-ci établit qu'elle est propriétaire de la dénomination l'*Étoile* depuis 1834, époque de sa fondation ;

« Que cette propriété lui a été attribuée par l'ordonnance royale du 7 juin 1834, qui a autorisé sa création ; qu'elle a été, depuis, reconnue par plusieurs ordonnances royales et décrets, ainsi que par de nombreuses décisions judiciaires ;

« Attendu que le mot l'*Étoile*, emblématique et de pure fantaisie, peut incontestablement faire l'objet d'une appropriation exclusive ; qu'il n'exprime ni la nature d'une industrie ni son mode d'exercice, qu'il n'est pas une désignation nécessaire, seule applicable à un genre d'exploitation particulier ;

« Qu'en le prenant la première, la Société d'assurances contre la grêle l'a fait sien et qu'elle a le droit d'empêcher toute personne ou toute Société, ayant une industrie similaire, de l'adopter ou de s'en servir ;

« Attendu que la Société contre les accidents de cycles et d'automobiles qui s'est formée en 1900 sous le nom de l'*Étoile*, doit être considérée comme exerçant une industrie similaire par rapport à la Société demanderesse ; qu'il importe peu que son objet et les risques qu'elle couvre soient différents ; qu'elle n'est pas moins une Société d'assurances constituée en vue d'opérations du même genre, bien que la branche exploitée soit tout autre ;

« Que, dès lors, l'homonymie ne peut qu'entraîner une confusion préjudiciable; qu'il est à craindre que le public, s'en rapportant uniquement à la dénomination connue pour être celle d'une Société d'assurances, mais qui n'indique pas une spécialité d'assurances, s'adresse indistinctement à l'une ou à l'autre Société, et ce, au détriment de celle qui a seule le droit de faire usage du nom;

« Que la confusion est d'autant plus facile que les deux Sociétés ont leur siège social à Paris; qu'elle s'est déjà d'ailleurs produite plusieurs fois; qu'il est justifié, notamment, que des correspondances n'ont point été remises à leur véritable destinataire;

« Attendu, sans doute, qu'aucune concurrence n'est possible, pour le moment du moins, entre les deux Sociétés, puisqu'elles assurent l'une contre la grêle, l'autre contre les accidents de cycles et d'automobiles, mais que cette circonstance est sans influence sur le mérite de la revendication de nom dont le Tribunal est saisi;

« Qu'il suffit, pour que la prétention de la demanderesse soit justifiée, qu'une confusion existe et qu'il puisse en résulter pour elle des inconvénients soit au point de vue de sa correspondance et de ses rapports avec sa clientèle, soit au point de vue de sa bonne renommée;

« Attendu que l'offre faite par la défenderesse d'ajouter le complément « du cycle » au mot l'*Étoile* ne peut être admise par le Tribunal; que le qualificatif n'établit pas entre les deux Sociétés une distinction suffisante;

« Que le mot l'*Étoile* n'en reste pas moins la partie essentielle de la dénomination, celle qui doit attirer l'attention du public; que partant, la confusion est encore possible;

« Attendu que, par suite de l'usurpation de son nom, la Société l'*Étoile* contre la grêle, a subi un préjudice dont il lui est dû réparation; que le Tribunal a les éléments suffisants pour fixer l'indemnité qui doit lui être allouée;

« Par ces motifs :

« Dit que le nom de l'*Étoile* est la propriété exclusive de la Société d'assurances mutuelles contre la grêle. — Condamne la Société d'assurances mutuelles contre les accidents de cycle et d'automobile à supprimer dans les quinze jours qui suivront la signification du présent jugement, la dénomination de l'*Étoile* de son titre social, de ses polices et de ses prospectus ;

« Et faute par elle de ce faire dans ledit délai, la condamne, dès à présent, à 50 francs de dommages-intérêts envers la Société demanderesse par chaque jour de retard ;

« La condamne en outre à 100 francs de dommages-intérêts, la déboute de toutes ses fins et conclusions, la condamne en tous les dépens dont distraction est faite au profit de Me Denormandie, avoué, qui l'a requise aux offres de droit. »

L'avocat de l'*Étoile*, en cette circonstance, était Me Dunoyer.

§ IX. — 10e ÉTOILE.

En terminant, il faut citer, pour mémoire, une 10e *Étoile*, assurance contre l'incendie et le cambriolage, fondée à Édimbourg. Le directeur de l'*Étoile* (1834) en apprit la naissance en même temps que la mort, par l'entrefilet suivant lu le 24 août 1903 dans les journaux :

« Singulière Compagnie d'assurances.

« On vient de commencer les débats de l'affaire du directeur de la Compagnie d'assurances l'*Étoile*, contre l'incendie et le cambriolage, accusé d'escroquerie.

« Cette Compagnie avait commencé les affaires avec un capital de 175 francs, et les risques en cours s'élevaient à 20,000,000 de francs. Le conseil d'administration était uniquement composé du directeur, et les assemblées générales du frère du directeur et de son employé. Les prospectus déclaraient que la Compagnie avait un capital de garantie de plus de dix millions ! »

On a dit plus haut que l'honorabilité de l'*Étoile* était sortie intacte de ces atteintes portées à son nom. On l'a dit parce qu'il n'y avait pas de faits précis permettant de prouver le contraire. Mais n'a-t-elle pas eu à en souffrir sans l'avoir su ? Personne n'a-t-il refusé de s'assurer à l'*Étoile*, pour avoir gardé un souvenir imprécis mais durable d'un fait lu dans les journaux, concernant les démêlés de la Société d'assurances l'*Étoile* avec la justice, et les escroqueries de son directeur ? Car peu importe qu'on ait lu le titre *Étoile* seul ou accompagné

des qualificatifs « du cycle », « universelle », « française », etc.,
peu importe également la nature des opérations. Ce qui subsiste, c'est le souvenir des mots : l'Assurance l'*Étoile*, liés au
récit d'actes répréhensibles. Et cette confusion peut subsister
longtemps, et décider en faveur d'une autre Compagnie, des
gens qui autrement se fussent adressés à l'*Étoile*. En tout cas,
aucune *Étoile* ne s'est créée sans que de nombreuses lettres
destinées à la nouvelle Société ne soient remises à l'ancienne. Citera-t-on encore, comme exemple de ces fâcheuses
méprises, celle faite par une banque de Paris, créancière de
l'*Étoile* (cycle)? Elle est expliquée dans la lettre suivante, que
le directeur de l'*Étoile* (1834) dut écrire à M. le gouverneur
du Crédit foncier de France :

Paris, le 19 février 1902.

Monsieur le Gouverneur,

Par lettre recommandée reçue hier matin, vous avez bien
voulu me prévenir qu'une opposition avait été faite le 15 courant sur les valeurs et fonds déposés au Crédit foncier aux
comptes de l'*Étoile*, par MM. X. et Cie, banquiers à Paris.

Ignorant complètement ces messieurs, ne devant absolument rien à personne, n'ayant aucune difficulté d'aucun genre
avec qui que ce soit, et ne comprenant rien à cette opposition
dont je n'avais connaissance que par votre lettre, j'ai été
aussitôt dans vos bureaux où j'ai constaté que l'opposition
devait s'adresser non pas à l'*Étoile*, Société d'assurances
contre la grêle dont je suis le directeur, mais à une Société
d'assurances contre les accidents de cycles et d'automobiles,
établie à Paris, 32 *bis*, rue Pasquier, au commencement de
1900, sous le nom de l'*Étoile*, disparue en 1901 dans des conditions regrettables, Société que j'ai fait condamner en dommages-intérêts pour usurpation de nom, par jugement rendu
contradictoirement par le Tribunal civil de la Seine, le 5 février 1901, et dont je me permets de joindre le texte sous ce
pli.

Je me rendis de suite chez MM. X. et Cie.

J'exigeai de ces messieurs une lettre reconnaissant leur
erreur, et la mainlevée immédiate et définitive de leur opposition, ce qui fut fait, dès ce matin, au Crédit foncier.

L'*Étoile* a 68 ans d'existence. Depuis 38 ans elle a ses comptes au Crédit foncier et par l'inspection de son dossier on peut constater la rectitude absolue de ses opérations, la scrupuleuse correction de ses comptes, et l'absence totale de toutes difficultés quelconques à n'importe quelle époque.

Je viens donc, Monsieur le Gouverneur, vous prier de bien vouloir faire mettre sur les dossiers de l'*Étoile*, dans les divers services, en regard de cette opposition, la mention qu'elle est due à une *erreur matérielle des opposants*, qui entendaient frapper une autre Société.

J'ose espérer, Monsieur le Gouverneur, que vous voudrez bien faire insérer cette mention en même temps que celle de la mainlevée. J'ose vous le demander pour la bonne réputation de la Société dont j'ai l'honneur d'être le Directeur et qui ne s'est jamais mise dans le cas de justifier de pareilles mesures contre elle. Je vous en serai très reconnaissant, je vous en remercie d'avance et je vous prie,

Monsieur le Gouverneur,

de bien vouloir agréer l'assurance

de ma très haute considération.

Le Directeur de l'*Étoile*,

Regnault.

Toutes les valeurs et presque tous les fonds de la Société étaient déposés au Crédit foncier. Constamment, lors du règlement des indemnités, le Directeur délivre pour le paiement des plus grosses d'entre elles, des chèques s'élevant à des sommes très importantes. La méprise de cette banque X.., et Cie exposait l'*Étoile* et son directeur, s'ils n'avaient été gracieusement prévenus par le Crédit foncier, à voir leur signature protestée et leur crédit compromis.

CHAPITRE VI

Orages survenus depuis la fondation de la Société.
Description. — Statistique.

Dans un chapitre précédent, on a énuméré un certain nombre d'orages de grêle antérieurs à la fondation de l'*Étoile*. Il convient de parler maintenant rapidement de ceux que la Société a eu à subir depuis 1834, date de sa création.

Les premiers jours de juin 1834 ont amené des pertes considérables dans le Centre et aussi dans l'Aube, la Nièvre, la Loire-Inférieure et la Côte-d'Or, en dehors de la circonscription de la Société. A Ramerupt, 131 moutons furent noyés dans leur bergerie. A Semur, une femme fut écrasée par la chute d'une poutre, dans sa maison inondée. Le pont de Bretenières, en Morvan, fut détruit, et la terre entraînée dans les prairies.

La grêle du 7 juillet 1835, a aussi dépassé les limites de l'*Étoile*, et a ravagé notamment tout le pays, depuis Chagny (Saône-et-Loire), Santenay, Mercurey, Fontaine, jusqu'à Dôle, en passant par Morteuil, Saint-Loup, Veurre, les communes bressanes d'Allerey, Sommières, Sermesse, Saint-Christophe, et plusieurs communes du Jura. Des champs ont été entièrement dépouillés de leurs récoltes, la roche mise à nu en plusieurs endroits. Les grêlons pesaient 4 onces; beaucoup de vitres ont été cassées, des toitures de chaume enlevées; et des animaux tués et blessés (1).

En mai 1836, à Rugny (Yonne), on a évalué les pertes à 60,000 francs. Les 14 et 15 août ont été signalés par de graves sinistres dans l'Aisne et l'Oise. La Société a eu 141 indemnitaires. Ce chiffre s'est élevé en 1837, à 347 c'est-à-dire à un assuré sur sept à Pontoise, Mantes, dans le Loiret, le Cher et

---

(1) *Journal de l'Yonne*, 21 juillet 1835.

l'Eure-et-Loir, et en 1838 à 381 assurés, c'est-à-dire à un assuré sur huit.

Les orages désastreux des 14, 16, 17 et 18 juin 1839 à Blois, Mer, Orgères, Salbris, Selles, Gien et Bourges, nécessitèrent (les experts ordinaires ne pouvant suffire), de demander le concours des juges de paix, des greffiers, percepteurs, etc.

On a vu à Clairy-Saulchon des grêlons de la grosseur d'un œuf de poule, couverts d'aspérités. On évalue à 777,000 francs les pertes de 41 communes du nord de la France, parmi lesquelles Rumaisnil, Hautvilliers, Mareuil, Fleury, Nouvion, Laviers, Bouquemaison, Bergicourt, Taisnel, Buigny-Saint-Maclou, Gruny, Pissy, Liancourt-Fosse, etc.

La Société a eu 1,182 sinistrés, soit un sociétaire sur cinq, proportion écrasante, qui s'abaisse en 1840 (année cependant chargée de sinistres en août et septembre à cause de la moisson tardive), 1841 et 1842, à 316, 229 et 199, pour remonter en 1843 à 595 et descendre en 1844 à 471.

L'orage du 19 août 1845 porte le chiffre des réclamations à 502.

Une journée désastreuse pour Orléans et Romorantin est celle du 1er août 1846. Plus de 200 sinistres sont expertisés, chiffre qui s'élève à 394 en 1847, pour retomber à 354 en 1848.

L'année 1849 compte 503 sinistrés et l'année 1850 voit 4,429 hectares frappés, appartenant à 469 sociétaires.

En 1851, la superficie atteinte est doublée et portée à 8,591 hectares, répartis entre 537 assurés. En 1852, l'étendue est la même (8,317 hectares), mais divisée entre 802 sinistrés.

Les dégâts de 1853, dans l'arrondissement de Senlis, coûtent plus de 100,000 francs à la Société, qui a 787 de ses adhérents à indemniser.

La grêle de 1854, n'atteint que 3,159 hectares appartenant à 338 sociétaires.

En 1855, les orages du 3 août élèvent à 5,797 le nombre d'hectares, dont il faut évaluer les pertes, pour 449 assurés.

Ils sont suivis de 316 cas de grêle, en 1856, et des inondations de la Loire, qui nécessitent de suspendre un demi-million d'assurances, les récoltes assurées étant sous l'eau. L'année pourtant avait commencé sous d'heureux auspices, car 2,393 contrats nouveaux avaient été réalisés, représentant un capital de 14,787,000 francs.

La grêle de 1857 touche 7,565 hectares à 548 assurés. En cette année, M. Camille Chaudon, de Montdidier, mesure des grêlons semblables à des biscaïens, ayant cinq centimètres de diamètre.

L'année 1858 compte un nombre semblable de sinistrés (508).

Les pertes écrasantes de juin et juillet 1859, atteignent à l'*Étoile* un assuré sur quatre, et amènent 1,645 réclamations.

L'orage du 11 mai 1860 coûte à la Société 150,000 francs et commence une campagne qui voit se produire 748 sinistres.

L'orage du 22 juin 1861 coûte près de 600,000 francs à l'*Étoile*, laquelle enregistre 1,332 réclamations. Voici un échantillon de ce qu'en publient les journaux (1) :

« Les personnes les plus âgées n'ont jamais vu ni entendu parler d'un désastre pareil à celui de samedi. Pendant trois quarts d'heure, des grêlons énormes, dont quelques-uns avaient de 5 à 6 centimètres de diamètre, n'ont cessé de tomber ; trois heures après l'orage on en retrouvait encore de la grosseur d'une noix.

« Du côté de Flogny, il ne reste plus à recueillir une botte de paille. Toutes les richesses de nos campagnes sont complètement anéanties et j'ai pu parcourir jusqu'à dix hectares de terrain sans trouver un épi resté debout. Tout est haché, anéanti. »

De Butteaux, on écrit la même chose, et on évalue à 280,000 francs les pertes de ces deux communes, où quelques habitants seulement étaient assurés et où le plus grand nombre se trouve réduit à la misère.

Dans l'arrondissement de Sens, les communes de Saint-Aignan, Villeblevin, Chaumont, Champigny, Courlon, Vinneuf, Plessis-Saint-Jean et Sergines, sont celles sur lesquelles l'orage du 22 juin s'est plus particulièrement déchaîné. En nombre considérable, des maisons ont eu leurs toits enlevés, leurs cheminées renversées ; la campagne est couverte de débris de récoltes broyées par la grêle, de branches d'arbres brisées par le vent, de troncs déracinés, d'amas de sables et de terres entraînées par des torrents d'eau.

---

(1) Voir notamment *Journal de l'Yonne*, 30 juin 1861.

A Courlon, plus de 1,500 peupliers et noyers ont été arrachés, des arbres énormes, qui n'ont pu résister par leurs racines, ont eu leurs tiges retournées par des trombes. Dans la principale rue, l'eau versée par les nuages crevés forma en quelques moments une rivière qui renversa tout sur son passage.

A Champigny, la violence du vent arracha la croix de fer de l'église, et malgré sa pesanteur la fit voler pardessus le cimetière et la projeta à une grande distance. Les récoltes sont complètement perdues, de même que dans les communes de Mousseaux-les-Bray, Montigny-le-Guesdier, Villenauxe-la-Petite, Villiers-sur-Seine.

A Fourche-Fontaine, quinze maisons placées à côté les unes des autres ont eu leurs toits enlevés; une vacherie s'est écroulée et a écrasé les jambes d'une femme; une grange neuve a été renversée. La surface des champs a été en plusieurs endroits tellement bouleversée qu'on n'en retrouve plus les limites.

Dans les environs d'Auxerre, à Gurgy, Chemilly, Beaumont, Seignelay, Héry et Hauterive, les deux tiers au moins de la récolte sont perdus.

Le soir, de grands nuages roux, poussés par le vent du midi, éclairaient l'atmosphère et semblaient comme le reflet d'un immense incendie. Ces nuages lumineux ont été aperçus d'autres points éloignés, et de Tonnerre notamment.

Mêmes dégâts à Saint-Florentin, à Chéu, à Jaulges, à Merry-la-Vallée, à Marmont et Chaillot, à Saint-Maurice-le-Vieil, à Marny, à Poilly, à Toucy, Parly, Egleny et Lindry. « A Beauvoir, deux jeunes enfants, qui étaient aux champs, se sont égarés et l'on craint qu'ils n'aient été tués par les morceaux de glace que le vent chassait avec furie.

« A Saint-Privé, des toitures ont été enlevées, des maisons se sont effondrées sous la secousse.

« A Ligny-le-Châtel, tout est détruit et anéanti. Des grains de toute espèce, rien ne subsiste. Partout, on trouvait encore le matin, et en grandes quantités, sur les chemins et dans les champs, une couche épaisse de grêlons, dont plusieurs en tombant avaient l'épaisseur d'un œuf de poule. »

On écrit la même chose d'Appoigny, où « vers 4 heures du

soir, un orage terrible, mêlé de grêlons énormes et accompagné d'éclairs et de coups de tonnerre continuels, a éclaté en venant de Montargis.

« La récolte de ce riche pays a été littéralement ravagée. Il n'y a plus rien ; la paille des blés est plus broyée que quand elle a été atteinte par le fléau du batteur.

« La campagne tout autour de nous offre un véritable aspect de dévastation. En un instant le pays a été envahi par les eaux et le sable ; les caves et les bâtiments de plusieurs quartiers sont devenus aussitôt inabordables. Un cheval attelé à une voiture se trouvant à travers la rue a failli être noyé, il avait du sable et de l'eau jusqu'au ventre. La foudre est tombée en plusieurs endroits ; une femme, en fermant ses volets, a eu le bras et le bout de la langue brûlés. Elle prétend avoir respiré une odeur de soufre dont elle n'est pas encore débarrassée. Plusieurs personnes ont été contusionnées par des grêlons qui avaient la grosseur moyenne d'une boule de gomme. Plus de 500 carreaux ont été cassés.

« La consternation est générale, ici ; c'est du découragement, personne ne travaille, on ne voit que des rassemblements de place en place et dans les rues, s'entretenant de cette catastrophe.

« Ce malheur pèse généralement sur de pauvres petits fermiers, les terres se louant si cher dans cette contrée qu'aussitôt qu'un particulier possède une dizaine d'arpents, il se hâte de les louer pour vivre avec les revenus, et c'est à peine s'il en garde un arpent ou deux pour se dispenser de domestique. Deux personnes ont donné un exemple bien louable en abandonnant à leurs fermiers la moitié du fermage de l'année courante.

« On n'évalue pas les pertes causées à cette commune par le fléau à moins de 700.000 francs. »

A Saint-Sauveur, le 22, la foudre a allumé des incendies.

Mêmes descriptions de désastres à Ervy, à Grandchamp, aux Croûtes, à Chessy, à Mézières, Maisons-Rouges, Le Breuil.

« La plupart des fermiers profitant de l'élévation du prix des céréales avaient tout vendu, gardant seulement quelques provisions suffisantes pour atteindre la prochaine récolte. Un grand nombre d'entre eux seront forcés de contracter des **emprunts, pour payer leurs fourrages et ensemencer.** »

On lit des détails analogues dans le *Moniteur de la Côte-d'Or* : chaque jour les confirme et les aggrave même ; les nombreuses localités que cet orage a traversées sur toute la longueur du département, depuis Arnay-le-Duc jusques et y compris le canton de Solangey, ont vu disparaître leurs récoltes.

« Le clocher de Villey a été emporté, celui de Courtivron a eu le même sort. Sur certains points les grêlons étaient si gros. qu'à Verrey-sous-Salmaise entre autres, on en a ramassé, une heure au moins après l'orage, qui ne pesaient pas moins de 400 grammes.

« Sur les pentes, non seulement la récolte est perdue, mais les terrains sont ravinés très profondément et ce ne sera pas sans grandes dépenses qu'on réparera ce dommage.

« En somme, on ne compte pas moins de cent communes du département qui ont eu à souffrir de la catastrophe de samedi 22 juin. — Parmi les localités qui ont été épargnées, comme par miracle, on cite Verrey-sur-Drée et Bussy-la-Pesle où il n'y a guère eu que de la pluie, quand tout autour, à Avour, à Saint-Memin, à Blaisy, les dégâts sont des plus considérables.

« On a voulu déjà sur quelques points faire un relevé général des pertes, mais on a reconnu que cela n'était pas possible encore : il faut attendre quelques jours. — Quelques chiffres désolants vont sortir de cette statistique. Et encore si tous les sinistres avaient l'espérance d'une indemnité par l'assurance ! — Mais il est loin d'en être ainsi ; car un tiers à peine des propriétés ravagées par la grêle serait, dit-on, assuré par leurs malheureux propriétaires. »

On écrit de Nogent-sur-Seine : « Les grêlons étaient de la grosseur du poing ; le tonnerre et les éclairs ne cessaient pas. Aujourd'hui la campagne présente l'aspect le plus triste qu'on puisse imaginer ; les récoltes ont entièrement disparu, saccagées broyées, triturées, foulées en terre par les morceaux de glace ; les peupliers qui abondent dans nos prairies jonchent la terre ; tourmentés par le vent, ils ont été déracinés, soulevés en l'air, brisés par morceaux, lancés à distance ; ils offrent maintenant l'aspect d'un champ de seigle roulé par le vent, et battu par la grêle. Dans plusieurs endroits, l'on voit encore des voitures renversées, les roues en l'air ; elles ont été soulevées de route avec les chevaux et les voyageurs, et culbutées dans les champs voisins.

« Dans tout ceci, monsieur, il n'y a rien d'exagéré, je vous l'assure. Sur le territoire de plusieurs communes, il me serait impossible de retrouver un épi de blé ou de seigle. ».

Le 22, à Bourbon-l'Archambault (Allier), les grêlons avaient un poids de 250 grammes. La gargouille en zinc de l'établissement thermal a été perforée d'un trou de la grosseur de deux poings comme par un emporte-pièce.

Trois hommes ont été tués dans les champs. Beaucoup de lapins et de volailles ont péri dans les basses-cours.

Les récoltes ont éprouvé des dommages, qui dépassent un million dans les communes voisines de la ville.

« Le 2 août, un violent orage vient désoler bon nombre de communes de l'Yonne que l'ouragan du 22 juin avait épargnées. Des grêlons gros comme des œufs de pigeon, ont ravagé les récoltes encore sur pied, un grand nombre d'arbres ont été tordus, arrachés et les vitres ont été brisées dans une foule d'endroits, notamment à Foissy, Molinous, Les Sièges et Lailly.

« Les blés déjà coupés ou rentrés n'ont pas souffert, mais les orges et les avoines ont été ravagées sur une étendue de plusieurs kilomètres. Un très grand nombre de poules et de pigeons ont été tués. On parle même d'adultes et d'enfants qui auraient reçu des blessures, heureusement peu graves.

« M. le sous-préfet de Sens, qui s'est rendu sur place à la nouvelle du sinistre, vient de préparer l'expertise officielle des dommages que l'on évalue, à première vue, à plus de 60.000 fr. etc., etc... (1). »

Heureusement les années suivantes la moyenne des pertes s'abaisse.

En 1862, la société n'a que 379 sinistres, 354 en 1863 et 451 en 1864, année éprouvée par la gelée des blés et par une sécheresse excessive en mai.

Mais la trêve n'est pas de longue durée, et surviennent les graves orages des 7 et 9 mai 1865, et celui du 17 juillet de la même année qui coûte plus de 600.000 francs, en atteignant

---

(1) Cf. *Journal de l'Yonne* du 11 août 1861.

un assuré sur quatre, avec une perte moyenne de plus de 500 fr.
entre 1423 sinistrés. Cette année finissait mal, après avoir bien
commencé, car le chiffre des assurances nouvelles avait atteint
2016 pour 11.632.500 francs.

Les temps orageux du mois de mai avaient, en effet, pro-
voqué de nombreuses assurances, à peine pouvait-on suffire à
leur inscription. Tout faisait présager une grande augmentation
dans le capital de l'*Etoile*. Mais, tout à coup, les affaires cessèrent. Ce résultat si peu attendu, commun du reste à toutes
les assurances contre la grêle, avait été dû à la concurrence
maladroite de tous les agents en général, et en particulier des
agents des compagnies à primes.

Les orages des 7, 9 et 14 mai avaient eu un grand retentissement et avaient causé des pertes considérables. Chacun
avait fait courir le bruit, que toutes les compagnies, sauf
bien entendu celle qu'il représentait, étaient écrasées ou
ne pourraient plus payer. Ces bruits avaient pris une telle
consistance dans les campagnes, qu'ils avaient amené un
résultat tout autre que celui qu'attendaient ceux qui les avaient
fait courir. La solvabilité de toutes les assurances avait été
mise en doute, et personne n'avait plus voulu s'assurer.

L'orage du 18 Juillet 1866, à lui seul, atteint 600 assurés et
coûte 250.000 francs. En cette année, il y a 937 indemnitaires
et la moisson a été fort retardée par les pluies.

Les orages de 1867 coûtent à la Société 160.000 francs, rien
qu'à Blois. Le chiffre des sinistres atteint 1019, pour près d'un
demi-million de pertes.

En 1868, il s'élève encore et atteint 1358, pour plus d'un
demi-million. Le blé valait alors 40 francs l'hectolitre, d'où
augmentation du capital assuré.

Après de très grands froids en mai, l'orage du 13 juin
1869, ravage la Sologne, avec une moyenne de 610 francs par
sinistre. En cette même année on signale une absence totale
d'orages en août, aussi le nombre des sinistres tombe-t-il à
737. Le blé valait alors 30 francs l'hectolitre.

Les graves sinistres du 22 mai 1870 en Beauce, laissent
pourtant le nombre des indemnitaires s'abaisser à 632, après
une sécheresse qui avait entravé le développement des affaires.

Mais cette entrave ne fut rien à côté de celles occasionnées par les catastrophes de la guerre. Pourtant, et cette constatation est toute à l'éloge des assurés et des dévoués auxiliaires de la Société, l'*Etoile* put surmonter ces dures épreuves sans trop de perte. Le 5 juillet 1871, le directeur s'exprimait ainsi dans son rapport au conseil qui n'avait pu être réuni plus tôt, à cause des événements de la Commune :

« Sauf les départements du Cher et de l'Indre, tous les départements qui forment la circonscription générale de la Société ont été envahis par les Prussiens, plusieurs ont été le théâtre de combats nombreux, tous ont subi des pertes et des dévastations considérables.

« Aussi ai-je eu, au début, des craintes sérieuses pour le recouvrement de nos primes, d'autant plus qu'au malheur de l'invasion est venue se joindre la perte, par la gelée, de toutes les céréales d'hiver !

« Cependant, grâce à l'activité de nos agents, nos recouvrements se sont faits d'une manière inespérée, et sur un chiffre de 600.000 francs à recevoir, nos non-valeurs n'atteindront pas 20.000 francs. On ne comptait pas en général sur des payements aussi rapides. Presque tous nos sinistres sont payés. Il ne reste plus à solder que des reliquats sur les plus grosses indemnités. Ces sommes pourraient déjà être payées, mais d'accord avec les indemnitaires, les agents ont accordé certains délais à des assurés gênés dont l'argent doit servir à solder les sinistres. Eu égard aux difficultés exceptionnnelles de l'année, je n'ai pas cru devoir faire de poursuites, et j'estime qu'il ne faudra en exercer qu'avec une grande circonspection et seulement en cas de mauvaise volonté bien constatée.

« J'ai fait tout ce qui dépendait de moi pour parer aux conséquenses désastreuses que pouvait entraîner pour nous l'insurrection du 18 mars, survenant juste au moment de nos recouvrements et à l'époque à laquelle se font les assurances.

« L'interruption des communications paralysait toutes nos affaires ; d'autre part, les projets que révélaient déjà les insurgés me donnaient pour la sécurité des bureaux de la société des craintes que la suite n'a que trop justifiées, car c'est à un changement de vent providentiel que nous avons dû de ne pas être brûlés avec le ministère des Finances. (Les bureaux étaient alors rue du Mont-Thabor, 26, en face le Ministère.)

« J'ai donc, non sans de grandes difficultés, fait sortir de Paris toutes nos polices, nos répertoires, nos bordereaux, et les ai fait transporter à Orléans, où les employés sont venus aussi et où j'ai établi un siège provisoire de la Société.

« Orléans est au centre de nos affaires et, malgré l'insurrection, elles y ont suivi leur cours régulièrement. C'est ainsi que nous avons pu mettre à profit les mois d'avril et de mai pour liquider presque entièrement l'exercice 1870, régulariser les assolements, et réaliser des affaires qui nous eussent certainement échappé si nous étions restés, tout le temps de l'insurrection, sans communication avec la province. Aussi la diminution de notre capital assuré est-elle bien moins importante que celle des autres compagnies qui n'ont pris que tardivement ou incomplètement la résolution que nous avons prise. »

Le contre-coup des ruines accumulées par la guerre se fit sentir en 1871, et le directeur, dans son rapport, s'exprimait ainsi : « La liquidation de 1871 a été des plus laborieuses. La récolte de 1871 a été mauvaise, les blés ont été généralement gelés, bien des situations déjà compromises par la guerre et l'invasion sont devenues très difficiles après la moisson. Il nous a fallu recevoir les primes par acomptes et par fractions, et cela a motivé une comptabilité vraiment inextricable. Enfin, grâce aux démarches de toutes sortes, faites par les agents et par les inspecteurs, nous sommes arrivés à un résultat que je n'osais espérer et il ne reste plus dû qu'un reliquat peu important. »

Mais une perte que la société eut à subir fut celle provenant des rentes qui, achetées 75 francs, durent être vendues dans l'année calamiteuse de 1872 au prix de 55 francs. Pourtant la perte n'atteignit pas 34.000 francs, et fut compensée par les intérêts perçus.

D'après les travaux de M. Duchaussoy, il y aurait 4 0/0 des orages en hiver, 27 0/0 au printemps, 50 0/0 en été, et 18 0/0 en automne. Entre mai et août le total est de 68 0/0.

D'après M. Taillandier (1), on peut, en France, pendant une

---

(1) *Les Assurances agricoles en France*, Paris, Rousseau, 1899.

période de 20 années, évaluer en moyenne à 12.000 par an les cas d'orage portant préjudice aux récoltes. Ces cas se répartissent ainsi :

<pre>
Janvier.....................   105 cas
Février.....................   63
Mars........................   220
Avril.......................   325
Mai......................... 1.380
Juin........................ 3.040
Juillet..................... 3.730
Août........................ 2.250
Septembre...................   620
Octobre.....................   150
Novembre....................   67
Décembre....................   50
                              ______
              TOTAL......... 12.000 cas
</pre>

Il a paru curieux de relever aussi à l'*Etoile* la statistique du nombre de sinistres survenus par mois. Sans donc s'attarder davantage à la description des orages de grêle, description qui ne laisserait pas d'être monotone et malheureusement toujours à peu près semblable, on donnera désormais simplement, pour chaque année, la date des principaux orages, le nombre des avis de sinistres parvenus à la direction, pendant chacun des mois d'avril, mai, juin, juillet, août et septembre (laissant de côté les autres mois où les céréales ne peuvent être endommagées par la grêle), le nombre total des sinistres annuels, enfin la moyenne annuelle des pertes individuelles.

L'exposé de ces renseignements fait l'objet du tableau ci-après :

STATISTIQUE PAR ANNÉE ET PAR MOIS
DES SINISTRES DE GRÊLE A L' « ÉTOILE »

AVEC INDICATION DES JOURNÉES LES PLUS CHARGÉES DEPUIS 1871.

ANNÉES	AVRIL	MAI		JUIN		JUILLET		AOUT		SEPT.	TOTAL	MOYENNE DES INDEMNITÉS
	NOMBRE	NOMBRE	Dates de mai les plus chargées	NOMBRE	Dates de juin les plus chargées	NOMBRE	Dates de juillet les plus chargées	NOMBRE	Dates d'août les plus chargées	NOMBRE		
1871	»	23	»	247	»	778	29 (720)	123	»	»	1.171	452
1872	61	376	17	105	»	1.597	26-27-28	297	7	»	2.436	545
1873	4	61	»	151	»	81	»	66	»	»	303	275
1874	»	158	»	275	21	938	7-9-11-20	11	»	»	1.382	409
1875	»	115	»	412	9-18	476	7-19	79	»	»	1.082	708
1876	35	7	»	171	22	366	23	13	»	»	592	525
1877	46	46	»	75	»	312	4-15	101	16	»	580	735
1878	23	35	»	185	23	171	»	72	16	»	486	538
1879	9	65	»	308	8-11	74	»	142	15	»	598	686
1880	»	20	»	405	17-21	529	16-20-30	101	18	»	1.055	690
1881	2	26	»	470	18	93	»	11	»	»	602	700
1882	82	335	24-30	371	24	790	(730le15)	6	»	6	1.508	821
1883	»	71	»	135	»	559	8-14-15	17	»	»	782	545
1884	12	116	5	42	»	842	12-23-25	210	7	»	1.222	484
1885	3	182	21	256	»	142	»	53	4	»	636	390
1886	10	119	26	441	3	218	19	62	10	14	864	661
1887	»	240	30	2	»	1.165	22(8.0le30)	26	17	27	1.453	612
1888	»	1	»	153	»	873	22-23	533	15	»	1.560	486
1889	5	81	»	314	»	280	9	78	»	»	758	375
1890	38	106	25	20	»	251	(2911e17)	124	18	»	639	428
1891	»	90	»	123	6	213	31	241	4	99	772	427
1892	1	12	»	8	»	820	27-28-29-30	27	8-25	»	868	506
1893	2	18	»	118	14-16	422	1-4-13	21	10	20	601	474
1894	156	18	»	6	»	525	14-23	162	24	3	870	396
1895	2	59	»	980	30	721	26-28-31	361	4-10	»	2.123	640
1896	»	»	»	102	»	749	7-15	109	10	»	960	497
1897	34	37	»	449	26-28	119	»	86	5	»	725	795
1898	»	63	»	70	»	271	27	132	8-18	»	536	420
1899	3	3	»	550	20-28	339	22-23	346	4 à 8	»	1.241	472
1900	»	60	6	194	17-18	776	2-27	36	»	»	1.065	865
1901	3	121	»	291	1-29-30	270	»	1	»	»	686	910
1902	»	125	29	92	»	175	»	206	»	»	604	700
1903	»	92	»	83	»	284	12-18-30	189	19-23	13	659	472
1904	13	65	18	93	7-17	371	12-24-30-31	55	1-5	»	597	516

De l'examen de ce tableau il résulte que depuis 34 ans l'*Etoile* a reçu 32.046 sinistres de grêle (1), répartis comme il suit :

544	en avril
2.846	mai
7.687	juin
16.690	juillet
4.097	août
182	septembre

somme égale, 32.046,

et que la moyenne individuelle des indemnités ne s'abaisse jamais plus bas que 375, s'élève en certaines années jusqu'à 910 fr., et est sur l'ensemble des 34 dernières années de 564 fr. Pendant cet espace de temps les années les plus calamiteuses sont 1872 et 1895 où l'*Etoile* a compté plus d'un sinistré sur trois assurés. En cette dernière année, la moyenne des pertes s'est élevée notamment à :

Sancerre, Vendôme, La Châtre, Ste-Ménéhould à	500 fr.
Chartres, Fontainebleau à	600 —
Tonnerre à	900 —
Châteaudun à	1.177 —
Sens à	1.600 —
Etampes à	1.650 —
Soissons à	4.400 —
Senlis à	6.445 —

C'est cette même année que la Société eut à payer 64.000 francs à M. Duvivier, à Crépy-en-Valois. Celui-ci préoccupé, à juste titre, en présence de sinistres aussi écrasants, s'était renseigné sur l'*Etoile* et il lui avait été répondu : « Société ne faisant pas de réclame, mais marchant bien. » L'*Etoile* a toujours tenu à justifier cette appréciation.

---

(1) Depuis sa fondation, la Société a eu 48,480 indemnitaires, ce qui représente, environ, 60,600 cas de grêle.

CHAPITRE VII

Etablissement des cotisations. —Sommes perçues et sommes payées.

« La mutualité, écrit M. Berthoule (1), est la plus noble et la plus salutaire des institutions, puisqu'elle unit les hommes dans une communauté d'aspirations et de peines, en solidarisant intimement leur existence et leur fortune. Par elle, le malheur de l'un devient le malheur de l'autre, l'intérêt individuel devient l'intérêt général, les cœurs se rapprochent, les âmes se raffermissent en se pénétrant de l'appui réciproque. »

« J'ai voulu, écrit Barrau, le promoteur des mutualités contre la grêle, que les propriétaires d'une même région soient eux-mêmes et en même temps les assureurs et les assurés, qu'ils forment une société exempte de spéculation, et sans autre but que celui de s'assurer réciproquement un dédommagement et un secours proportionnés à leurs pertes présumées, au moyen d'une masse commune formée de la réunion des primes de chacun d'eux. »

La fixation de la prime ou cotisation est une des questions les plus importantes et les plus difficiles de l'assurance contre la grêle, car elle doit être en rapport non seulement avec l'importance et la nature des récoltes assurées, mais encore, et c'est là le point le plus délicat, avec les chances plus ou moins grandes de sinistres. La prime est donc l'expression ou l'évaluation d'un risque, et elle doit être déterminée *damno vitando* et non pas *lucro faciendo* (2).

La science, si elle a expliqué la formation de la grêle, n'a pu, jusqu'à ce jour, en prévoir ni la cause déterminante, ni la

---

(1) Berthoule, *Assurances mutuelles, Revue des Etudes historiques*, 1892.

(2) Taillandier.

marche, ni l'intensité, ni la périodicité. Les statistiques seulement nous apprennent que certaines contrées sont plus souvent ou plus gravement atteintes que d'autres. Les relevés officiels, dressés avec la longue filière des agents de l'Administration, donnent des résultats fort éloignés de la vérité. Même en supposant leurs chiffres exacts (et il est facile de démontrer le contraire) (1), leurs résultats ne seraient pas toujours pratiques, car les dégâts causés par la grêle dépendent de l'époque des orages, de leur intensité, de la nature, de la valeur, du degré de maturité des récoltes, et les statistiques administratives n'entrent et ne peuvent entrer dans tous ces détails.

Quant à celles des dégrèvements d'impôts, elles sont incomplètes et insuffisantes, car les réclamants seuls sont dégrevés quoique parfois légèrement sinistrés, tandis que d'autres cultivateurs, gravement atteints, mais non réclamants, ne sont pas dégrevés. La répartition des secours n'est pas non plus toujours en rapport avec les dommages, à cause de l'exagération de certaines demandes ou d'influences locales. Absence de dégrèvement ne signifie donc pas absence de sinistres, et dégrèvement ne signifie pas perte ruineuse. De plus, pour obtenir un dégrèvement, il faut déclarer n'être pas assuré, et les réclamants n'hésitent pas à tenir leur assurance sous silence quand ils en ont contracté une. Aussi, la détermination du nombre des cultivateurs assurés, établi officiellement d'après des chiffres basés sur ces statistiques administratives, est-elle radicalement fausse. Il en est donné des exemples au chapitre X.

Seules, les statistiques des compagnies d'assurances consignées avec un soin méticuleux, indiquant pour chaque contrée le chiffre exact des pertes comparé au chiffre exact des valeurs assurées, peuvent offrir quelque certitude, et c'est à elles que l'éminent M. Becquerel a eu le plus souvent recours pour ses Atlas météorologiques.

La statistique de l'Etoile est une des plus anciennes puisqu'elle remonte à plus de 70 ans.

---

(1) Voir chapitre X et aux annexes.

Il n'y a pas à entrer ici dans le détail du mécanisme au moyen duquel se calcule le taux de la cotisation à l'Etoile, ni dans l'étude et la critique des divers systèmes expérimentés et employés, et qui ont fait au Conseil d'Administration l'objet d'un examen sérieux.

Il suffira de rappeler qu'à l'origine de la Société on percevait chaque année la somme nécessaire au paiement des sinistres, indistinctement répartie au prorata du chiffre des assurances de chacun, entre tous les assurés de tous les départements réunis en une seule et même circonscription. Il en résultait, d'une année à l'autre, des variations énormes dans le taux des cotisations, suivant que l'année avait été plus ou moins chargée de sinistres. Il en résultait aussi, vu la trop grande étendue du périmètre des opérations, que le taux de la cotisation étant le même partout, des contrées ne payaient pas proportionnellement à leurs risques ; les unes étaient trop imposées, les autres pas assez. La circonscription de la Société fut donc divisée en circonscriptions particulières, subvenant d'abord à leurs propres charges jusqu'à une limite déterminée, et se portant réciproquement et alternativement secours, comme il est dit dans les statuts. Les cotisations de l'Etoile, dont la base principale est assise sur ses statistiques décennales, et non d'après les résultats de l'année, tendent à imposer chaque assuré en proportion des risques éventuels qu'il fait courir, et à rester sensiblement les mêmes chaque année, dans chaque circonscription, indépendamment des variations des sinistres annuels, et ce, tout en maintenant entre tous les sinistrés la solidarité qui constitue la garantie et la sécurité de la Société (1).

---

(1) Il est constaté, en passant, que contrairement à ce qui a lieu dans diverses sociétés, jamais à l'*Etoile* il n'est consenti de diminution de cotisation pour enlever une affaire. L'*Etoile* applique à tous ses assurés indistinctement la cotisation fixée par le conseil d'administration. Elle préfère voir des affaires lui échapper, plutôt que d'entrer dans la voie de concessions qui pourraient n'avoir plus de limites.

A propos des cotisations, il n'est pas inutile de détruire une légende que font courir les adversaires de la mutualité, en prétendant qu'un mutualiste est toujours exposé à des rappels de cotisations pour le passé et qui peuvent être considérables. Cette éventualité, qui s'est, en effet, produite dans certaines mutualités et a été constatée par des jugements,

Ces faits résultent du graphique ci-joint, retraçant les opérations de la Société depuis sa fondation.

La ligne du haut, formée de petites croix, donne la marche des capitaux assurés.

La ligne noire, le montant des cotisations perçues.

Et la ligne rouge le montant des sinistres.

Dans les premières années, de 1834 à 1859, les cotisations appelées annuellement suivent exactement les fluctuations des sinistres. Le taux de la cotisation subit donc des soubresauts considérables, et les écarts de ces soubresauts sont d'autant plus accentués, en réalité, que l'ensemble de la base de la cotisation perçue annuellement n'a aucun rapport avec les capitaux assurés. On peut s'en rendre compte en comparant la ligne noire des cotisations avec la ligne en petites croix des capitaux assurés. Par exemple, en 1838, 1846, 1854, 1856, les capitaux assurés montent, tandis que la cotisation perçue baisse, parce que, dans ces années-là, les sinistres ont été peu nombreux; d'où, variations énormes dans le taux des cotisations d'une année à l'autre ; et il arrive que c'est précisément une année où les capitaux assurés sont en baisse, c'est-à-dire une année où la récolte est mauvaise, que le taux de la cotisation monte, si cette même année est chargée de sinistres.

Au contraire, à partir de 1859, on commence à baser l'appel de la cotisation sur la statistique et à créer un fonds de réserve. On voit alors la ligne noire de la cotisation suivre les courbes de la ligne en croix des capitaux assurés; autrement dit, le taux moyen de la cotisation reste sensiblement le même chaque année, puisque le total de la cotisation perçue monte ou descend, suivant que le capital assuré s'élève ou s'abaisse ; et cela indépendamment des fluctuations énormes des

---

que l'on publie avec complaisance dans un but intéressé, ne peut se produire dans les mutuelles sérieuses, où, conformément au décret de 1868, le maximum de la cotisation est fixé dans les statuts, où les comptes sont soldés chaque année, et qui fonctionnent comme l'*Etoile*. Au surplus, pour couper court à toute hésitation, les quittances de cotisations délivrées par l'*Etoile* sont toujours et statutairement données pour solde définitif de tout compte. Vouloir discréditer la mutualité par la publication des jugements ci-dessus indiqués, est aussi juste que si les mutuelles voulaient discréditer les compagnies par actions, en publiant la liste de toutes celles qui ont fait faillite et n'ont pas tenu leurs engagements.

sinistres dont on voit la ligne rouge chevaucher irréguliè-
rement sur la ligne noire des cotisations; le fonds de réserve
constitué dans les années favorables venant aider la cotisation
à payer les sinistres dans les années calamiteuses.

Après avoir montré ainsi la fixité relative des cotisations de
l'Etoile, il est bon de constater que leur taux est aussi en rapport que possible avec les risques. L'examen de la statistique
de la Société apprend, en effet, que la compensation des
sommes perçues et payées se fait toujours dans une période
plus ou moins longue, non seulement dans chaque circonscription, mais encore dans la Société tout entière. Vouloir entrer
ici dans le détail de chaque circonscription équivaudrait à
publier les tableaux statistiques. On se bornera donc à poser cette
règle, que dans chacune d'elles la compensation se fait d'autant plus souvent qu'il y a plus d'assurés, et à envisager, en fin
de compte, le résultat total de l'ensemble des opérations de la
Société, résumé depuis sa fondation dans les tableaux suivants:

OPÉRATIONS DE LA SOCIÉTÉ L' « ÉTOILE »
DEPUIS SA FONDATION

EXERCICES	NOMBRE D'ASSURÉS	CAPITAUX ASSURÉS	COTISATIONS et RECETTES DIVERSES	NOMBRE de SINISTRES	SINISTRES et CHARGES	EXCÉDENT	PRÉLÈVE-MENT	RÉSERVE en FIN D'ANNÉE
1834	645 (1)	3.227.300	21.219 (2)	39	21.219	»	»	»
1835	1.413	7.266.300	39.717	45	39.717	»	»	»
1836	2.372	11.604.500	73.926	111	70.298	3.628	»	3.628
1837	3.127	18.594.900	197.228	347	191.431	5.797	»	9.425
1838	3.048	19.132.600	107.410	381	98.147	9.263	»	18.688
1839	5.881	26.237.900	328.127	1.182	346.815	»	18.688	»
1840	4.928	23.174.600	108.110	316	108.110	»	»	»
1841	4.877	23.179.000	75.515	229	75.515	»	»	»
1842	4.035	20.033.400	118.771	199	118.771	»	»	»
1843	4.296	21.479.600	281.624	595	281.624	»	»	»
1844	4.036	20.681.500	147.642	471	147.642	»	»	»
1845	4.057	22.689.900	182.453	502	182.453	»	»	»
1846	4.103	22.613.600	75.469	204	75.469	»	»	»
1847	4.452	29.397.300	129.165	394	129.165	»	»	»
1848	4.415	24.268.800	134.546	354	134.546	»	»	»
1849	4.537	25.266.200	198.914	503	198.914	»	»	»
1850	4.602	25.428.400	146.168	469	146.168	»	»	»
1851	4.615	24.827.600	196.204	537	196.204	»	»	»
1852	4.777	28.004.900	233.267	802	233.267	»	»	»
1853	4.659	29.861.100	288.786	787	288.786	»	»	»
1854	5.816	34.072.200	115.253	338	115.253	»	»	»
1855	5.783	35.628.200	272.960	449	272.960	»	»	»
1856	5.927	40.153.400	85.172	316	85.172	»	»	»
1857	6.012	43.423.100	360.204	548	360.204	»	»	»
1858	5.867	38.617.400	261.516	508	243.483	18.033	»	18.033
1859	5.943	40.637.400	683.522	1.645	690.002	»	6.480	11.553
1860	5.795	37.659.400	328.764	748	266.137	32.627	»	44.180
1861	5.682	37.180.700	589.738	1.332	612.276	»	22.538	22.538
1862	5.902	42.627.500	373.261	379	93.494	280.067	»	302.605
1863	5.977	41.609.900	339.450	354	129.756	209.694	»	512.299
1864	5.783	38.831.800	241.336	451	188.094	53.242	»	565.541
1865	5.757	39.168.500	428.670	1.423	764.956	»	342.361	222.287
1866	5.828	40.727.200	380.574	937	423.640	»	43.066	179.221

(1) A plusieurs reprises la Société a résilié de nombreux contrats reconnus par la statistique trop onéreux, ce qui en explique certaines variations dans le nombre des assurés.

(2) En cette année 1834, comme on l'a vu au chapitre III, les 21.219 fr. ont été versés par le Directeur, de ses deniers.

OPÉRATIONS DE LA SOCIÉTÉ L' « ÉTOILE » (*Suite*)

EXERCICES	NOMBRE D'ASSURÉS	CAPITAUX ASSURÉS	COTISATIONS et RECETTES DIVERSES	NOMBRE de SINISTRES	SINISTRES et CHARGES	EXCÉDENT	PRÉLÈVEMENT	RÉSERVE en FIN D'ANNÉE
1867	6.096	45.607.100	417.526	1.019	472.031	»	24.505	154.715
1868	7.849	51.541.700	572.000	1.358	590.520	»	18.520	136.194
1869	7.730	49.564.400	518.454	787	436.307	82.147	»	218.341
1870	7.677	49.206.400	484.243	632	405.118	79.124	»	297.465
1871	7.336	40.643.300	419.042	1.171	507.193	»	107.984	189.481
1872	7.992	47.812.500	734.953	2.436	829.693	»	118.165	71.316
1873	7.037	42.667.000	479.410	363	107.457	371.953	»	443.209
1874	7.168	47.347.300	524.315	1.382	567.630	»	43.286	399.983
1875	6.833	41.333.000	644.624	1.082	763.939	»	119.315	280.668
1876	6.584	39.013.500	436.146	592	308.825	127.322	»	407.990
1877	6.286	44.393.800	507.981	580	427.065	80.917	»	488.907
1878	6.281	44.260.600	459.884	486	259.099	200.785	»	689.692
1879	6.049	40.705.000	487.085	598	412.311	74.774	»	764.466
1880	5.833	41.912.300	514.351	1.035	725.289	»	213.938	550.528
1881	5.858	43.389.000	550.700	602	420.168	130.531	»	681.059
1882	5.795	46.257.700	707.809	1.508	1.048.340	»	340.530	340.530
1883	5.558	41.628.800	491.705	782	426.493	65.212	»	405.742
1884	5.405	41.415.200	524.168	1.222	590.952	»	66.784	338.958
1885	5.480	40.219.500	494.282	636	213.082	281.200	»	620.158
1886	5.537	40.585.600	474.566	864	507.197	»	32.630	587.528
1887	5.931	44.718.800	783.639	1.433	877.404	»	293.764	293.764
1888	5.815	41.528.500	614.284	1.560	750.383	»	145.100	148.664
1889	6.133	45.735.300	575.374	758	254.240	321.135	»	469.799
1890	5.963	44.164.500	544.901	639	274.136	270.766	»	740.565
1891	5.993	39.030.100	468.630	772	333.829	134.802	»	875.367
1892	5.926	41.588.700	498.482	868	443.791	54.691	»	930.058
1893	5.875	36.268.200	424.709	601	338.037	86.673	»	1.016.731
1894	6.131	43.882.300	465.432	870	344.130	121.302	»	1.138.033
1895	6.089	40.844.700	788.419	2.123	1.357.436	»	569.017	569.016
1896	6.279	40.046.800	539.950	960	533.691	6.258	»	575.274
1897	6.557	42.022.300	499.972	725	575.104	»	75.132	500.142
1898	7.401	55.937.500	681.012	536	273 270	407.741	»	907.883
1899	7.432	51.746.300	613.407	1.241	569.785	43.623	»	951.506
1900	7.381	49.081.900	620.571	1.065	868.818	»	248.247	703.259
1901	7.427	50.092.000	628.252	686	626.319	1.933	»	705.192
1902	7.681	55.357.800	664.885	604	421.498	243.387	»	948.579
1903	7.817	56.434.500	671.494	659	313.293	358.201	»	1.306.780
1904	7,771	56.663.100	662.435	597	391.152	271.283	»	1.578.063

De ces tableaux, il résulte que, depuis son origine, la Société a
encaissé   28,560,803
et payé.   26,982,740

       La différence soit.   1,578,063

formant l'importance du fonds de réserve au 31 décembre 1904.

Mais il ne faudrait pas croire que ces 1,578,063 francs soient
fournis par des cotisations perçues en trop. Il n'en est rien, car
les encaissements de la Société, s'élevant à 28,560,803 francs
comprennent non seulement les cotisations proprement dites,
mais encore les intérêts annuels du fonds de réserve et bonis
divers. Et si l'on additionne ces intérêts depuis 1858, date à
laquelle on a commencé à constituer un fonds de réserve, on
arrive en 1904 à un total de 1,288,281 fr. Ce qui revient à dire
que, sur le montant des cotisations perçues depuis 70 ans,
l'Etoile n'a en réalité, en 1904, qu'un excédent de 289,782 fr.,
le surplus, pour arriver au chiffre de 1,578,063 fr., étant fourni
par les intérêts.

Mais cet excédent lui-même de 289,782 fr., si léger comparativement au total des cotisations perçues depuis 1834, n'est
que momentané, et il est facile de s'en convaincre en étudiant
le détail des chiffres des années précédentes.

Si, en effet, en additionnant depuis 1834, d'un côté les cotisations perçues, et d'un autre côté les sommes payées, on
constate dans certaines années, à la réserve, un excédent
venant des cotisations, d'autre part, nombreux sont les exercices
où les sommes payées sont supérieures aux cotisations encaissées. La différence était donc comblée par les intérêts.

Examinons par exemple chaque période décennale depuis
1857, c'est-à-dire depuis la constitution de la réserve. Dix ans
après, en 1867, la réserve est de 154,715 fr. Or, les intérêts
perçus à ce moment s'élèvent à 141,617 fr. Il y a presque
égalité, et au bout de cette première période décennale, les
cotisations perçues se compensent avec les charges à peu de
chose près; la réserve représente l'accumulation des intérêts
annuels.

Dix ans après, en 1877, la réserve accuse 488,907 fr. Comme
les intérêts perçus jusqu'à cette année ne se montent qu'à
238,606 fr., les cotisations, proprement dites, se trouvent

dépasser de 250,301 fr. le chiffre des charges de la période. Mais bientôt la proportion va se trouver renversée.

Dix ans après, en 1887, la réserve tombe à 293,764 fr. Or, les intérêts touchés jusqu'à cette année montent à 603,916 fr. ce qui revient à dire que, sur les intérêts, 310,152 fr. ont passé au paiement des sinistres et que la Société a payé 310,152 fr. de plus qu'elle n'avait encaissé en cotisations.

Dix ans après, en 1897, la réserve s'élève à 500,142 fr. Or les intérêts perçus et additionnés jusqu'en 1897 donnent un total de 1,085,685 fr., ce qui revient à dire que, sur les intérêts, on a employé 585,543 fr. au paiement des sinistres, que la Société a payé 585,543 fr. de plus qu'elle n'avait encaissé en cotisations, et tout en conservant encore un demi-million de réserve.

En 1904, les intérêts perçus atteignent le chiffre de 1,288,281 fr. et composent par conséquent le fonds de réserve de cette année jusqu'à concurrence des dix-sept 21es.

Si, au lieu de prendre les résultats de périodes uniformes de 10 ans on avait choisi certaines années, la démonstration eût été encore plus frappante, mais peut-être eût-elle paru moins probante, car on aurait pu supposer que les exemples donnés étaient tout à fait exceptionnels.

La conclusion est donc que, indépendamment des fluctuations annuelles des sinistres, les cotisations conservent une fixité relative, et que, non seulement elles se compensent avec les charges au bout de périodes d'années plus ou moins longues dans chaque circonscription et dans la Société tout entière, mais encore que le fonds de réserve, qui sert de régulateur et permet, dans les mauvaises années, de payer plus que la Société n'a reçu, correspond, en moyenne, aux intérêts perçus, et par conséquent n'est pas constitué par un excès du taux de la cotisation.

On trouve encore la confirmation de ces faits dans l'ouvrage publié par M. Le Chartier « Paris-Assureur », où il établit pour les dix dernières années à la Société l'Etoile, le rapport pour cent des capitaux aux cotisations, des capitaux aux sinistres, et des sinistres aux cotisations. M. Le Chartier constate que si l'on avait appelé chaque année la cotisation nécessitée par les sinistres, le taux eût subi des soubresauts considérables, oscillant pendant cette période de 10 ans, depuis 0 fr. 32 jusqu'à 3 fr. 32 0/0, et du tableau publié par lui, il résulte que, tout en ne faisant pas subir à sa cotisation des variations sensibles, l'Etoile réglant ses sinistres 100 0/0, a pu notamment payer :

En 1895, 243 0/0
En 1897, 113 0/0 } du montant de ses cotisations.
En 1900, 137 0/0

Et que, au total, dans cette dernière période de 10 ans, l'Etoile avait versé 96,50 0/0 du montant de ses cotisations à ses sinistrés, proportion qui atteint 99,70 0/0 en remontant d'une année en arrière.

CHAPITRE VIII

**Paiement des sinistres. — Systèmes de règlement
en usage dans les diverses
assurances grêle. — Liste des cent plus fort
indemnitaires depuis la fondation de la Société.**

L'*Etoile* paye les pertes telles qu'elles ont été constatées,
contrairement à ce qui a lieu dans la plupart des autres sociétés
qui ont des systèmes de retenues ou « franchises ». Ainsi, les
unes retiennent de l'indemnité à payer le premier vingtième
sur chaque pièce de blé, et les deux premiers vingtièmes sur
chaque pièce d'avoine. Les autres ne payent que les pertes
dépassant deux vingtièmes; d'autres même, enfin, retiennent
le vingtième du total de l'assurance. Toutes ces « franchises »,
que le cultivateur n'aperçoit pas au moment de la signature de
son contrat, lui procurent, en cas de sinistres, des résultats
inattendus, en diminuant ou même en annulant son indemnité.
Le tableau ci-dessous va le démontrer.

DÉTAIL des VALEURS ASSURÉES	PERTES CONSTATÉES par les experts		PERTES PAYÉES PAR		
	en 20es	en argent	LES ASSURANCES qui ne payent pas au-dessous des 2 1ers 20es	LES ASSURANCES qui laissent à la charge de l'assuré le 1er 20e des blés et les 2 1ers 20es des avoines	L'*Étoile* qui rembourse d'après les évaluations des experts
1° 3 h. 50 a. de blé valant..... 1.750	4	350	350	262	350
2° 4 » — — 2.000	0	»	»	»	»
3° 4 h. 50 a. — — 2.250	3	337	337	225	337
4° 3 » — — 1.500	1	75	»	»	75
5° 5 » — — 2.500	2	250	»	125	250
6° 4 h. 50 a. d'avoine — 1.800	0	»	»	»	»
7° 3 h. 50 a. — — 1.400	6	420	420	280	420
8° 5 h. 50 a. — — 2.200	1	110	»	»	110
9° 5 » — — 2.000	3	300	300	100	300
10° 2 h. 50 a. — — 1.000	2	100	»	»	100
RÉSULTATS..... 20.000		1.942	1.407	992	1.942

On y prend par exemple un contrat de 20,000 francs sinistré dans une proportion moyenne et on y compare les résultats donnés par les divers systèmes d'assurances.

De ce tableau, il résulte que la perte constatée s'élevant à 1,942 francs est liquidée à pareille somme de 1,942 francs à l'*Etoile*, alors qu'elle est liquidée dans les autres assurances, et suivant leurs divers systèmes, à 1,407 francs, à 992 francs. Il en résulte aussi que, si les pièces n°ˢ 4 et 10 avaient été les seules sinistrées, ou si les autres l'avaient été dans la même proportion, l'assuré n'aurait rien touché du tout aux assurances autres que l'*Etoile*. Or, les pertes des 1 et 2 vingtièmes représentent en général le tiers des pertes. A plusieurs reprises, on a voulu se rendre compte à l'*Etoile* de ce que la Société payait comparativement à ce qu'auraient payé les autres assurances suivant leurs combinaisons de franchises. A cet effet, on a, pour chaque sinistré, fait calculer son indemnité d'après les divers systèmes, pour établir ce qu'il aurait touché suivant la société à laquelle il aurait été assuré. Ce travail assez long a été effectué et exposé au conseil d'administration de l'*Etoile*, notamment en 1885 et 1891.

Des décomptes de 1885 il résulte, dans l'ensemble, que l'*Etoile*, payant sans retenues de vingtièmes, avait remboursé en cette année 166,030 francs de pertes ; que les pertes de 1 et 2 vingtièmes entraient dans ce chiffre pour 39 0/0 et représentaient une somme de 64,752 francs que les autres assurances n'auraient pas remboursée à leurs assurés.

Le même travail a été recommencé en 1891. Il serait trop long de transcrire ici les décomptes s'appliqnant aux 647 indemnitaires de cette année. On en donnera donc ci-dessous seulement le résumé par chaque centre de sinistres.

Tableau

COMPARAISON des sommes payées en Indemnités par l' « Étoile » en 1891 avec les sommes qu'auraient payées les autres Sociétés pour les mêmes sinistres par suite des conditions de leurs Polices.

CONTRÉES SINISTRÉES	PERTES CONSTATÉES et remboursées par l'Étoile sans retenue.	SOMMES QU'AURAIENT PAYÉES			
		les Sociétés ne remboursant les pertes qu'au-dessus de deux vingtièmes,	Pourcentage comparé avec l'Étoile.	les Sociétés ne payant pas le premier vingtième des blés et les deux premiers vingtièmes des avoines.	Pourcentage comparé avec l'Étoile.
	fr. c.	fr. c.		fr. c.	
Contres..................	2.517 59	1.494 50	59 %	932 18	37 %
Melun	401 94	401 94	100	235 47	83
Chaulnes	1.501 50	983 90	75	774 41	59
Châlons	215 97	117 32	54	58 63	27
Vitry-le-François	3.538 78	2.961 90	83	1.670 59	47
Saint-Vimemer..........	77 62	41 21	51	25 82	33
Aubigny................	792 25	» »	Néant.	280 50	35
Saint-Amand...........	1.244 05	665 21	53	530 77	42
Nangis	194 88	165 90	85	87 62	45
Dreux..................	6.498 17	4.554 79	70	2.425 96	37
La Châtre..............	24.421 97	23.516 81	96	20.238 62	82
La Ville-aux-Clercs......	707 30	337 70	47	126 02	17
Senlis	85 44	17 28	20	5 76	7
Vierzon................	1.085 25	1.064 25	100	880 »	81
Châteauroux...........	10.852 37	5.126 43	47	4.551 28	42
Malesherbes...........	597 93	328 50	53	146 50	24
Onzain	207 50	180 93	87	151 33	72
Clermont..............	5.059 40	4.596 84	91	2.991 28	59
Amboise...............	243 90	187 14	76	157 90	65
Ribemont..............	3.138 07	1.682 04	53	717 23	22
Château-Landon	2.288 46	2.009 65	87	1.480 34	64
Sully-sur-Loire..........	9.903 80	8.162 89	82	7.225 89	72
Issoudun	1.223 25	959 25	78	509 50	49
Louviers...............	279 91	45 »	16	20 »	7
La Ferte-Gaucher.......	203 92	154 35	75	70 06	34
Etampes...............	2.338 55	2.003 55	85	951 30	41
Nanteuil...............	139 23	129 54	96	76 94	55
Chartres...............	31.435 42	24.077 21	76	14.879 89	47
Aschères	9.075 33	7.090 08	78	3.565 33	39
Marchenoir	675 »	360 »	54	180 »	27
Etrepagny..............	1.124 »	432 »	35	144 »	11
Châtillon-sur-Loire......	76 88	75 «	100	56 25	72
Sens	1.039 68	746 79	71	584 52	55
Ouzouer...............	1.638 83	366 11	22	164 31	10
Pisseleux..........	57.154 64	47.426 70	83	34.559 90	60
Bourges	10.446 89	8.072 27	77	6.310 87	60
La Chapelle-Lasson....,	77 30	57.83	75	34 61	45
Cloyes.................	628 98	» »	Néant.	» »	Néant.
Corbreuse..............	12.897 10	9.347 50	72	6.280 53	48

CONTRÉES SINISTRÉES	PERTES CONSTATÉES et remboursées par l'Étoile sans retenue.	SOMMES QU'AURAIENT PAYÉES			
		les Sociétés ne remboursant les pertes qu'au-dessus de deux vingtièmes.	Pourcentage comparé avec l'Étoile.	les Sociétés ne payant pas le premier vingtième des blés et les deux premiers vingtièmes des avoines.	Pourcentage comparé avec l'Étoile.
	fr. c.	fr. c.		fr. c.	
La Ferté-St-Aubin	332 »	112 »	33	56 »	17
Loches	4.771 18	3.856 35	84	3.113 84	65
Janville	22.674 81	11.250 85	49	6.425 76	27
Etampes	1.637 61	943 50	57	377 40	22
Cormery	4.079 54	1.970 69	47	1.229 61	30
Romorantin	9.067 60	6.835 »	75	5.435 21	59
Andonville	445 90	162 95	37	72 17	16
Tourny	1.063 20	15 »	Néant.	5 »	Néant.
Mulsans	1.780 48	1.336 33	75	644 73	36
Pithiviers	1.632 »	761 53	46	396 18	24
Châteaudun	8.009 93	3.610 51	45	2.414 47	30
Gisors	6.043 05	2.559 30	42	1.214 86	20
Vatan	328 96	135 »	41	161 04	50
Arras	50 »	» »	Néant.	»	Néant.
Orléans	11.963 45	4.954 34	41	2.665 64	22
Somme-Yèvre	292 52	156 84	53	138 82	47
Provins	2.259 37	1.605 87	71	1.066 »	47
Sailly-aux-Bois	30 »	» »	Néant.	» »	Néant.
Vendôme	9.543 34	5.770 98	60	3.933 88	41
Direction	34 »	11 56	35	2 57	9
Litigieuses	2.070 96	1.425 95	68	914 50	44
	294.038 95	207.414 99	70,5	144.539 79	48,9

De ce tableau, il résulte que, pendant que *l'Étoile* a payé intégralement la perte constatée, soit 294,038 fr. 95 : 1° les assurances, retenant le premier vingtième des blés et les deux premiers vingtièmes des avoines, n'eussent payé que 144,539 fr. 79, soit 48.9 0/0 de ce qu'a payé *l'Étoile ;* 2° les assurances, payant seulement les pertes au-dessus de deux vingtièmes, n'eussent payé que 207,414 fr. 99, soit 70.5 0/0 de ce qu'a payé *l'Étoile.*

Le premier résultat est tellement désastreux pour les assurés que, dans ces sociétés, on fait maintenant, la plupart du temps, racheter la franchise au moyen d'une surtaxe qui augmente la prime. Aussi, sans s'attarder davantage sur cette première combinaison, on insistera davantage sur la seconde, de beaucoup la plus répandue.

Les résultats obtenus par le tableau ci-dessus ne sont pas exceptionnels et se retrouveraient, si l'on avait le loisir de refaire le même travail pour les différents exercices. Les renseignements ci-après vont le prouver.

On objectera peut-être que, malgré leur exactitude, les chiffres ci-dessus, calculés dans les bureaux de l'*Etoile*, sont théoriques, mais, qu'en réalité, les experts des assurances, dont les statuts comportent ces franchises, en tiennent compte dans leurs évaluations et font des compensations pour empêcher l'assuré de pâtir de cette condition statutaire. C'est la thèse habituelle soutenue par les représentants de ces assurances afin de décider des hésitations des cultivateurs. A cela, on peut répondre : 1° que ni les experts, ni les assurés, ni la compagnie n'ont le droit de transgresser leurs statuts ; que de tels procédés auraient pour conséquence le discrédit, car si l'on admet la possibilité de violer un article, il n'y a plus de raisons pour ne pas en violer d'autres ; 2° que si, en réalité, ces retenues ou franchises étaient lettre-morte, ces assurances ne persisteraient pas à les maintenir dans leurs statuts, uniquement pour s'exposer aux critiques.

La vérité est que ces retenues ou franchises représentent bien les moyennes ci-dessus des pertes qui ne sont pas remboursées à leurs clients par les assurances. On n'en veut pour preuve que ce que disent les statistiques elles-mêmes de la plus importante des compagnies d'assurances, ayant la franchise en-dessous de deux vingtièmes dans ses statuts. De son propre aveu, de ses propres chiffres communiqués par elle en 1893 à M. Thomereau (1) pour son ouvrage sur les assurances agricoles, il appert que, sur 3,075 sinistres ayant frappé 18,293 parcelles, il s'est trouvé :

6.228 parcelles soit	34.04 p. 100	dont la perte a été	inférieure à	2/20
6.794	—	37.14	—	de 2 à	4/20
1.970	—	10.77	—	de 2 à	6/20
3.303	—	18.05	—	supérieure à	6/20

---

(1) Extrait des *Assurances agricoles au point de vue de la statistique*, par A. THOMEREAU.

Ainsi donc, cette compagnie calcule elle-même à 34.04 0/0 les pertes inférieures à deux vingtièmes, c'est-à-dire les pertes non remboursées par elle. Ce chiffre n'est-il pas l'éloquente et indéniable confirmation des chiffres relevés dans les bureaux de l'*Etoile* dès 1885 et 1891 et qui calculèrent la proportion à 39 0/0 et à 29.5 0/0, soit à une moyenne de 34.25 0/0?

A ces diverses franchises, il faut ajouter certaines autres conditions spéciales. Ainsi, celles concernant les pailles doivent être considérées. Dans la plupart des assurances, les pailles sont comprises pour un cinquième ou un sixième du prix de la récolte. A l'*Etoile*, elles peuvent n'être comprises que pour un dixième. Cette disposition a son importance, car la perte sur les pailles est toujours moins élevée que la perte sur les grains. Il faut aussi envisager les conditions relatives aux récoltes fauchées. Dans la plupart des assurances, les récoltes mises en moyettes ou même seulement coupées, ne sont plus garanties. A l'*Etoile*, au contraire, la garantie ne cesse que lorsque les récoltes sont mises en meules ou enlevées du champ. Or, pour continuer l'exemple de comparaison pris ci-dessus avec les chiffres de l'année 1891, l'orage, qui a éclaté le 3 septembre de cette année et a atteint uniquement des récoltes coupées, a coûté plus de 70,000 francs à l'*Etoile*. D'autres sociétés n'eussent rien payé. Telles sont les conséquences que peuvent avoir, pour les cultivateurs, ces clauses souvent inaperçues.

Logiquement, dans l'ensemble, les cotisations de l'*Etoile* devraient être d'un tiers plus élevées que dans les autres assurances. Or, il n'en est rien.

Si, en effet, pour les trois plus importantes compagnies ou sociétés d'assurances opérant dans la circonscription de l'*Etoile* et ne remboursant pas les pertes au-dessous de deux vingtièmes, on fait un tableau comparatif avec l'*Etoile* sur la moyenne de leurs primes publiée, en dernier lieu, dans les journaux au cours d'une période de 10 ans, on trouve :

Moyenne des primes payées
(cotisation et frais d'administration compris)

	A L'ETOILE	Dans les trois plus importantes Compagnies ou Sociétés ayant la franchise de 2/20		
1894	1.38	1.66	1.51	1.55
1895	1.50	1.68	1.51	1.56
1896	1.38	1.67	1.51	1.58
1897	1.37	1.63	1.46	1.56
1898	1.40	1.60	1.42	1.42
1899	1.36	1.62	1.46	1.37
1900	1.40	1.67	1.49	1.35
1901	1.38	1.63	1.45	1.30
1902	1.39	1.57	1.39	1.25
1903	1.36	1.62	1.47	1.23
	13.85	16.35	14.67	14.17

Ainsi donc, la moyenne des primes perçues dans les autres compagnies et sociétés est 1.63, 1.46, 1.41, alors qu'à l'*Etoile* elle est de 1.38.

CONCLUSION : l'*Etoile* rembourse 30 0/0 de plus de pertes et perçoit moins de primes.

A quoi peut donc tenir ce problème ? A l'absence d'actionnaires à rémunérer et au taux inférieur de ses frais d'administration.

On ne fait ici aucune critique des divers systèmes d'assurances pratiqués par de fort honorables compagnies. L'*Etoile* a toujours été ennemie des polémiques, elle a toujours employé des procédés corrects vis-à-vis de ses concurrents. Elle estime que c'est le meilleur moyen de vivre en bonne intelligence avec eux. Aussi ne cite-t-on ici aucun nom, ne fait-on ici aucune personnalité. Il faut d'ailleurs divers systèmes pour s'appliquer aux diverses convenances. Et la loyale concurrence qui existe entre les compagnies sérieuses, l'émulation qu'elles mettent à satisfaire leurs assurés, sont la meilleure sauvegarde de ceux-ci. L'*Etoile* n'a pas la prétention d'avoir atteint la perfection, mais les autres non plus ne peuvent pas avoir cette prétention. En attendant, l'*Etoile* s'efforce de faire pour le mieux et elle se borne ici à exposer les diverses conditions en usage dans les

autres assurances et à montrer la manière libérale dont elle
fait ses règlements. Elle ne craint pas de publier les listes de
ses indemnitaires. Alors que plusieurs assurances concurrentes
ne publient aucune liste, l'*Etoile*, dès sa fondation et sans interruption depuis cette époque, a publié et distribué à tous ses
assurés le compte-rendu de ses opérations, avec les noms et do-
miciles des indemnitaires et le montant de leur indemnité. Ses
opérations sont ainsi exposées au grand jour et contrôlées par
chaque intéressé. Réimprimer ici les noms des 48,480 indemnitaires, qui ont reçu vingt-six millions neuf cent quatre-vingt-
deux mille sept cent quarante francs depuis 70 ans, composerait
un gros volume ; on se bornera à citer les cent plus fort sinistrés depuis 1834.

Liste des cent plus fort indemnitaires depuis la création de la société

1895	Duvivier, à Russy-Bémont (Oise).............	63,673
1839	Legendre, à Baulne (Seine-et-Oise)...........	43,776
1861	Pezon-Maillet, à Vierzon (Cher).............	42,188
1877	Malbete, à la Champenoise (Indre)..........	36,516
1877	Poirier, —	35,664
1860	Leroux, à Pecqueuse (Seine-et-Oise).........	34,201
1875	Loiseau, à Sainte-Escobille (Seine-et-Oise)....	30,171
1897	Millocheau, à Voves (Eure-et-Loir)..........	29,069
1877	Langé, à la Champenoise (Indre)............	28,031
1901	Rémy, à Fleury (Oise)......................	27,999
1881	Martin-Petit, à Balagny (Oise)..............	27,866
1901	Lambert, à la Villetertre (Oise).............	27,093
1879	Niay, à Vauciennes (Oise)..................	26,986
1895	Petit, à Boissy-Rivière (Seine-et-Oise)........	26,792
1853	Hubert, à Vez (Oise)......................	25,352
1901	Bastin, à Boissy-Fresnoy (Oise).............	24,978
1895	Maurice, à Betz (Oise)....................	24,337
1895	Cazin, à Levignen (Oise)..................	24,243
1867	Belleville, à Jussy (Cher).................	24,092
1845	Toupet, à Hautefontaine (Oise).............	23,773
1853	Leroy, à Taillefontaine (Oise)...............	22,934

1878	Michel, à Plichancourt (Marne)	22,879
1900	Toutain, à Doudeauville (Eure)	22,653
1865	Marchand, à Mainvilliers (Loiret)	22,276
1872	Pezon, à Vierzon (Cher)	22,449
1855	Marchon, à Saint-Hilaire (Seine-et-Oise)	22,049
1882	Hogu, à Villerablé (Loir-et-Cher)	21,118
1895	Parmentier, à Vez (Oise)	20,460
1879	Gosme-Morin, à Guigneville (Loiret)	20,046
1900	Pagnerre, à Longchamps (Eure)	20,033
1900	Fréret, à Morgny (Eure)	20,002
1855	Chambon, à Villeconin (Seine-et-Oise)	19,674
1867	Salmon, à Suèvres (Loir-et-Cher)	19,246
1882	Venard-Dubois, à Rouvray (Eure-et-Loir)	19,055
1879	Pezon, à Vierzon (Cher)	18,977
1881	Olivereau, à Fossé (Loir-et-Cher)	18,973
1872	Coignet, à Contres (Cher)	18,929
1877	Brossard, à Mainneville (Eure)	18,755
1882	Girard-Leroux, à Cracheray (Loir-et-Cher)	18,650
1900	Lamé, à Ablis (Seine-et-Oise)	18,498
1842	Guimier, à la Villetertre (Oise)	18,107
1890	Toutain, à Doudeauville (Eure)	17,946
1870	Bled, aux Chatelliers N.-D. (Eure-et-Loir)	17,769
1859	Firbach, à Villedieu (Indre)	17,755
1902	Ruchon, à Préveranges (Cher)	17,692
1839	Vellard, à Neuvy-en-Dunois (Eure-et-Loir)	17,661
1900	Journaux, à Sarzay (Indre)	17,657
1869	Dumont, à Saint-Pierre-de-Jards (Indre)	17,495
1861	David, à Issoudun (Indre)	17,330
1879	Bertheau, à Guigneville (Loiret)	17,248
1875	Jumeau, à St-Georges-sur-Eure (Eure-et-Loir)	17,184
1839	Brière, à Auverneau (Seine-Inférieure)	17,052
1865	Lavisse, à Gannes (Oise)	17,013
1887	Silly-Leroux, à Talcy (Loir-et-Cher)	16,735
1888	Dosne, à Andonville (Loiret)	16,343
1901	Commandeur, à la Villetertre (Oise)	16,216
1855	Ferté, à Hautefontaine (Oise)	16,154
1880	Duval, à Bonneuil (Oise)	16,059
1882	Percheron, à Lancé (Loir-et-Cher)	16,037
1895	Bastin, à Boissy-Fresnoy (Oise)	15,935

1888	Faucheux, à Bazoches-Dunois (Eure-et-Loir)..	15,536
1897	Sauton-Prévost, à Voves (Eure-et-Loir)......	15,505
1874	Poirier, à la Champenoise (Indre)...........	15,504
1839	Mellottée, à Neuvy-en-Dunois (Eure-et-Loir)..	15,465
1879	Ménard, à Audeville (Loiret)	15,391
1897	Masson-Bourgeois, à Villeau (Eure-et-Loir)...	15,328
1895	Bontemps, à Ormoy-le-Davieu (Oise).........	15,314
1872	Billard, à Sours (Eure-et-Loir).............	15,021
1868	Coutellier, à Avrechy (Oise)...............	14,780
1865	Lepage, à Valpuiseaux (Seine-et-Oise).......	14,705
1902	Milochau, à Orsonville (Seine-et-Oise).......	14,919
1901	Durand, à Boubiers (Oise)..................	14,586
1895	Longuet, à Russy-Bémont (Oise)............	14,459
1900	Roux-Salomon, à Châteauroux (Indre).......	13,969
1865	Ménard, à Audeville (Loiret)...............	13,920
1859	Godard, à Châteauroux (Indre).............	13,919
1895	Drouet, à Saint-Valérien (Yonne)..........	13,893
1897	Couteau-Levassor, à Villeau (Eure-et-Loir)...	13,879
1853	Paillard, à Montpothier (Aube).............	13,790
1855	Anjorand, à Saint-Lubin (Loir-et-Cher).......	13,724
1842	Goré, à Sérans (Oise).......	13,575
1884	Beauhaire, à Gommerville (Eure-et-Loir).....	13,517
1882	Chéramy, à Thiville (Eure-et-Loir)..........	13,348
1882	Ravault, à Lutz (Eure-et-Loir)..............	13,250
1853	Fourniez, à Vez (Oise).....................	13,223
1884	Delair, à Mérouville (Eure-et-Loir)..........	13,182
1854	Ménager, à Magny (Eure-et-Loir)...........	13,156
1870	Haye, aux Chatelliers (Eure-et-Loir).........	12,988
1839	Pelletier, à Bullainville (Eure-et-Loir).......	12,953
1836	Romain, à Vic-sur-Aisne (Aisne)............	12,859
1839	Rabourdin, à Champseru (Eure-et-Loir)......	12,849
1881	Naquet, à Ully (Oise)......................	12,809
1847	Tempez, à Lucheux (Somme)................	12,720
1839	Doublier, à Ormes (Loiret).................	12,668
1839	Chenu, à Voise (Eure-et-Loir)..............	12,641
1904	Lechesne, à Saint-Germain (Eure-et-Loir)....	12,597
1860	Darnault, à Villermain (Loir-et-Cher)........	12,527
1901	Courtois, à Monneville (Oise)..............	12,508
1904	Villette, à Saint-Luperce (Eure-et-Loir)......	12,494
1887	Mestivier, à Maves (Loir-et-Cher)...........	12,467

On pourrait s'étonner, d'après tout ce qui a été dit ci-dessus, que l'*Etoile* n'ait pas pris plus de développement depuis sa fondation et semble rester à peu près stationnaire, comme nombre d'assurés et comme capital assuré.

Cela tient à ce que l'*Etoile* n'a jamais recherché la quantité d'affaires, mais s'est surtout attachée à la qualité. Dans cet esprit, constamment elle a refusé des contrats lorsqu'ils ont été reconnus trop onéreux. Chaque année, elle se prive ainsi de plusieurs centaines de mille francs d'affaires. On peut citer notamment des années comme 1873, où elle en a refusé pour trois millions, comme 1888, où elle en a refusé pour près de deux millions, ainsi qu'il résulte de ses feuilles de rejets.

S'efforçant d'éviter des agglomérations trop considérables, ruineuses en cas de sinistres importants, de diviser son capital assuré, de rejeter les contrées et les récoltes plus sujettes au fléau de la grêle et par suite plus onéreuses, de réunir des risques et des cultures semblables, s'efforçant en un mot de maintenir dans une balance aussi égale que possible une clientèle sûre, fidèle et choisie, elle est arrivée ainsi jusqu'à présent à assurer sa prospérité alors que tant d'autres ont sombré.

CHAPITRE IX

Projets d'assurances par l'Etat, 1848 et 1857.
Protestations de la direction de l'Etoile.

En matière d'assurances agricoles, comme dans toutes les branches de la science sociale, écrit M. Taillandier, on rencontre deux grandes Ecoles dont le principe et les conclusions sont diamétralement opposés. L'une, considérant que le progrès des sociétés humaines réside dans le développement de plus en plus complet de l'individu, tend à restreindre chaque jour davantage le rôle de l'Etat au profit de la seule initiative privée. C'est l'Ecole libérale ou individualiste. L'autre, redoutant l'impuissance de l'individu abandonné à lui-même, veut faire à l'Etat une place toujours plus grande, lui donner un rôle prépondérant, et ne recule pas devant l'idée d'un Etat Providence se substituant partout à l'individu, pensant et agissant pour lui. C'est l'Ecole autoritaire ou étatiste, connue sous les noms divers de socialisme d'Etat, collectivisme ou communisme. Tout ce qui a été fait ou tenté jusqu'ici en matière d'assurances agricoles s'inspire de ces conceptions (1).

Les sociétés d'assurances, et en particulier celles contre la grêle, eurent donc, à plusieurs reprises, à lutter contre les projets de loi tendant à organiser l'assurance par l'Etat.

En 1848, le Ministre des Finances annonçait, dans son rapport à l'Assemblée nationale constituante, l'intention de soumettre à son examen plusieurs questions financières dont l'une avait pour effet de substituer l'Etat aux assurances alors existantes.

De nombreuses protestations s'élevèrent, des pétitions se couvrirent des signatures d'un grand nombre de cultivateurs assurés contre la grêle et demandant la liberté des assurances. Les cultivateurs de Seine-et-Marne, notamment, protestèrent

---

(1) TAILLANDIER, l° c°.

en bloc. Dans les pétitions qu'ils signèrent, ils commencèrent par énumérer les avantages et le bon fonctionnement de l'assurance mutuelle. Ils terminaient ainsi :

« C'est donc avec un vif regret que nous voyons le gouvernement, dont la mission doit être d'aider au développement de l'esprit d'association, songer à y porter atteinte en annonçant l'intention de revendiquer pour l'Etat le monopole des assurances.

« Nous croyons fermement qu'il se trompe, s'il croit pouvoir, par un système général, réaliser des bénéfices qui viendraient en aide au trésor public, en même temps que l'application de ce système diminuerait les sacrifices que nous nous imposons volontairement en vue de garantir nos récoltes.

« Pleins de confiance, comme assureurs et comme assurés, dans la garantie que nous nous offrons mutuellement, nous vous demandons, citoyens représentants, de consolider les associations d'assurances mutuelles. Ayez foi, comme nous, dans le perfectionnement dont elles peuvent être susceptibles, dans l'esprit de confraternité qui a présidé à leur formation.

« Comptez sur la concurrence qui a déjà produit d'heureux résultats, surtout sur la vigilance naturelle chez tous les citoyens appelés à débattre en commun leurs intérêts, et soyez persuadés qu'ils sauront, au moins aussi bien que l'Etat, établir une juste proportion dans la charge qu'ils ajouteront volontairement à leurs contributions publiques pour obtenir un juste dédommagement des pertes dont leur industrie est menacée.

« Confiants dans votre patriotisme éclairé, nous sommes certains que vous arrêteriez le gouvernement s'il persistait dans les intentions qu'il a manifestées.

« Elles auraient pour résultat inévitable la destruction de l'esprit d'association. Or, les institutions républicaines doivent, au contraire, le soutenir et le propager. »

De leur côté, les agents d'assurances adressaient la protestation suivante à l'Assemblée nationale :

« Citoyens représentants,

« Les principes démocratiques sont menacés dans nos personnes, mais nous tournons les yeux vers vous et nous sommes sans craintes.

« Hommes libres, on veut imposer à notre liberté des limites autres que celle de la liberté d'autrui.

« Travailleurs, on veut, au nom de théories sociales et de l'inconnu, briser les éléments de notre travail.

« Membres de la grande famille, on veut confisquer notre propriété en détruisant des revenus modestes, mais certains, dûs à nos efforts incessants, à nos travaux de chaque jour.

« Telles seraient, en effet, les conséquences immédiates du monopole par l'Etat des assurances dont nous sommes les auxiliaires.

« Mais, citoyens représentants, entre les projets nés de l'erreur des uns et des préjugés d'un grand nombre, il y a le Droit devant lequel tout s'incline et s'abaisse dans notre jeune République.

« Notre droit, c'est le symbole vivant de la devise républicaine que vous êtes appelés à défendre.

« Il s'appuie sur la Liberté, et la liberté la plus précieuse, celle de vivre en travaillant ; notre travail n'impose à autrui aucune charge qui ne soit volontaire, aucune contribution qui ne soit spontanée, aucune dépense qui n'ait son utilité.

« Il s'appuie sur l'Egalité, nos établissements n'ayant aucun privilège, si ce n'est celui de la confiance publique acquise par trente années de loyaux services rendus à la propriété.

« Si l'Etat devient assureur, ce ne sera pas au nom de la liberté, puisqu'il la ravit aux soixante mille travailleurs vivant de ce travail, aux propriétaires que leur fortune ou leurs idées éloignent de l'assurance et que l'on y contraindrait despotiquement. Ce ne serait pas au nom de l'égalité, puisque l'égalité, qui est le droit de tous à tous, disparaîtrait devant le droit d'un seul contre tous.

« Ce ne serait pas au nom de la Fraternité, car pratiquer la fraternité, c'est ouvrir à tous les sources d'une félicité que nul ne doit trouver aujourd'hui que dans le travail.

« Ce ne serait pas davantage au nom de l'abolition d'un privilège, car chacun peut exercer l'industrie des assurances sous la forme anonyme ou commanditaire, à ses risques et périls, sans autre obligation que celle imposée par les lois et règlements publics accessibles à tous les citoyens.

« Ce ne serait pas même au nom de l'économie privée ou de

la fortune de l'Etat, les chiffres l'ont prouvé, la pratique l'affirme.

« Pénétrés de cette idée qu'en défendant nos intérêts privés nous restons fidèles à la défense des intérêts généraux et des principes dont nous vous avions confié la garde, nous vous le répétons, citoyens représentants, nous demeurons sans craintes.   « Salut et fraternité. »

Les projets de 1848 n'eurent pas de suite, mais, le 17 juin 1857, le *Moniteur* annonçait que le gouvernement venait de soumettre au Conseil d'Etat le projet d'une caisse générale d'assurances agricoles destinée à garantir les risques de grêle, gelée, inondation et mortalité.

Aux termes de ce projet, la déclaration d'assurance serait faite à l'autorité municipale dans les communes où sont situés les objets à assurer. L'expertise des sinistres serait faite par des agents de l'administration. D'après les statistiques officielles, les cotisations seraient très réduites, ramenées à une proportion minime, et cependant laisseraient un excédent, les frais d'administration seraient pour ainsi dire annulés, les agents de l'administration, maires, secrétaires de mairies, préfets, sous-préfets, percepteurs, etc... devant prêter gratuitement leur concours.

Dès le 28 juin, M. Regnault, directeur de l'*Etoile*, rédigea et adressa d'urgence un mémoire au Conseil d'Etat en réponse au projet du gouvernement. (Ce mémoire est reproduit aux annexes.)

Le rapport du directeur de l'*Etoile*, suivi de celui de M. Truelle St-Evron, fut assez remarqué pour que le rapporteur du projet de loi, M. Josseau, député au Corps législatif, membre du conseil général de l'agriculture, crut devoir publier un mémoire (1) en réponse « aux deux honorables directeurs placés à la tête des principales compagnies d'assurances contre la grêle, MM. Regnault et Truelle St-Evron qui, dans des brochures écrites avec modération et convenances, avaient essayé de contester ses conclusions ». M. Josseau s'efforça donc de justifier

____

(1) 1 br., Paris, Imp. Schiller 1857.

ce que MM. Regnault et Truelle St-Evron signalaient comme une injustice et un danger.

Mais la question était tellement délicate et grave que, pour s'éclairer, le Conseil d'Etat, dérogeant à ses précédents, consentit à admettre devant lui, le 22 juillet, MM. les administrateurs et directeurs délégués des assurances mutuelles contre la grêle.

A cette séance assistait S. Exc. M. le Ministre de l'Agriculture, du Commerce et des Travaux publics qui venait, par sa présence, prouver toute l'importance qu'il attachait à la solution du problème.

Le directeur de l'*Etoile* prit la parole au nom de tous, et on lit dans une brochure éditée à cette époque (1) :

« L'un des délégués, directeur de l'*Etoile*, dans un discours tout de tact et de convenance, fit ressortir les avantages offerts par les différentes sociétés d'assurances contre la grêle au nom desquelles il s'exprimait, et les mit en comparaison avec les services que se proposait de rendre la caisse générale des assurances agricoles. »

Le Conseil d'Etat, après avoir entendu M. Regnault et discuté au moins deux heures, se montra fort ébranlé. Aussi, dans son hésitation, décida-t-il de consulter les conseils généraux.

Le directeur de l'*Etoile*, agissant au nom des administrateurs de toutes les sociétés d'assurances mutuelles, rédigea aussitôt et fit distribuer aux conseils généraux un second mémoire (2) rééditant sous d'autres termes celui qu'il avait présenté au Conseil d'Etat.

Celui-ci, convaincu que la création d'une caisse générale d'assurances grêle, gelée, mortalité, serait des plus difficiles et compromettrait les finances de l'Etat, songea alors à annexer l'incendie qui paraissait devoir offrir une chance plus certaine de réussite. La réunion des directeurs mutualistes, fondée en 1855, fit un rapport qui fut adressé aux ministres et au Conseil d'Etat. M. Regnault, directeur de l'*Etoile*, se chargea de le

---

(1) Messieurs les Délégués des assurances mutuelles contre la grêle devant le Conseil d'Etat ; Paris, Guiraudet 1857.

(2) 1 brochure, Paris, Guyot et Scribe 1857.

remettre, en personne, à l'Empereur, dans une audience qu'il obtint par l'intermédiaire du duc de Montebello. L'Empereur, tout d'abord chaud partisan du projet d'assurance par l'Etat, parut perplexe à la suite des explications qui lui furent données. Enfin, le 27 décembre, le Conseil d'Etat, dans une séance solennelle présidée par l'Empereur lui-même, repoussa le projet.

Mais M. Perron, qui en était l'auteur, et demeurait convaincu de la possibilité de sa réalisation pratique, en voulut faire la démonstration, et obtint, par décret du 30 décembre 1858, l'autorisation de créer une caisse générale d'assurances mutuelles agricoles contre la grêle, la gelée, l'inondation, la mortalité du bétail et l'incendie.

Cette compagnie fut créée avec force réclames laissant entendre qu'elle était une création gouvernementale. Tous les instituteurs reçurent une circulaire de la direction les informant qu'ils étaient autorisés spécialement, par le Ministre de l'Instruction publique, à représenter la compagnie. En même temps, leur nomination leur était adressée. Le Ministre de l'Intérieur écrivit à tous les préfets pour leur faire part que la nouvelle entreprise était fondée avec l'encouragement de l'administration. On créait dans chaque département un conseil dont on demandait aux fonctionnaires, aux maires, conseillers généraux de faire partie. On laissait entrevoir des subventions de l'Etat, des départements, des communes. Un fonds social s'élevant à un million et divisé en actions de mille francs garantissait la gestion de la Société. Le fonds de réserve devait être placé à la Caisse des dépôts et consignations ; il ne pouvait être retiré qu'avec l'autorisation du Ministre de l'Agriculture sur le visa d'un inspecteur général des finances... Le directeur était M. Perron, chef de division au ministère d'Etat, le président du conseil d'administration était M. Noël, notaire honoraire de l'Empereur. Le notaire de la Société était M. Mocquart, notaire de l'Empereur, et en tête des assurés figuraient S. M. l'Empereur, le Ministre des Finances, etc...

Ainsi, patronage, collaboration et surveillance officieuse sinon officielle de l'Etat.

Les résultats furent les suivants :

Constituée sur les bases inexactes de la statistique officielle, et de la théorie, la Société ne put, en 1861, donner que 40 0/0 à ses assurés grêle (1). Le capital de gestion fut porté à deux millions par de nouvelles émissions d'actions, puis, en 1863, à douze millions. L'administration de la Société, honnête mais incompétente, dut liquider la branche bétail en 1866, et la branche grêle en 1867, après avoir vu ses assurés mécontents se retirer peu à peu. La branche incendie suivit. Toutes n'avaient donné que des mécomptes.

---

(1) Le Chartier, *Avenir économique*.

CHAPITRE X

Nouveaux projets d'assurances par l'Etat depuis 1881.
Protestations de la direction de l'Étoile

En 1881, M. Magnin, ministre des finances, répondant au Sénat à une proposition d'assurances par l'État (1), s'exprimait ainsi :

« Ce système priverait le contribuable de sa liberté d'action et diminuerait le prestige de l'État en le faisant intervenir sans cesse dans des expertises coûteuses et dans des discussions irritantes. Au lieu d'ouvrir au Trésor une source de revenus, le changement proposé multiplierait, sans profit pour personne, le nombre des fonctionnaires publics, accroîtrait les dépenses, occasionnerait des embarras administratifs et financiers, et augmenterait peut-être certains sinistres. »

Malgré ces précédents, d'où semblait résulter que l'expérience était faite et que tous projets d'assurances par l'État devaient être désormais abandonnés, il en surgit cependant un certain nombre dus à l'initiative parlementaire. « Aucun de ces projets, écrit M. Thomereau (1) n'est acceptable ni réalisable. C'est simplement une collection à peu près complète des erreurs qui peuvent se produire à ce sujet. »

On vit successivement les propositions Quintaa (17 mai 1890), Rivet (1891), Cassagnac (janvier 1893), Jonnart (28 mars 1893), Rey (6 mai 1893), Philippon (28 mai 1893), Chollet.

Le Directeur de l'*Étoile* rédigea et envoya aux commissions des assurances un rapport sur ces diverses propositions, et elles semblaient abandonnées, lorsque le 24 avril 1894

---

(1) On relève déjà, en 1879, une proposition Vacher, puis une proposition Langlois en 1882.

(2) *Les assurances agricoles* : Etat actuel de la question, par Alfred THOMEREAU ; Paris, Guillaumin et Warnier 1894.

M. Viger, ministre de l'Agriculture, déposa au nom de M. Carnot, président de la République, un projet de loi d'assurances par l'État.

En février 1895, M. Regnault, délégué de la Réunion des Directeurs mutualistes et Directeur de l'*Étoile*, demanda et obtint une audience de la commission des assurances de la Chambre des députés, présidée par M. Doumer. Il y fut écouté avec une bienveillance qui parut approbative.

Le 25 mai, M. le ministre du Commerce écrivait au Directeur de l'*Étoile* la lettre suivante :

Monsieur,

Il a été déposé, le 24 avril 1894, à la Chambre des députés, un projet de loi qui aurait pour but d'instituer, avec le concours de l'État, des caisses d'assurances mutuelles en vue de venir en aide aux cultivateurs ayant éprouvé des pertes résultant de la grêle, de la gelée et de la mortalité des animaux de ferme.

J'attacherais du prix à connaître l'avis de votre Compagnie au sujet de ce projet. Je vous serais, en conséquence, reconnaissant de vouloir bien me faire part de vos observations dans le plus bref délai qu'il sera possible.

Recevez, Monsieur, l'assurance de ma parfaite considération.

Le Ministre du Commerce et de l'Industrie,
des Postes et des Télégraphes,
Signé : ANDRÉ LEBON.

Le Directeur de l'*Étoile* fit parvenir à M. le Ministre un Mémoire préalablement soumis à l'Assemblée générale de la réunion des Directeurs mutualistes qui, à l'unanimité, l'approuva entièrement, et décida « de protester énergiquement auprès de qui de droit contre la création de caisses départementales d'assurances contre quelque risque que ce soit et de joindre sa protestation aux protestations unanimes et fortement motivées, faites depuis un an par les diverses Sociétés d'agriculture, les Syndicats agricoles, les Congrès agricoles, les Chambres de commerce, les professionnels de l'assurance et les économistes. »

En même temps, M. le Directeur de l'*Abeille* adressait à M. le Ministre du Commerce, au nom des Compagnies par actions, une note dont il avait bien voulu auparavant communiquer le texte au Directeur de l'*Étoile*, délégué des assurances mutuelles, afin que ces deux notes puissent réciproquement se compléter.

En outre, une protestation rédigée en commun à la demande des agents, par MM. les Directeurs de l'*Abeille* et de l'*Étoile*, fut adressée par tous les agents, sous-agents, experts et auxiliaires de ces deux Compagnies, séparément aux députés de leur circonscription.

Les différents projets de loi furent examinés par une commission des assurances mutuelles agricoles qui, par l'organe de M. Bertrand, député de la Marne, conclut à une nouvelle proposition de loi (16 mai 1895).

Il y eut aussi des propositions Gendre (1894) et Calvet (1895) sur lesquelles on ne s'étendra pas ici, et établissant une connexité entre l'assurance et le crédit agricole. Une proposition Augé (1897) est encore à signaler.

Mais, en présence des réclamations unanimes émises de toutes parts, les projets d'assurances par l'État n'aboutirent pas, et l'on commençait à respirer, quand le 25 février 1898, la Chambre des députés transforma l'ancien chapitre du budget de l'agriculture *uniquement affecté aux secours pour calamités agricoles* en un chapitre intitulé : *Subventions aux Sociétés d'assurances mutuelles contre la grêle et la mortalité du bétail et secours pour calamités agricoles.*

La question devait venir à l'Assemblée générale des agriculteurs de France dans la session de mars 1898, à la suite de la demande du Directeur de l'*Étoile*, membre de la section de législation. Il était utile, en effet, de confirmer, compléter et rectifier le vœu voté en son absence par la section, et d'affirmer solennellement les protestations constantes de la Société des agriculteurs contre toute ingérence de l'État dans les assurances. Le Directeur de l'*Étoile* en avait conféré à cet effet avec M. le Marois, rapporteur, le 8 mars. Mais la question inscrite pour la fin de la session ne put arriver en ordre utile pour être discutée et l'on s'en tint aux vœux déjà exprimés.

Le 14 mars, le Directeur de l'*Étoile* exposa la situation à l'Assemblée des Directeurs mutualistes, qui prit aussitôt la décision suivante :

« Attendu que M. le Ministre de l'Agriculture a déclaré formellement qu'il était d'accord avec le rapporteur du projet de loi Viger sur les assurances agricoles, pour faire aboutir cette loi, mais que le temps manquant pour la discuter et la voter avant la séparation des Chambres, il demandait quand même les crédits, quitte à en faire lui-même la répartition en attendant qu'une loi vienne la régler ; que, dans sa pensée, il s'agissait de n'encourager que des mutualités *nouvelles* et d'en créer partout où on pourrait.

« Attendu que ces déclarations font légitimement craindre que le vote des crédits et subventions n'ait, en réalité, pour résultat que de faire, comme l'a d'ailleurs déclaré le Président de la commission du budget, le premier pas dans la voie de l'assurance par l'État et de préparer le vote de la loi Viger.

Décide à l'unanimité :

« De renouveler en tant que de besoin ses protestations précédentes auprès de qui de droit, et de les joindre aux protestations unanimes et fortement motivées, formulées par toutes les Sociétés d'agriculture, la Société des agriculteurs de France, les Chambres d'agriculture, les Syndicats agricoles, tous les professionnels de l'assurance et les économistes.

« En conséquence, émet le vœu que si la législature vote les crédits pour encourager et subventionner des mutualités, il soit nettement spécifié qu'il ne s'agit pas de créer et de secourir seulement certaines mutualités nouvelles, nées sous le patronage de l'Administration, et privilégiées ; mais, au contraire, d'encourager les initiatives individuelles, et par suite de distribuer les subventions entre les assurances mutuelles *privées*, existantes ou nouvelles, suivant des bases fixes et à l'abri de tout arbitraire » (1).

---

(1) Repoussant les amendements de MM. Rey et Mougeot, députés, M. le Ministre de l'Agriculture entendait distribuer ses subventions à son gré, et servir de régulateur entre les mutuelles riches et pauvres. Or, il n'y a pas de mutuelles pauvres ou riches. Il y a des mutuelles mal

Dès le surlendemain, 16 mars, le Directeur de l'*Étoile* adressait à tous les sénateurs une première note où il insistait sur l'irrégularité, pour ne pas dire l'illégalité que commettrait le Sénat en votant des fonds destinés à appliquer une loi non votée, inéxistante, et restée à l'état de projet.

Le 20 mars, le Directeur de l'*Étoile* obtint une audience du rapporteur de la Commission de finances du Sénat, M. Morel, qui se montra aussi empressé que courtois, mais manifesta une certaine surprise d'apprendre qu'il existait des Sociétés d'assurances contre la grêle donnant satisfaction aux cultivateurs. Et si ce fait est rapporté ici, c'est qu'il n'est pas un fait isolé. Le Directeur de l'*Étoile* l'a constaté également chez tous les promoteurs et partisans de l'assurance par l'État avec lesquels il a été en rapports. Les assurances Grêle, en effet, ne sont connues que de ceux qui en ont besoin et qui, suivant les conditions dans lesquelles ils se trouvent, savent fort bien choisir la Société qui leur convient le mieux. Le rapport de M. Morel était déjà fait, il voulut bien cependant promettre au Directeur de l'*Étoile* d'y insérer que le vote des fonds ne préjugerait pas de leur emploi en faveur de la création d'assurances par l'État.

Le 22 mars, le Directeur de l'*Étoile* adressa à tous les sénateurs une deuxième note exposant que le budget ne pouvait solutionner la question, qu'une loi organique des plus graves ne pouvait ainsi être résolue, et que conformément à l'avis même de M. le Ministre de l'Agriculture, la disjonction s'imposait.

Simultanément, le Directeur de l'*Étoile* remit aux membres de la Commission de finances des notes démontrant notamment combien les indications des statistiques officielles sur lesquelles se basaient les partisans de l'assurance par l'État étaient erronées, et combien, en voulant assurer contre la grêle, l'État se lancerait dans une entreprise dont les conséquences dépasseraient ses prévisions.

---

administrées, d'autres bien administrées, des mutuelles imprévoyantes, et d'autres qui sont prévoyantes et constituent une réserve. Le principe de M. le Ministre aboutit à favoriser les mutuelles qui se sont imposées le moins de sacrifices.

A titre de curiosité, il en sera donné ici deux exemples (1).

1ᵉʳ Exemple :

Comparaison pour le département d'Eure-et-Loir, un des plus agricoles, des pertes indiquées par la Statistique officielle et des pertes subies et payées par six Mutuelles seulement : l'*Étoile*, la *Cérès*, la *Garantie Agricole*, la *Société de Toulouse*, la *Beauceronne*, la *Versaillaise* :

En 1877 la perte officielle est de 20,000 fr., soit 10 °/₀ de la perte payée par ces 6 Mutelles seules s'elevant à 211,581 f.

— 1878	—	165,000 »	—	les 6 Mutuelles seules ont payé 144,599 »
— 1879	—	250,000 »	—	— — 148,434 »
— 1880	—	458,000 »	— 66 °/₀ de la perte payée p. 6.Mut. seules 692,129 »
— 1881	—	12,400 »	— 6 °/₀	— — 208,940 »
— 1882	—	416,000 »	— 45 °/₀	— — 927,420 »
— 1883	—	110,000 »	— 38 °/₀	— — 290,568 »
— 1884	—	623,900 »	— 69 °/₀	— — 901,574 »
— 1885	—	33,000 »	— 33 °/₀	— — 101,678 »
— 1886	—	43,975 »	— 27 °/₀	— — 160,517 »
— 1887	—	Néant, alors que ces 6 Mutuelles seules ont payé 150,679 »

(On n'avait pas eu communication des statistiques officielles après 1888).

Les chiffres ci-dessus des pertes payées par les Mutuelles, proviennent seulement de comptes rendus des six Mutuelles précitées. Or, il existe en outre une vingtaine de Mutuelles opérant dans Eure-et-Loir et, en plus, plusieurs compagnies à primes fixes.

Enfin, les pertes de ces six mutuelles sont seulement afférentes aux céréales, et les pertes indiquées par la statistique officielle embrassent toutes les récoltes agricoles et horticoles (2).

---

(1) M. Taillandier signale une preuve de plus des inexactitudes des statistiques officielles. Dans l'enquête que M. Viger fit faire avant de présenter son projet de loi, le tableau, pour le département des Landes, porte l'indication suivante : « Il n'existe pas de compagnies d'assurances agricoles dans le département ». Or, il y a dans les Landes, 712 assurances ! C'est un des départements où il y en a le plus, représentant 33,000 assurés ! (Taillandier, *Les assurances agricoles en France*; Paris, librairie Rousseau 1899, page 15.)

(2) Cf. Ouvrage sur la question des assurances agricoles. Com. faite à la Soc. de statistique, à Paris, le 18 juillet 1894, par M. A. Thomereau.

2e EXEMPLE :

Pour justifier la nécessité de l'assurance par l'État on prétend, en se basant sur les statistiques officielles qu'il n'y a que *cinq* cultivateurs assurés sur *cent*.

Dans le département du Loiret (département de M. Viger) on trouve les chiffres suivants :

ANNÉES	NOMBRE de sinistrés assurés d'après la Statistique officielle.	NOMBRE d'assurés indemnisés par les *six Mutuelles précitées seulement*.
1877	Aucun.	294
1878	Aucun.	98
1879	47	268
1880	9	312
1881	Aucun.	164
1882	Aucun.	457
1883	117	311
1884	Aucun.	319
1885	Aucun.	198
1886	Aucun.	451
1887	Aucun.	803

Les chiffres ci-dessus n'indiquent que le nombre des assurés *indemnisés* et *sinistrés*. Le nombre des cultivateurs *assurés* est bien plus considérable.

(Les Statistiques officielles, à partir de 1888, n'étaient pas encore à la disposition du public).

Le 29 mars, M. Denormandie, sénateur, président honoraire du Conseil d'administration de l'*Étoile* et qui s'était chargé de distribuer lui-même les notes du Directeur de cette Société et de faire les démarches personnelles auprès des divers membres influents du Sénat, écrivait au Directeur de l'*Étoile* :

« Je me suis occupé, ces deux jours-ci, de l'affaire.

« J'ai causé notamment avec MM. Barbey, président de la Commission de finances; Morel, rapporteur; Labiche...

« Mon impression est que M. Méline, président du Conseil, en fera une grosse affaire.

« Dans cette situation, il est fort à craindre qu'il n'y ait pas de disjonction.

« Mais il y a dans le rapport de M. Morel un paragraphe qui a toujours sa valeur :

« Votre Commission de finances vous propose d'adopter cet article, *étant bien entendu qu'il ne préjuge dans aucun sens la*

« *décision à intervenir sur la proposition de loi de M. Viger,*
« *actuellement soumise à la Chambre des députés.* »

Au reçu de cette lettre, le Directeur de l'*Étoile* adressa une
demande d'audience à la Commission de finances du Sénat.

En même temps, ayant obtenu communication du rapport
général du budget, il y releva des allégations erronées sur
lesquelles il s'appuya dans une troisième note adressée, le
30 mars, à MM. les sénateurs, pour leur demander la disjonction au nom des assurances mutuelles, de tous les cultivateurs
assurables, des chambres et sociétés d'agriculture, des syndicats agricoles et des chambres de commerce ; il en rappelait les
nombreuses pour ne pas dire unanimes protestations.

La Commission de finances du Sénat, dans son ensemble,
avait semblé se ranger à l'avis du Directeur de l'*Étoile*. Elle
se laissa pourtant fléchir devant l'insistance de M. Méline,
annoncée par M. Denormandie, et le 31 mars les crédits furent
votés par le Sénat (1).

Le Directeur de l'*Étoile* ne se découragea pas. Il entra en
correspondance avec divers Présidents de syndicats qui continuèrent à prouver que l'État était impropre à faire l'assurance
et que tout en risquant ses finances et son crédit (2), il pouvait en la pratiquant, décourager et même anéantir les assurances, au plus grand détriment des cultivateurs, dont les
intérêts se trouveraient ainsi lésés, au lieu d'avoir été sauve-
gardés.

. (1) Jusqu'ici, ils ont servi principalement à subventionner des petites
mutuelles locales contre la mortalité du bétail, ainsi qu'il résulte du rapport de M. le Ministre de l'Agriculture constatant qu'au 31 octobre 1904
les petites mutuelles locales subventionnées se décomposaient comme il
suit : sociétés contre la mortalité du bétail, 4,719 ; sociétés contre la
grêle, 16 ; sociétés contre l'incendie, 83 ; sociétés contre les accidents, 2 ;
ensemble, 4,820 sociétés. L'allocation de ces subventions, la manière dont
elles sont réparties peuvent, à un moment donné, amener des conséquences
multiples et graves à tous égards, mais qu'il n'y a pas lieu d'étudier ici.

(2) Les assurances constituent, actuellement, des percepteurs gratuits
pour l'Etat qui, sans exposer le moindre capital, sans assumer la moindre
responsabilité, perçoit, par elles, des impôts dont l'importance augmente
chaque année et dépasse, de beaucoup, les dividendes des actionnaires.
(Cf. sur les différents impôts perçus sur les assurances le Rapport de
M. le baron Cerise, directeur de l'*Union*.)

Le Ministre de l'Agriculture sembla enfin prendre ces explications en considération, car dans sa circulaire aux préfets du 16 avril 1898, il n'eut aucune attitude offensive vis-à-vis des assurances existantes et ne cita plus le projet Viger (1).

Le 30 juin 1903, la question revint sur l'eau par le dépôt d'un projet de loi dû à M. Bouhey-Allex, député, signé de 76 de ses collègues et tendant à organiser l'assurance par l'État au moyen des crédits du chapitre 40 du budget de l'agriculture. L'exposé des motifs reproduit les mêmes erreurs que ceux des précédents projets de loi. Il déclare notamment que la grêle est un fléau régulier, annuel, et frappant indistinctement partout, tantôt d'un côté, tantôt de l'autre; qu'aucune assurance particulière n'a pu donner satisfaction, et que l'assurance par l'État est réclamée par les sociétés d'agriculture, les syndicats agricoles, etc... Toutes ces assertions sont en opposition avec la réalité.

Aussi s'en montra-t-on fort ému dans le monde des assurances et de l'agriculture, et en 1904, M. Salle, qui s'était, en partie, documenté auprès du Directeur de l'*Étoile*, fit le 1er mars à la section de législation, puis à l'assemblée générale de la Société des agriculteurs de France, un rapport à la suite duquel, à l'unanimité, la Société des agriculteurs émit un vœu fortement motivé contre toute création d'assurances par l'État, obligatoire ou facultative.

On verra de plus aux annexes que sur les 117 Chambres de commerce, 92 ont combattu nettement le projet d'assurances par l'Etat et que les 25 autres n'ont pas délibéré sur la question.

---

(1) Le rôle du Directeur de l'*Etoile*, dans ces diverses démarches, a été relaté par le secrétaire de la Réunion des Directeurs mutualistes, M. Cravoisier, dans son rapport à l'Assemblée générale du 21 mai 1898.

CHAPITRE XI

Assurances contre la grèle disparues.
La Versaillaise.

On croit volontiers dans le public que l'assurance constitue une profession lucrative, peu absorbante, facile à exercer et ne nécessitant pas de connaissances spéciales. Cette opinion est tenue pour vraie par les promoteurs d'assurances par l'Etat, souvent occupés au moins autant de l'intérêt du Trésor que de celui des assurés. Le contraire est démontré dans les rapports reproduits en annexes. On y voit aussi l'assurance grêle se heurter à des difficultés multiples et à des causes de force majeure qui l'empêchent de procéder autrement qu'elle ne le fait, difficultés et causes de force majeure dont l'Etat ne serait pas exempt, et qui ont brisé les imprudentes créations basées sur les théories et statistiques officielles, mises en avant en faveur de l'assurance gouvernementale. « L'esprit de suite et de prévoyance, écrit M. Taillandier (1), l'habileté sont indispensables à la direction et au conseil d'administration des assurances grêle. Leur prospérité en dépend. On ne peut le nier, il se présente dans l'asssurance grêle de grandes difficultés que seuls peuvent amoindrir une prudence calculée, un travail de tous les instants. Et pourtant il reste toujours dans ces sortes d'assurances un aléa contre lequel l'assureur n'est pas garanti. »

Voici une liste très incomplète des assurances grêle, mutuelles ou par actions, fondées et disparues depuis 75 ans. Elle démontre avec éloquence ce qu'il en a coûté de s'écarter des principes suivis par les rares assurances grêle (environ une vingtaine) qui ont subsisté et donné satisfaction à leurs assurés

L'Abeille rurale (1840), (rien de commun avec la Compagnie l'Abeille actuellement existante) ;

---

(1) *Loco cit.*

L'Agricole du Nord (1852) ;

L'Agriculture (1874) ;

L'Alliance (1) générale (1877) ;

L'Argus (2) (1891) ;

L'Alliance rurale (1843) ;

L'Amicale de Périgueux (1844) ;

L'Arc-en-ciel de Mulhouse (1845) ;

L'Avenir (3) agricole (1850), (rien de commun avec la société mortalité du bétail l'Avenir actuellement existante) ;

L'Aurore (1887) ;

Le Bien public (1886) ;

La Bourguignonne ;

La Caisse générale des assurances agricoles (1858) ;

La Compagnie d'assurances générales contre la grêle (1854) ;

La Compagnie d'assurances mutuelles du Nord (1835) ;

La Confédération agricole (1873) ;

La Culture (1861) ;

La Dreusienne (1854) ;

La Drouaise (1844) ;

L'Egide (1840) ;

L'Espérance (1887) ;

L'Eclair, (rien de commun avec l'Eclair incendie) ;

L'Etincelle (4) (1884) ;

La Famille agricole (1846) ;

La Fraternité (5) (1887) ;

La France agricole (1873), (rien de commun avec les Compagnies La France incendie et vie, actuellement existantes) ;

La Franco-Russe (6) ;

La Garantie Mutuelle (7) (1888), (rien de commun avec la Garantie agricole grêle et avec la Garantie Mutuelle bétail actuellement existantes) ;

La Gaule (1874) ;

La Glaneuse (8) agricole ;

Le Globe (1880) ;

L'Indemnité (1877) ;

L'Iris (1844) ;

(1 à 8). **Voir page 93.**

L'Isis (1840);
La Ligerienne tourangelle (1843);
La Lorraine (1862);
Le Météore (1889);
Le Midi (1880);
La Minerve (9) (1875, à Paris);
La Moisson (1873);
La Moissonneuse (1873);
La Mutualité (10) générale (1885);
L'Oise (1858);
L'Ouragan;
La Parisienne (11) (1881);
La Patrie (12) (1878);
La Picardie (1875);
Le Patriote agricole (1895);
La Prévoyante de France (13 (1895);
Le Phénix agricole (1881), (rien de commun avec les Compagnies vie et incendie Le Phénix, actuellement existantes);
La Providence agricole (1847), (rien de commun avec les Compagnies actuelles, incendie, vie, accidents, La Providence);
La Province (1844);
La Récolte (1877);
La Récolte, 2ᵉ du nom (1894);
La Royale (14);
La Rurale, 1ʳᵉ du nom (1838);
La Saumuroise (1840);
La Semeuse (15) mutuelle (1900);
La Sécuritas (1894);
Société d'assurances mutuelles d'Arras (1824);
Société mutuelle de Blois (1840), (rien de commun avec la Mutuelle actuelle incendie);
Société mutuelle de Lille (1840);
Société mutuelle de Nangis (1845);
Société mutuelle de Dijon (1822);
Société mutuelle des Andelys (1838);
Société mutuelle du Cantal (1836);

(9 à 15). Voir page 93.

Société mutuelle de Foix (1838);

Société mutuelle de Mâcon (1842);

Société mutuelle de Marseille (1837), (rien de commun avec la Mutuelle incendie actuelle);

Société mutuelle de Nancy (1821);

Société mutuelle de Saint-Jean-d'Angély (1829);

Société mutuelle de Saumur (1839);

Société mutuelle de la Seine et autres départements (1823), (rien de commun avec la Mutuelle incendie actuelle de Seine et Seine-et-Oise);

Société mutuelle de la Seine-Inférieure (1858), (rien de commun avec la Mutuelle incendie de l'Eure et de la Seine-Inférieure);

Société mutuelle de Valence (1829), (rien de commun avec la Mutuelle actuelle incendie);

Société mutuelle de l'arrondissement de Melun (1873), (rien de commun avec les Mutuelles actuelles de Seine-et-Marne);

Société mutuelle de Tours (1850), (rien de commun avec la Mutuelle actuelle incendie);

Société mutuelle de Versailles (1845);

Le Sol;

Le Soleil (1879), (rien de commun avec les Compagnies actuelles Le Soleil);

La Solidarité (16) agricole (1893);

Le Syndicat (17) (1888);

La Tempête (1887);

La Terre (1891);

Le Trésor de l'agriculture (1853);

L'Union (1840);

(15 à 17) D'autres assurances contre la grêle ou divers autres risques ont pris depuis et portent actuellement des noms plus ou moins similaires de *Alliance, Argus, Avenir, Etincelle, Fraternité, Franco-Russe, Garantie, Glaneuse, Minerve, Mutuelle agricole du Nord, Parisienne, Patrie, Prévoyante, Royale, Rurale, Semeuse, Solidarité, Syndicat,* etc.

La liste donnée ci-dessus, d'assurances grêle à noms semblables ou presque semblables et disparues ne doit point leur préjudicier.

L'Union agricole (1872);

L'Union générale (1848);

L'Union occidentale (1847);

L'Union des propriétaires (1873), (rien de commun entre ces diverses Unions et les Compagnies L'Union actuelles);

La Vigne (1889);

La Viticole (1887);

La Versaillaise (1834), etc., etc.

Dans cette longue liste, quatre méritent particulièrement d'être signalées : la *Compagnie d'assurances générales*, le *Soleil*, la *Caisse générale des assurances agricoles* et la *Versaillaise*.

Autorisée par décret du 25 octobre 1854, la *Compagnie d'assurances générales* commença ses opérations en 1855; elle a donc vécu 18 années. Son capital primitif était de 10 millions, dont le premier cinquième versé lors de la souscription, et le surplus garanti par obligations directes des actionnaires. Sur les 18 exercices réglés, 12 se sont soldés en perte effective, et 6 seulement, (1856, 1862, 1863, 1864, 1868 et 1870), en bénéfice. Deux années particulièrement calamiteuses, 1859 et 1861, ont, presque au début, accablé la Compagnie en la frappant d'une perte nette de plus de 5,600,000 francs. Pour réparer cette énorme brèche, il fallut appeler 2 millions en 1860, et 3 millions en 1862, ce qui porte à 7 millions les sommes versées par les actionnaires. C'est lors de cette dernière crise que, M. Gourcuff père s'étant retiré, M. F. de Saint-Vidal consentit à assumer la lourde tâche de la direction. C'était, sans contredit, le choix le plus heureux qu'on pût faire, et il n'est personne qui ne rende pleinement justice à tout ce que M. de Saint-Vidal a déployé d'activité persévérante et d'ingénieux efforts. A cette activité et à ces efforts, le succès a répondu dans une certaine mesure, une faible partie des pertes a été récupérée. Toutefois, la fatigue est venue, et tout le monde s'est trouvé d'accord pour mettre fin à une si dangereuse expérience.

Le capital social avait été, en 1869, réduit statutairement de 10 à 6 millions. Cette réduction était la constatation d'une perte de 4 millions, les trois derniers exercices n'ayant pas sensiblement modifié la situation; c'est donc environ 4 millions qu'ont perdu en fin de compte les actionnaires de la *Compagnie d'assurances générales* (1).

La *Caisse générale des assurances agricoles*, on l'a vu, a été créée avec l'appui officieux du gouvernement. Elle avait tous les atouts dans son jeu pour réussir, et pourtant, comme on l'a expliqué au chapitre IX, elle a échoué.

Le *Soleil*, fondé en 1880, au capital de 18 millions, a liquidé après six ans d'existence. Déjà, l'*Indemnité*, fondée en 1877, avec capital-actions de 1 million, avait liquidé après un appel de fonds fait en 1884; et le *Midi*, avec un capital-actions de quatre millions, avait liquidé au bout de deux ans.

Les administrateurs des grandes compagnies, capables quand il s'agit de vie ou d'incendie, seraient-ils donc incapables quand il s'agit de grêle? Assurément non! Seulement, la grêle est un risque absolument spécial, ne ressemblant en rien à ceux garantis par ces importantes compagnies, qui tentèrent de procéder d'après les principes exposés par les partisans d'assurances par l'Etat, mais reconnurent bientôt que la pratique démentait complètement la théorie.

Enfin, la Société la *Versaillaise*. Celle-ci, après plus d'un demi-siècle d'une existence parfaitement honorable, n'avait pas eu la prévoyance de se constituer une réserve au cours d'une série d'années favorables qui l'avaient endormie dans une fausse sécurité. Aux bonnes années avait succédé une suite d'années calamiteuses, et la Société n'ayant aucune avance, et craignant de ne plus pouvoir continuer ses opérations à la satisfaction de ses sociétaires vint, en fait, se fusionner dans l'*Étoile* en lui apportant la liste de ses assurés et de ses agents.

La *Versaillaise*, créée le 27 juin 1834, était contemporaine de l'*Étoile*, qui était son aînée de vingt jours seulement, ayant été autorisée par ordonnance royale du 7 juin 1834. La *Versaillaise* avait une circonscription presque semblable à celle de l'*Étoile*. Elle étendait en effet ses opérations à l'Aisne, l'Aube, le Calvados, l'Eure, l'Eure-et-Loir, le Loiret, la Manche, la

---

(1) Thomereau, *Moniteur des assurances*, 1875.

Marne, la Haute-Marne, l'Oise, l'Orne, le Pas-de-Calais, la Haute-Saône, la Seine, la Seine-Inférieure, Seine-et-Marne, Seine-et-Oise, Somme et Yonne. Ses fondateurs et ses administrateurs étaient, comme ceux de l'*Étoile*, des notabilités de la culture, et des personnalités importantes, parmi lesquelles on peut citer :

MM. Gilbert, Victor, de Wideville, chevalier de la Légion d'honneur, père de M. E. Gilbert administrateur de l'*Étoile*, (voir chapitre XIII); Bailly de Villeneuve, J.-B., maître de la poste aux chevaux de Versailles; Empereur, J.-B.-Henri, maître de la poste aux chevaux d'Orsay; Dégénété, maire de Guyancourt, maître de poste à Versailles, président de la Société royale d'agriculture de Seine-et-Oise; Besnard, maître de la poste aux chevaux de Jouars-Pontchartrain, près Chevreuse; Notta, chevalier de la Légion d'honneur, membre de la Société nationale d'agriculture, prédécesseur de M. Gilbert (voir chapitre XIII) dans l'importante exploitation de la ferme du Manet, commune de Montigny-le-Bretonneux; Pasquier, vice président du Comice de Seine-et-Oise, chevalier de la Légion d'honneur ; Thomassin, maire de Puiseux, membre du conseil d'arrondissement, chevalier de la Légion d'honneur; Dablin, maître de poste à Marolles, commune de Broué (Eure-et-Loir); Tétard, de la Mortière, commune de Tremblay (Seine-et-Oise); Barbé, à Volusseau, maire de Bailly (Seine-et-Oise); Legrand de Guitry, ancien député, à Ecos, chevalier de la Légion d'honneur; Pluchet, maire de Trappes, membre de la Société d'agriculture de France, chevalier de la Légion d'honneur; M. Pluchet, son fils, fait partie du Conseil général de l'*Étoile* (voir chapitre XII); Bella, officier de la Légion d'honneur, directeur de l'École impériale d'agriculture de Grignon; Besnard, à Guitry, chevalier de la Légion d'honneur, député, membre de la Société d'agriculture de France, président du Comice agricole de Seine-et-Oise; Rousseau, maître de poste à Angerville; Chappart, maire de Bondaroy (Loiret); Marcille, maire de Bondouffe (Seine-et-Oise); Petit, chevalier de la Légion d'honneur, à Savigny-sur-Orge; Vinet, sénateur, à Garancières-en-Beauce (Eure-et-Loir); Anselmier, directeur de la ferme-école du Loiret; Pasquier, conseiller général de Seine-et-Oise, etc., etc.

Les directeurs successifs ont été : M. Claude-Gaspard Dailly, né en 1787, mort en 1849, maître de la poste aux chevaux de Paris, membre de la Société nationale d'agriculture, membre du Conseil supérieur de l'agriculture, membre de la société d'agriculture de Seine-et-Oise, chevalier de la Légion d'honneur ; puis son fils, M. Adolphe Dailly, maître de la poste aux chevaux de Paris, membre de la Société nationale d'agriculture de France, conseiller général, officier de la Légion d'honneur, décédé en 1886.

De 1834 à 1886, la Société avait garanti un milliard quatre cent quatre-vingt-cinq millions, deux cent soixante-seize mille cent quarante-quatre francs de récoltes, et payé douze millions trois cent trente mille neuf cent vingt-quatre francs d'indemnités. Ces chiffres se rapprochent beaucoup de ceux de l'*Étoile* pendant la même période.

Ainsi, par son organisation, son Conseil d'administration, sa circonscription, son importance, ses conditions statutaires et sa date de création, la *Versaillaise* constituait une rivale de l'*Étoile*, et en fait, pendant 52 ans, ces deux sociétés furent constamment en concurrence, mais dans une concurrence d'une correction absolue où les deux adversaires éprouvaient l'un pour l'autre les sentiments d'une réciproque estime. Seulement, la *Versaillaise* se laissa aller, dans une série d'années heureuses, à baisser successivement ses cotisations, sans préparer une réserve prévoyante pour l'avenir. L'*Étoile* au contraire, au risque de perdre des assurés ou de manquer d'en acquérir de nouveaux, maintint dans ces mêmes années ses cotisations dans les limites indiquées par ses statistiques et entretint et augmenta sa réserve. Les mauvaises années survinrent, l'*Étoile* en sortit victorieuse ; la *Versaillaise*, littéralement débordée, vit son capital tomber en peu de temps de 45 millions à 15 millions en 1886.

M. Alfred Dailly, fils de M. Adolphe Dailly, jugeant que cette décroissance ne ferait que s'accentuer, et soucieux de voir la *Versaillaise*, dont la carrière avait été si honorable, ne pas se disloquer complètement et risquer une fin peu en rapport avec son passé, vint alors trouver le directeur de l'*Étoile* (1), et, estimant qu'il ne pouvait mieux adresser ses assurés et ses agents qu'à ce concurrent dont il avait toujours apprécié la loyauté, il lui remit spontanément la liste de ses sociétaires et celle de ses agents pour les amener à l'*Étoile*. L'*Étoile* avait dans certains pays des pleins trop considérables qu'il était prudent de ne pas augmenter; il y avait aussi quelques contrées où il était dangereux de s'étendre. Abstraction faite de ces deux exceptions, l'*Étoile* reprit alors pour 5 millions d'affaires provenant de la *Versaillaise*.

---

(1) En 1896, à la mort de M. Redaud, directeur de l'honorable Mutuelle contre la grêle de Seine-et-Marne, on proposa, au directeur de l'Etoile, d'en prendre la direction. Le directeur de l'Etoile espérant, vu la clientèle spéciale de la Mutuelle de Seine-et-Marne, pouvoir diriger parallèlement ces deux sociétés, accepta tout d'abord, et fut nommé par l'Assemblée générale, mais, peu après, il fut sérieusement souffrant, et comme la Mutuelle grêle de Seine-et-Marne traversait alors une crise difficile à cause de son absence de réserves, il craignit de ne pouvoir se consacrer, comme il l'eût voulu, à la mission qu'on lui avait fait l'honneur de lui confier. Il donna donc sa démission de directeur de la Mutuelle grêle de Seine-et-Marne, non sans de très vifs regrets et en conservant les meilleurs souvenirs des rapports de quelques mois qu'il avait eus avec MM. les administrateurs de cette estimable société.

CHAPITRE XII

Conseil général de la Société. — Sa composition.

La Société est représentée par un Conseil général des sociétaires, dont la composition est essentiellement changeante, puisqu'il est constitué annuellement par les plus fort assurés de chaque circonscription, désignés par le chiffre de leur assurance de l'année.

On peut dire que, depuis 1834, toutes les sommités de la culture dans le périmètre d'action de l'*Etoile* ont passé au Conseil général dont les réunions ne comptent pas moins de 50 à 60 membres. L'histoire des membres du Conseil général équivaudrait donc à celle de l'agriculture dans l'étendue de la Société pendant le XIXᵉ siècle. Mais cette entreprise considérable sortirait évidemment du cadre du présent ouvrage. On se bornera donc à énumérer ci-après, pour les différents départements, un certain nombre de ceux qui, chaque année, depuis la fondation de la Société, ont constitué et renouvelé le Conseil général et sont entrés en contact avec le Conseil d'administration :

AISNE

MM. Gibert, à Soucy ; Pinta, à Villers-Cotterets ; Pinta, à Neuville-Margival ; Faglin, à Villers-le-Sec ; Ducanois, à Saponay ; Oudin, à Longpont ; Gardin, à Bohain ; Choron, à Retheuil ; Seraine, à Haramond ; Gallais-Mahieux, à Bohain ; Moreau, à Fère-en-Tardenois ; Piot, à Ribemont ; Haran, à Retheuil ; Lefebvre-Dombry, à Parpeville et à Ribemont ; Lemaire, à Soissons ; Dubarle, à Villers-Helon ; Gentilliez, à Parpeville ; Fournier, à la Ferté-Milon ; Lesur, à Ribemont ; Parent, à Passy ; L'Olivier, à Vaux-Andigny ; Macherez, à Soissons ; Gomot, à Acy ; Glateron, à Valsery ; Haye, à Grangis ; Segard, à Aisonville ; Courtois, à Villers-le-Sec ; Lenotte-Druebert, à Bohain, etc.

AUBE

MM. De Plancy, à Plancy ; Mathieu, à Bernon ; Michon, à Eclances, etc.

CHER

MM. Fahuet, à Clémont; Massé, à Germigny; Proust, à Levet ; Belleville, à Cornusse ; Billebault, à Osmoy ; Cousin, à Plaimpied ; Aucouturier, à St-Just ; Pezon, à Vierzon ; Fillon, à Charost ; Hache, à Vierzon ; Bassot, à Bengy ; Billot, à Cornusse ; Menigot, à Argent ; Gauthier, à Damesainte ; de Choiseul, à Neuvy-Barrois ; Bonny, à Coust ; Poisson, à Morlac ; Gindre, à Laverdines ; André, à Argent ; Tassin, à Argent ; Pierre, à Argent ; Biesse, à Charentonnay ; Malbète, à Damesainte ; de Vauzel, à St-Denis-Palin; Gaugué, à Aubigny ; de Montbel, à Argent ; Ruchon, à Préveranges ; Mitaine, à Vierzon ; Potier, à Bourges ; Chaput, à St-Michel ; Cotineau, à Préveranges ; Gerbier, à Cornusse, Vte de Laitre, à St-Michel; etc., etc.

EURE

MM. Foubert, à Authevernes; Malgrain, à Mézières ; Goré, à Nojeon-le-Sec ; Rouget, à Cantiers ; Rouget, à Etrepagny ; Sarazin, à Gisors ; Pihan, à Fourges ; Lefort, à Tournedos ; Heullant, à Tostes ; Bertaux, à Heudicourt ; Bellanger, à Barc ; Pagnerre, à Sancourt ; Pagnerre, à Longchamps ; Picard, à Hilliers-l'Evêque ; Regnault, à Daubeuf ; Toutain, à Doudeauville ; Blot, à Farceaux ; Pithon, à Tourny ; Besnard à Tourny ; Billette, à Claville ; Desseaux, à Grand-Villiers ; Barrier, à Authieux ; Chauvet, à Provémont, etc., etc.

EURE-ET-LOIR

MM. Billard, à Sours; Chasles, à Sours; Huet, à Voise; Jumeau, à Maintenon ; Marcault, à Voves ; Millochau, à Bouglainval ; Paragot, à Theuville ; Alix, à Roinville ; Barban, à Villampuy; Buffetrille, à Guillonville; Chassegrain, à Villampuy ; Cassegrain, à Terminiers ; Chenu, à Voise; Cintrat, à Sancheville ; Debrée, à St-Cloud; Dolléans, à Sancheville; Faucheux, à Ger-

mignonville ; Fleury, à Saumeray ; Lailler, à Neuvy-Dunois ;
Manceau, à Neuvy-Dunois ; Mellottée, à Neuvy-Dunois ;
Pulvignon, à Guillonville ; Thevert, à Voise ; Thomain, à
Neuvy-Dunois ; Vellard, à Neuvy-Dunois ; Couvret-Dolléans,
à Viabon ; Tourne, à Viabon ; Larpenteur, à Thimert ; Joseph,
à Guillonville ; Sallé, à Guillonville ; Tourne, à Lumeau ;
Lefort-Tourne, à Orgères ; Bourgeois, à Coltainville ; Gohon,
à St-Georges ; Vinsot, à Challet ; Foiret, à Lumeau ; Popot,
à Poupry ; Gibier, à Germignonville ; Isambert, à Prunay ;
Juchet, à Nottonville ; Choffi, à Poinville ; Menager, à Magny ;
Cintrat-Benoist, à Intreville ; Jumeau, à St-Georges ; Fourré,
à Fresnay-l'Evèque et à Ymonville ; Faucheux, à Terminiers
et à Bazoches-Dunois ; Marchon-Guyon, à Baigneaux ; Marcille-
Houdas, à Dambron ; Leroy, à Gas ; Thomain, à Moutiers ;
Bourgeois, à Sours ; Houzé, à Bazoches-Hautes ; Sorreau, à
Beville ; Lemoult, à Moutiers ; Lefèvre-Dubois, à Guilleville ;
Tournois, à St-Hilaire ; Cabaret-Lambert ; Leloup-Glin, à Cin-
tray ; Vincent, à Chauffours ; Pousse, à Peronville ; Malépart,
à Illiers ; Gasse-Margat, à Ecublé ; Fouquet, à Langey ; Mau-
noury, à St-Germain ; Milochau-Genet, à Voves ; Quantin, à
Thiville ; Caillé, à Prudemanche ; Grandet, à Champhol et à
Epeautrolles ; Lechesne, à St-Germain ; Lefèvre, à Levesville ;
Sallé-Peschard, à Guillonville ; Vincent, à Neuvy-Dunois ;
Poullin, à Conie ; Ravault, à Lutz ; Maison, à Nottonville ; Blot,
à Yèvres ; Plé, à Baigneaux ; Rivet, à Sainville ; Martin, à
Thimert ; Bellan, à St-Maixme ; Milochau, à Beville ; Fer-
rand, à Saint-Georges ; Blanchard, à St-Luperce ; Chéron,
à Prudemanche ; Thirouin, à Fresnay-Gilmert ; Masson-
Bourgeois, à Villeau ; Canuel, à St-Lubin ; Vénard, à Rouvray ;
Dubois, à Serville ; Marcelle, à Happonvilliers ; Popot, à
Boisville et à Bouglainoal ; Noël-Pelletier, à Orgères ; Gautier,
à Vitray ; Deshaies, à Prudemanche ; Henault, à Béville ;
Roux, à Crucey, etc., etc.

INDRE

MM. Norguet, à Velles ; Salomon et Roux-Salomon, à Châ-
teauroux ; Firbach, à Villedieu ; Simon, à Sarzay ; Bedu, à
St-Cyran-Jambot ; Robin-Duvernet, à Verneuil ; Coulon, à
Thizay ; Langé, à la Champenoise et à Paudy ; Mandereau,

à Luçay ; Dumont, à St-Pierre-Jards ; Poirier à la Champenoise ; Reuillon, à Levroux ; Comtesse de Bryas, à St-Cyran ; Marié, à St-Maur ; Godillon, à la Champenoise ; Pion, à Lizeray ; Renaudat, à Brion ; Guinon, à St-Maur ; Mayeux, à St-Pierre-Jards ; Malbète, à la Champenoise ; Moreau, à Montgivray ; Deloges, à Villiers-en-Brenne ; Journaux, à Sarzay ; Thibault, à St-Aoustrille ; Thauvin, à Giroux ; Bernardeau, à Montlevic ; Ratier, à Buzançais ; Depruneaux, à la Châtre ; Desaix, à Neuvy ; Villémont, à Argy, etc., etc.

INDRE-ET-LOIRE

MM. Desloges, à Dolus ; Revérand, à Tauxigny ; Bonneau d'Alençon ; Alibert, à Esvres ; d'Auxerre, à Ferrières ; Arrault-Béranger, à Esvres ; Paillet, à Montrésor ; Prieur, à Nouans ; Girard-Reverand, à Tauxigny ; Girard-Dubois, à Tauxigny, etc.

LOIR-ET-CHER

MM. Beullé, à Ozouer-le-Marché ; Coutanceau, à Binas ; Gendrault, à Prénouvellon ; Goussay, à Concriers ; Hardillier-Dubreuil, à Lestiou ; Henault, à Prénouvellon ; Hiault, à Séris ; Malingié, à Pontlevoy ; Poulain, à Pontlevoy ; de Rancougne, à St-Lubin ; Ronnay, à Membrolles ; Sarradin, à Tripleville ; Savoire, à St-Laurent-des-Bois ; Mainfray, à Sambin ; Baudron, à Ouzouer-le-Marché ; Huchet, à Ouzouer-le-Marché ; Pimparé, à Veuves ; Poitou-Porcheron, à Mulsans ; Silly-Mestivier, à Séris ; Leroux, à Villexanton ; Remay, à Marolles ; Bagland, à Champigny ; Duvallet, à Villebout ; Gangnebien, à Ste-Gemme ; Gangnebien, à Concriers ; Ombredane, à Boisseau ; Gosseaume, à Boisseau ; Tardiveau, à Villemardy ; Tatin, à la Motte ; Gaullier, à Prénouvellon ; Guimard, à Moisy ; Thabou, à Tripleville ; Camus, à Lestiou ; Vivier-Nouvellon, à St-Léonard ; Vivier-Vrain, à St-Léonard ; Hardillier-Fleury, à Mulsans ; Dousset-Ravault, à Semerville ; Vivier-Camus, à Autainville ; Venot, à Villermain ; Peigné, à Tourailles ; Girard, à Crucheray ; Percheron, à Lancé ; Housset, à Villeneuve Frouville ; Hardillier-Bonté, à Roches ; Gilbert, à Villermain ; Filleau-Javet, à Rhodon ; de Vibraye, à Cheverny ; Bouhier de l'Ecluse, à Chaumont ; Parthenay, à

Lancé ; Ferrand, à Crucheray ; Leclerc-Gandon, à Binas ; Fougeu, à Millançay ; Pousse, à Semerville ; Vicomte d'Hardemare, à Selles ; Girard, à Landes ; Javet-Cuvier, à St-Amand ; Foiret, à Binas ; Chéramy, à Verdes ; Darnault-Savoire, à Ouzouer-le-Marché ; Leroux-Houdin, à St-Lubin ; Baguenault de Vieville ; Denis, à Maves ; Blondeau, à Moisy ; Vrain, à Crucheray ; Tournay, à Maray ; Tournois, à Villebout ; Poulain-Lecœur, à Josnes ; Hogu, à Villerable ; Mestivier, à Villeromain ; Adam, à Roches ; Goevier, à la Ville-aux-Clercs ; Fesneau-Cochet, au Plessis-l'Echelle ; Rabier-Doucet, à Conan ; Brisset, à Huisseau ; Fontaine, à Mur ; Norguet-Ferrand, à Selommes ; Legrand, à Tripleville ; Johanet, à Crucheray ; Rabourdin, à la Madeleine ; Legourd, à Blois ; Comte de Salaberry, à Fossé ; Morin-Yvon, à Rhodon ; Barluet de Beauchêne ; Dorsemaine, à Vendôme ; Nouvellon, à Sainte Gemme et à Crucheray ; Perdereau, à Prénouvellon ; Chapu, à Mesland ; Mouchet, à Maray ; Depussay, à Verdes ; Vivier-Vivier, à Autainville ; Barrault, à Baigneaux ; Pinsard, à Autainville, etc., etc.

LOIRET

MM. Desforges, à Tivernon ; Fafa, à Préfontaine ; Houdy, à Andonville ; Joseph, à Bricy ; Marotte, à Boulay ; Nouette, à Montargis ; Sagot-Joseph, à Boulay ; Bracquemond, à St-Sigismond ; Caillard et Pandellé, à Beaugency ; Dosne, à Andonville ; Marteau, à Huisseau-s/-Mauve et à Bricy ; Potheau, à Jouy ; Delabrouille, à Guigneville ; Rivierre, à Andonville et à St-Peravy ; Gosme, à Marcilly ; Perdereau, à Bricy ; Bonneau, à Sandillon ; Billiot, à la Ferté-St-Aubin ; Cathelineau, à Sigloy ; Héau, à Marcilly ; Générat, à Sennely ; Pillas, à Pannecières ; Michaut, à Villemurlin ; Boyenval, à Ste-Geneviève ; Dabout-Dallier, à Ferolles ; Camus, à Sandillon ; Girard, à Baccon ; Brulé, à Baccon ; Thomain, à Sougy ; Gandrille ; Houdas, à Allainville ; Sevin, à Chaussy ; Dramard, à Ruan ; Marois, à Sandillon ; Faucheux, à Coinces ; Robert-Maitre, à Sandillon ; Turban, à Marcilly ; Rabier, à Audeville ; Mahin, à St-Aignan-le-Jaillard ; Rabourdin, à St-Denis-en-Val ; Venot-Caillard, à Baccon ; Bertheau, à Guignevil le ; Gouin, à Huetre ; Menard, à Audeville et à Tignonville ;

Dubois, à Coulmiers ; Jamain, à Baccon ; Halloppé, à Ville-
reau ; Héau, à Ferolles ; Caullet, à Bordeaux-Rouches ; Gosme-Morin, à Guigneville ; Morize, à St-Sigismond ; Pinsard,
à Baccon et à Coinces ; Vollet-Bonneau, à Ferolles ; Poulain-
Boitard, à Sandillon ; Ville-Denis, à St-Aignan ; Dubois-Fau-
cheux, à St-Peravy ; Lefebvre-Gandrille ; Morin, à Césarville
et à Audeville ; Pinsard, à Ormes ; Pichard-Grenet, à St-Peravy ; Dumuys, à Viglain ; Plessis, à Cerdon ; Michon-Moreau,
à Ormes ; Delabrouille, à Guigneville ; Durand, à Sougy ; Maison, à Artenay ; Parou, à Huetre ; Nouette-Delorme ; Lemaire, à Outarville ; Servant, à Intville ; Le Normant de Grand-
cour ; Boutroux, à St-Florent ; Morin, à Jouy ; Harang, à Cerdon ; Coutellier, à St-Florent ; Noueblanche, à Sully, etc., etc.

MARNE

MM. de Recusson-Dieu, à Châlons ; Legouge, à Soigny ;
Haimé, à Soulanges ; Hédouin, à Anthenay ; Coutrot-Tanneur,
aux Essarts-Vicomte ; Varlet-Lefort, à Coolus ; Bailliot-Deligny,
à Muison ; Segalas ; Lainé-Dupont aux Essarts-Sézanne et à
Congy ; Michel, à Plichancourt ; Ponsard, à Omey ; de Faul-
trier, à Couvrot ; Abelé, à Coupéville, etc., etc.

OISE

MM. Duvivier-Chartier, à Verberie ; Goré, à Montjavoult et
à Serans ; Meignen, à Néry ; Fournier, à Vez ; Corbie, à Raray
et Saintines ; Praquin, à Glaignes ; Gibert-Roussel, à Baron ;
Louvet, à Flavacourt ; Praquin, à Rouvillers ; Guimier, à la
Villetertre ; Vecten, à Cernoy ; Moquet, à Russy et à Feigneux ;
Foubert, à Boury ; Lemaire, à Versigny ; Ferté ; Guibert, à
Antilly ; Lelong, à Sérifontaine ; Chatriot ; Coutellier, à Avre-
chy ; Corbie, à Cuvergnon ; Ancellin, à Cuvergnon ; Guesnier,
à Blamécourt ; de Saint-Denis, à Lierville ; Delay, à Noyers-
St-Martin ; Collinet, à Villeneuve-Thury ; Charpentier, à Ivors ;
Emery, à Feigneux ; Lavisse, à Gannes ; Robiche, à Morien-
val ; Gilquin, à Feigneux ; Heu-Budin, à Catillon ; Durand, à
Ivry ; Niay, de Cornois et Cie à Vauciennes ; Duvivier, à Rus-
sy ; Dupille, à Lagny ; Labiche, à Thieux ; Boissy, à Lierville ;
Lambert, à Villetertre ; Demazure, à Pronleroy ; Barbier, à

St-Just ; Hamot, à Montherlant ; Mahieux, à Fitz-James ; Michon, à Crépy ; Lhoste, à Versigny ; Maistriau, à Catillon ; Farce, à Mory ; Larangot, à Tracy ; Duval, à Vez ; Segard, à Campremy ; Martin, à Thieux ; Bastin, à Boissy ; etc., etc.

SEINE-INFÉRIEURE

MM. Grandin, à Boissay ; Delaunay-Amour, à Mesnil-Follemprise ; Le Sergent, à Eslettes ; Guébert, à Rocquemont ; Barbe, à Vassonville ; etc., etc.

SEINE-ET-MARNE

MM. Noret, à Château-Landon ; Guyon, à Château-Landon ; Houy, à Château-Landon ; Levèque, à Mondreville ; Viratelle, à Mondreville ; Caillat, à Gironville ; Paillard, à Montpothier ; Denise, à Burcy ; Guyon, à Garentreville ; Salmon, à Mouroux ; Garnot, à Verneuil ; Colleau, à Yèbles ; Leclerc, à Pécy ; Bourgeois, à Poigny ; Ciret, à Courtry ; Coulon, à Pécy ; Marteau, à Sourdun ; Fasquel, à Jaignes ; Chéron, à Jaignes ; Hébert, à Férolles ; Paillard, à Salins ; Rousseau, à Tracy ; Foy, à Cossigny ; Bossard, à Jouy ; Laviron, à St-Mars ; Jubert, à Choisy ; David, à Villeneuve ; Lebeuf, à Crisenoy ; Mollot, à Moissy ; Colleau, à Nangis ; Houdot, à Pécy ; Dufay, à Brie ; Aubergé, à Réau ; Dufrenel, à Salins ; Clément, à St-Martin ; Mentienne, à Cossigny ; etc., etc.

SEINE-ET-OISE

MM. Poittevin à Mondétour ; Chevallier, à Brétigny, et à Avrainville ; Cartry, au Perchay ; Gouy, à Bréançon ; Ruzé, à Mérobert ; Chéron, à Marines ; Duval, à Limours ; Petit, au Perchay ; Delacour, à Estouches ; Lamé, à Prunay-Ablis ; Dramard, à St-Vrain ; Chevallier, à Courdimanche ; Petit, à Milly ; Moisson, à Tilly ; Loiseau, à St-Escobille ; Argand, à Boissy-la-Rivière ; Loiseau, à Villeconin ; Thirouin, à Boisville ; Mauger, au Belloy ; Venard, à Méréville ; Bréant, à Hodent ; Lepage, à Valpuiseaux ; Guesnier, à Blamécourt ; Robert, à Morigny ; Marcou, à Ablis ; Rebiffé, à Morigny ; Pelletier, à St-Vrain ; Thirouin, à Bouville ; Aubergé, à Chevannes ; Desforges, à

Bouville ; Ernault, à Ste-Mesme ; Delacour, à Gouzangrez ;
Lebouc, à Avrainville ; Pénot, à Corbreuse ; Favry, à Voisins ;
Chéron, à Hodent ; Maigniel, à Blamécourt ; Minier, à Sucy ;
Gilbert ; Benoist, à Congerville ; Dailly, à Trappes ; Laurent,
à Allainville ; Petit, à Boissy-la-Rivière ; Denize, à Maisse ;
Masson, à St-Illiers ; Besnard, à Mérobert ; Corbin, à Périgny ;
Thévert, à Guillerville ; Chambon, à Villeconin ; etc., etc.

SOMME

MM. Sorelles, à Punchy ; Lejeune, à Omiécourt ; Hadengne,
à Étalon ; Carbonneaux, à Mouchy-Lagache ; Vinchon, à Vraignes ; Tournet, à Puzeaux ; Deneufbourg, à Puzeaux ; Sefourt,
à Chaulnes ; Lannes, à Eppeville ; Cauët, à Arquèves ; Pluchet, à Roye ; Lesquendieu, à Licourt ; Burgeat, à Arquèves ;
etc., etc.

YONNE

MM. Yot, à Villiers-Vineux ; Delinotte, à Tonnerre ; Jacques Palotte ; Rendu, à Tonnerre ; Roze I., à Tonnerre ; de
Monicault, à Tonnerre ; Billy, à Courceaux ; Thierry, à Tonnerre ; Morize, à Cruzy ; Grappin, à Barbey et à Fleurigny ;
Nicolle, à Tonnerre ; Letteron, à Dollot ; Beau, à Sambourg ;
Gateau, à St-Denis ; Lardin, à Pasilly ; Drouet, à St-Valérien
et à Montacher ; Thierry, à Brienon ; Couard, à Brienon ; etc.,
etc.

Cette liste n'a pas la prétention d'être complète, car, pour
qu'elle ne comporte aucune omission, il faudrait vérifier, sur
les feuilles du Conseil général, plus de 3,500 noms et signatures depuis 70 ans.

Beaucoup de membres, cités plus haut, sont devenus administrateurs de la société et l'on trouvera plus loin leur biographie. Quant aux autres, leur nombre est tellement considérable
qu'il est impossible de parler individuellement de chacun d'eux.
On se bornera donc à en citer quelques-uns qui, tout en s'a-
donnant à l'agriculture, ont, d'autre part, fourni une carrière
absolument différente et ont apporté au Conseil général l'ap-
point de leurs compétences variées.

A plusieurs reprises, de 1857 à 1879, apparaît aux réunions du conseil général de l'*Etoile* M. Moreau (Adolphe) qui, né en 1827, fut successivement auditeur au Conseil d'Etat et, en cette qualité, secrétaire de la commission consultative des chemins de fer, maître des requêtes au Conseil d'Etat, administrateur des chemins de fer de l'Est, chevalier de la Légion d'honneur. Il était fils de M. Moreau (Adolphe-Ferdinand), antérieurement administrateur de l'*Etoile*. On verra, dans la biographie de ce dernier, que ses importantes propriétés avaient été acquises en indivision avec ses frères. M. Adolphe Moreau n'en eut donc qu'une partie qu'il augmenta par des acquisitions successives. Il porta ainsi l'étendue de ses fermes, terres et bois, dans l'Aisne, à 800 et 900 hectares.

Comme son père, M. Adolphe Moreau, tout en traitant les affaires juridiques et administratives avec une haute compétence, tout en s'occupant avec activité de ses nombreuses propriétés où il fit notamment d'importantes plantations, se consacrait aussi aux arts, dont il suivait le mouvement avec un intérêt particulier. Ses goûts le portèrent vers ceux du passé, et, à la collection de tableaux (1) réunie par son père, il en ajouta une d'objets d'arts anciens (2). On doit à M. Moreau divers ouvrages encore très estimés, notamment *Delacroix et son œuvre, Decamps et son œuvre* (3). Il était un aquarelliste distingué et ses œuvres ont été souvent exposées au Salon. Il avait épousé la fille du célèbre chirurgien Nélaton. Elle fut elle-même peintre et céramiste de valeur et sa biographie, avec le catalogue illustré de ses œuvres, a été publiée chez Floury en 1899. M. Moreau est mort en 1882 dans sa propriété de Fère-en-Tardenois, pays qu'il avait comblé de bienfaits.

Comme M. Ad. Moreau, M. Bayard (Eugène), qui assistait notamment, en 1879, à la séance du conseil général où la société l'*Etoile* fut reconstituée conformément au décret du 22 janvier 1868, a appartenu de 1855 à 1870 au Conseil d'Etat

---

(1) Un des plus remarquables de ces tableaux, *la Barque* de Delacroix, a été légué au musée du *Louvre*, par M. Adolphe Moreau.

(2) Voir catalogue, Paris, Georges Petit, 1903.

(3) Paris, Jouanault, 1869, tiré à 200 exemplaires.

où ses travaux lui méritèrent de bonne heure la croix de la Légion d'honneur ; au moment du 4 septembre, il était maître des requêtes de 1re classe, commissaire du gouvernement près le Conseil d'Etat délibérant au contentieux. En 1871, il fut inscrit au tableau de l'ordre des avocats à la Cour de Paris. Le 15 novembre 1875, M. Bayard fut appelé aux importantes fonctions d'agent général de la Caisse d'épargne de Paris. Il fut à la hauteur de sa tâche dans ce poste de confiance. Voici, en effet, les paroles que prononçait le président du conseil de la Caisse d'épargne à l'Assemblée générale (1), en annonçant la retraite de M. Bayard. Parlant de la situation prospère de l'établissement, il ajoutait :

« Ne faut-il pas en reporter le mérite et l'honneur à celui qui, depuis de longues années, a consacré tout son temps, toute sa science, à la direction de nos affaires. Vous savez que de changements nécessaires, d'heureuses transformations, de considérables améliorations M. Bayard a introduits dans notre administration !..... La mémoire de cet homme de bien ne périra pas, son nom s'inscrira sur le livre d'or où figurent les hommes supérieurs qui ont puissamment contribué au développement de notre Institution. Son médaillon placé dans nos bureaux perpétuera le souvenir de celui qui, en se faisant le serviteur éminent et fidèle de la Caisse d'épargne de Paris, est devenu un des bienfaiteurs de son pays. »

M. Bayard est le fils de l'auteur dramatique Bayard qui, seul ou en collaboration de Scribe, a composé un si grand nombre de comédies délicates et de charmants vaudevilles joués avec tant de succès dans la première moitié du XIXe siècle et représentés souvent encore aujourd'hui.

Parmi les représentants les plus éminents du département de l'Aube, au conseil général de l'*Etoile*, était M. le baron de Plancy qui assistait avec régularité aux séances où l'appelait chaque année le chiffre de son exploitation. M. le baron de Plancy, ministre plénipotentiaire, officier de la Légion d'hon-

____

(1) **Rapport à l'Assemblée générale de la Caisse d'épargne de Paris du 14 mai 1903.**

neur, avait conquis la croix de chevalier, comme capitaine des
mobiles de l'Aube, au siège de Paris en 1870-1871. Dans sa
carrière diplomatique, il avait occupé des postes importants,
notamment à Berlin où il avait été chargé d'affaires. Ayant
pris sa disponibilité en 1886, M. le baron de Plancy s'était consacré à l'exploitation de ses belles et grandes propriétés dont
s'étaient occupés avant lui son père, le comte de Plancy, premier écuyer du Roi Jérôme de Westphalie, député de l'Aube,
et surtout son grand-père, le comte de Plancy, administrateur
remarquable, préfet de la Loire, de la Nièvre et de Seine-et-
Marne pendant l'invasion, et qui avait épousé la fille de Lebrun,
3e consul, prince archi-trésorier de l'Empire, duc de Plai-
sance, gouverneur de Gênes et vice-roi de Hollande. Le comte
de Plancy, après s'être retiré de la vie politique, s'était occupé
exclusivement de ses terres, faisant faire à l'agriculture de
grands pas dans son département, modifiant et faisant modifier
les procédés de culture en usage avant lui et dont certains
furent, par lui, profondément changés par l'introduction de la
prairie artificielle (1).

Au nombre des représentants de l'Yonne au conseil général
des sociétaires, on remarque M. Isidore Roze qui y assiste fréquemment depuis 1843 jusqu'à 1862. M. Isidore Roze, père de
M. Isidore Roze, administrateur actuel, avait à divers titres
acquis une notoriété très grande dans son département. Il avait
été, en effet, en association avec MM. Truchy et Jacquillat des

---

(1) L'amour de M. de Plancy pour l'agriculture provenait sans doute
d'une mission que lui avait confiée l'Empereur Napoléon dans une lettre
datée de Boulogne, le 17 thermidor an XII, et où il lui prescrivait « de se
rendre dans les cantons les plus abondants en blé des départements du
Nord, de la Lys, de l'Escaut, des deux Nèthes, de Jemmapes, de l'Aisne
et de l'Oise, de prendre des renseignements sur les apparences de la
récolte, sur les dommages qu'elle avait éprouvés par les événements de la
saison, et sur la proportion dans laquelle on prévoyait qu'elle serait en
plus ou en moins avec les années communes, d'obtenir ces renseignements par lui-même, en s'adressant aux riches propriétaires et fermiers,
comme un simple voyageur qui n'avait d'autre objet que de voir avec
détail, pour son instruction, les pays dont l'agriculture était justement
célèbre ». M. de Plancy avait rempli cette mission à la pleine satisfaction
de l'Empereur. Celui-ci lui avait accordé une gratification de quatre
mille francs ; M. de Plancy ne voulut point la toucher.

Préaux, l'introducteur et l'initiateur de la champagnisation des vins dans le Tonnerrois, en fondant, en 1828, l'Etablissement de Dannemoine, près Tonnerre, à l'exemple duquel se formèrent ensuite les nombreuses maisons de champagnisation du pays. Propriétaire à Maison-Rouge, il en avait refait le domaine cultivé aujourd'hui et augmenté par son fils. Délégué à toutes les expositions agricoles, où il avait obtenu de nombreuses récompenses et était classé hors concours dès 1834, M. Roze avait été pendant de longues années le dévoué secrétaire de la Société d'agriculture de Tonnerre créée par ses parents en 1802, société qui a rendu de si grands services et existe encore aujourd'hui après avoir brillamment fêté son centenaire. Prêchant lui-même d'exemple, M. Roze constituait, en 1830, pour l'amélioration des laines mérinos en France, un troupeau à Dannemoine avec des brebis à laines fines et des béliers de Naz. Ancien officier de la maison du roi Louis XVIII, M. Roze, qui avait parcouru toute l'Europe, en avait rapporté une série d'observations curieuses et variées sur tous les sujets relatés par lui dans de multiples articles de journaux. Conseiller d'arrondissement, conseiller municipal, administrateur de l'hôpital, du bureau de bienfaisance, membre du comité des écoles, secrétaire de la commission du chemin de fer, M. Roze avait d'autre part fondé et dirigé le premier journal qui parut dans le département et dont il fut le gérant responsable de 1820 à 1839, journal qui, servant principalement d'organe attitré à la Société d'agriculture, contribua puissamment aux progrès agricoles par les notions et conseils utiles qu'il vulgarisa. Au moyen de ce journal, M. Roze avait fait connaître l'*Etoile* dans diverses notes publiées en 1844, 1845, 1846 et 1847.

Dans les membres du conseil général des sociétaires pour la Marne, on voit figurer, à diverses reprises depuis 1854 et pendant vingt-deux ans, un personnage qui ne manquait pas une séance lorsque son chiffre d'assurance l'y appelait et qui avait acquis une notoriété particulière, d'abord comme créateur des pigeonniers militaires pendant le siège de Paris, ensuite comme mari d'une femme poète. On a nommé M. Victor Segalas. M. Segalas, qui était au Havre lorsque commencèrent à courir les premières rumeurs d'un siège, s'empressa de rentrer à Paris où il communiqua son idée au secrétaire des Postes. Cette idée acceptée, il parcourut rapidement la province pour rassembler des pigeons. Et lorsque le blocus commença, il avait été assez heureux pour concentrer au Ministère des Postes, rue de Grenelle, plusieurs centaines de pigeons voyageurs. A ce sujet, on peut rappeler un épisode héroï-comique de ce grand drame du siège : Pendant ces semaines de fièvre, de surexcitation, on avait tout espéré des vaillants pigeons voyageurs. Mais lorsqu'on vit qu'un certain nombre de messagers ne revenaient pas, on imagina qu'ils devaient être victimes de la voracité des faucons et autres oiseaux de proie. Et l'on décréta immédiatement la formation d'un corps de chasseurs d'oiseaux de proie. Ce corps battit la campagne, et scrutant en vain le ciel pendant de longues heures pour y découvrir quelque oiseau vorace, dut se contenter de tuer quelques alouettes..... une alouette valait alors un bon perdreau. Le 19 novembre 1904, des amis de M. Victor Segalas, ne voulant pas laisser tomber dans l'oubli un nom qui rappelait les populaires messagers du siège, firent placer une plaque en marbre blanc, avec cette inscription en lettres d'or : « Hommage à Victor Segalas qui créa la poste ailée en 1870 » sur la maison qu'il possédait à St-Palais, au pied des Pyrénées, maison que sa femme, Mme Anaïs Segalas, la célèbre poétesse, avait transformée souvent en une sorte de villa littéraire des plus choisies..... Et puisqu'on a été amené à parler ici d'une femme de lettres, on peut citer encore le nom de George Sand qui, pendant de longues années, a été une des fidèles assurées de l'*Etoile* pour ses métairies de Nohant (Indre).

Dès 1851, l'Oise comptait au nombre de ses représentants au conseil général de l'*Etoile* l'auteur d'une des premières distilleries agricoles, M. Pluchet, membre de la Société nationale d'agriculture, qui accrut, grâce aux améliorations apportées à la culture du sol et la formation d'un troupeau de Dishley mérinos, la haute réputation agricole de sa famille. Le créateur de la race de la Charmoise, M. Malingié, est de 1839 à 1859 au nombre des représentants du Loir-et-Cher au conseil général de l'*Etoile* où il siégea à côté d'autres éleveurs connus, les Aucouturier dans le Cher, les Parent dans l'Aisne, les Chasles dans l'Eure-et-Loir, etc... Mais ici, on commence à rentrer dans les questions purement agricoles, et, comme il est dit plus

haut, il est impossible de parler de toutes les notabilités de la
culture qui ont passé au conseil général. En se bornant à en
rappeler ci-dessus la liste, on a seulement voulu, en dehors des
agriculteurs proprement dits, citer quelques personnalités qui
se sont en même temps distinguées dans d'autres carrières, et
encore est-on loin d'avoir épuisé le sujet ; on eût pu citer des
magistrats, des industriels, des officiers supérieurs, mais il
faut se borner, et afin de terminer ce chapitre par une constatation originale, pour une société agricole, on signalera,
au procès-verbal du conseil général de 1856, la signature du
futur amiral Bonie, grand officier de la Légion d'honneur,
décédé propriétaire du beau domaine de Sommeville, près
Auxerre, et qui en 1840 avait été embarqué sur la « Belle
Poule » chargée de ramener, de Ste-Hélène, les cendres de
Napoléon.

CHAPITRE XIII

Conseil d'administration. — Notes biographiques.

Pour administrer une Société qui n'est pas le privilège de quelques-uns et est ouverte aux grands comme aux moyens et petits cultivateurs de différents pays, il faut un conseil d'administration composé d'hommes représentant ces divers intérêts. Mais, outre les questions agricoles, des questions administratives et juridiques surgissent continuellement, et pour les examiner, les solutionner utilement, il faut aussi des hommes rompus à l'étude et à la pratique des affaires contentieuses. Le conseil doit donc être la réunion de ces compétences variées, choisies parmi des personnalités portant un nom honorable et honoré, susceptible d'attirer à la Société la confiance et la considération.

Enfin, pour assurer à l'administration l'esprit de suite indispensable à la prospérité de toute entreprise, il faut, à côté du conseil général dont les membres changent chaque année, des administrateurs stables dans leurs fonctions, arrivant à se connaître, à s'apprécier et à s'estimer mutuellement, et acquérant ensemble, avec l'expérience des assurances grêle, la prudence nécessaire à l'introduction progressive et raisonnée des perfectionnements auxquels doit viser toute administration qui ne veut pas rester rétrograde.

C'est conformément à ces considérations multiples que le conseil d'administration de l'*Étoile* a toujours été constitué. Les notes biographiques ci-après, concernant les membres qui l'ont composé et le composent en sont la preuve. Elles sont données par ordre alphabétique pour faciliter les recherches et aussi pour permettre de mieux se rendre compte de la fidélité des administrateurs qui, en général et dès le début, ont accompli leur mandat jusqu'à leur mort, ou l'ont vu continuer par leur famille, si bien que la plupart de ceux qui sont actuellement en exercice peuvent, par leurs ancêtres, remonter jusqu'aux premières années de la Société.

BEAUMONT (Comte de)

ADMINISTRATEUR

1842-1849

Beaumont (de la Somme) (Félix Bellator, comte de), agriculteur, sénateur, ancien député, conseiller général d'agriculture, conseiller général du canton de Chaulnes, officier de la Légion d'honneur, est né le 25 décembre 1793. Elève de l'Ecole militaire de Saint-Cyr, il en sortit en 1812 pour faire, comme sous-lieutenant d'infanterie, la campagne de Russie et venait d'être nommé lieutenant lorsque, à la bataille de Dresde, il fut pris par les Russes qui le retinrent prisonnier jusqu'en 1815. A peine de retour en France, il rejoignit son drapeau et assista à la bataille de Waterloo. En 1816, il fut incorporé dans la légion des Ardennes qui devint le 1er léger, obtint, en 1823, les épaulettes de capitaine au 61e de ligne et fut bientôt mis en non-activité sans solde (1826).

Rendu à la vie privée, M. de Beaumont se retira dans une de ses terres, près de Péronne, et s'occupa d'agriculture. Ses connaissances spéciales le firent admettre dans le conseil général d'agriculture. Déjà membre du Conseil général de la Somme, il se porta comme candidat à la députation (1839) et remplaça, à la Chambre, M. Dehaussy de Robécourt. Réélu en 1842 et 1846, il suivit les inspirations de Dupont de l'Eure. Il traita tout particulièrement les questions agricoles. Il prit une part active aux travaux des bureaux et des commissions et aborda aussi la tribune dans les discussions relatives aux budgets, aux sucres, aux fortifications de Paris, aux douanes, à l'armée, aux chemins de fer, aux patentes, aux prisons, etc. C'était un orateur d'affaires.

Après la révolution de Février, M. de Beaumont, qui s'était associé à l'agitation de la réforme parlementaire, se retrouva à la Constituante et à la Législative, où la Somme le nomma encore, le 1er sur 14, avec 138,463 voix.

Il prit une part active dans les questions relatives aux poursuites intentées à Louis Blanc et à Caussidière ; au rétablissement de la contrainte par corps ; au maintien de l'état de siège ; au droit au travail ; à la réduction de l'impôt du sel ; à la proposition Rateau ; à l'amnistie ; à l'interdiction des clubs ; aux crédits de l'expédition de Rome ; à la demande de mise en accusation du Président et de ses ministres.

Représentant à l'Assemblée législative (13 mai 1849), où le renvoya le département de la Somme par 88,585 voix sur 106,444 votants et 169,321 inscrits, il prit part aux discussions relatives à l'expédition d'Italie et aux lois répressives soumises par le gouvernement à l'Assemblée. M. de Beaumont fut compris dans la

1re promotion de sénateurs (26 janvier 1852). Il avait acquis la réputation d'un habile agronome et il avait fait partie de nombreuses sociétés d'agriculture (1).

BEINE (E. de)

ADMINISTRATEUR

1873-1876

Allié à la famille de M. Demeufve, dont il sera parlé plus loin et qui fut administrateur et président du conseil d'administration pendant trente ans, M. Eugène DE BEINE entra au conseil au moment du décès de M. Demeufve. Il en fit partie jusqu'à sa mort survenue prématurément en 1876. Le conseil, dans ses séances des 3 octobre et 19 décembre 1877, consigna au procès-verbal les regrets unanimes que lui causait la mort de M. de Beine « dont chacun avait pu apprécier l'affabilité et l'aptitude aux affaires ».

BELLAIGUE (C.)

ADMINISTRATEUR

1844-1849

M. BELLAIGUE (Claude), ancien avoué à Paris, conseiller général de l'Yonne, député de ce département (arrondissement de Sens), était né à Moulins le 3 août 1787. Il était avocat à Sens lorsqu'il fut, le 5 juillet 1831, élu député avec 166 voix contre le baron Thénard, membre de l'Institut, qui n'obtint que 106 voix. Son caractère indépendant et d'une droiture connue lui attirait, dès le premier abord, l'amitié et l'estime. Ne prenant conseil que de sa conscience, il vota parfois contre le ministère, notamment contre l'ordre du jour Ganneron. Porté sur une liste supplémentaire comme signataire de la protestation (janvier 1832) des membres de l'opposition contre l'emploi, par les ministres, de la dénomination inconstitutionnelle de Roi de France et de sujets du Roi, il écrivit aux journaux pour déclarer qu'il n'adhérait pas à cette proposition. Il ne fut pas davantage parmi les députés signataires du compte rendu du 28 mai 1832, ni parmi ceux qui se récusèrent dans l'affaire de la *Tribune* (2).

Pour juger sa droiture et son indépendance, il suffit de lire le

-----

(1) Cf. VAPEREAU, *Dict. des contemporains ;* ROBERT, BOURLOTON, *Dict. des parlementaires français.*

(2) ROBERT, BOURLOTON, *Dict. des parlementaires français.*

mémoire qu'il publia (1) le 12 juin 1832 pour rendre compte à ses électeurs de la manière dont il avait rempli son mandat de député. Il y explique comment il a toujours demandé « justice pour tous et contre tous ». Il vota l'abrogation de toutes les lois de haine qui perpétuaient de cruels souvenirs. Il vota toutes celles proposées pour venir au secours de la classe souffrante. La discussion du budget prit toute son attention. « J'ai voté, écrit-il, de même pour la réduction des traitements élevés, pensant que nous devons en venir enfin à compter l'honneur pour un peu plus et l'argent pour un peu moins dans l'exercice de tous les emplois. Malgré mon inexpérience en matière de crédit public, j'ai cédé à l'impulsion d'une conviction profonde en demandant qu'une partie des fonds de la caisse d'amortissement fût employée aux besoins de l'Etat, plutôt que de contracter de nouvelles dettes envers les spéculateurs. »

Il se prononça, notamment, hautement à la Chambre contre la modicité de la somme affectée à l'enseignement primaire. « Chacun convient, écrit-il, qu'il faut au peuple une éducation qui le régénère ; qu'il ne suffit pas de lui apprendre à lire, écrire et compter ; qu'il est plus important encore de lui enseigner à user convenablement de ses droits et à remplir ses devoirs. » Il termine ainsi son Mémoire que l'on ne peut ici analyser en entier : « Mes chers concitoyens, j'ai obéi constamment à ma conscience, les intérêts du pays n'ont pas cessé un instant d'occuper toutes mes pensées ; mais j'ai pu me tromper. Si vous jugez mon opinion et ma conduite en opposition avec vos sentiments, dites-le franchement et changez de mandataire ; point de ménagement en politique : l'opinion du pays avant tout et par-dessus tout ! »

Avant d'accepter les fonctions d'administrateur de l'*Etoile*, M. Bellaigue était déjà un mutualiste convaincu ; tous ses votes et tous ses actes en font foi. Dès 1820, il fut un des fondateurs de l'*Association des anciens élèves de Ste-Barbe*, association destinée notamment à se secourir mutuellement et qui servit de modèle à toutes les sociétés similaires qui se créèrent par la suite. En 1820, il fut membre du premier comité de cette association à laquelle il fit plus tard un appel couronné de succès, pour sauver de la ruine le Collège Ste-Barbe, montrant ainsi les bienfaits qu'une entente mutuelle peut engendrer. C'était au lendemain de la révolution de juillet 1830 ; Ste-Barbe était à deux doigts de sa perte pour plusieurs motifs qu'il n'y a pas à exposer ici. Désespéré, le directeur fit part de sa douleur à M. Bellaigue, ancien élève de l'établissement. « Esprit ferme, écrit M. Quicherat (2), d'une sagesse accommodée de beaucoup de philosophie,

---

(1) Paris, imprimerie Crapelet.

(2) QUICHERAT, *Hist. de Ste-Barbe* ; Paris, Hachette, 1864.

et amoureux de l'ordre dans tous ses détails, M. Bellaigue était fait pour administrer. Etant sur les bancs de la rhétorique, il rendit au Collége de petits services de comptabilité. Lorsqu'il fut instruit de sa détresse, il exprima la résolution de le sauver. Ses journées étant consacrées tout entières à ses devoirs politiques, il prit sur son sommeil pour l'accomplissement du nouveau mandat que sa conscience lui imposait. Installé dès six heures du matin dans les bureaux de Ste-Barbe, il dressa le bilan de la situation. Les créanciers étaient nombreux et pressants. Comment les satisfaire? On était dans un moment de pénurie; l'argent ne se montrait nulle part. M. Bellaigue eut le bon sens de compter comme une ressource l'affection des anciens barbistes pour la maison. Il lui parut possible de former, avec les plus dévoués d'entre eux, une société dont l'intérêt serait de sauver Ste-Barbe en venant au secours de son digne chef. L'empressement avec lequel fut accueilli son projet prouva qu'il avait calculé juste; 58 membres de l'Association répondirent à l'appel de M. Bellaigue, jetèrent les bases d'une première société (8 novembre 1831) et nommèrent M. Bellaigue commissaire, à l'effet de s'acquitter d'une infinité de choses qu'il y avait à faire, avant que la Société pût se constituer définitivement. Au ministère de l'Instruction publique, envers lequel la maison était fort arriérée pour le payement de la rétribution universitaire, on obtint un délai qui eut la valeur d'une souscription. M. Bellaigue fut le solliciteur de cette grâce. Député opposant et rigide, il ne se serait porté dans aucun autre cas à une démarche de ce genre. Lorsqu'il exposa l'objet de sa demande à M. de Montalivet, son émotion fut si visible que le ministre lui dit, après l'avoir écouté : « Votre visage en dit encore plus que vos paroles. Je sens ce que vaut un établissement dont les malheurs touchent si vivement les hommes qu'il a formés. Rassurez-vous et rassurez vos amis. Ste-Barbe ne sera pas inquiétée par mon administration. »

Pour déjouer les calculs de certains créanciers intéressés, M. Bellaigue, d'accord avec deux de ses amis, prit en quelques heures la résolution hardie d'acheter le Collége au nom de tous leurs camarades. Les créanciers attaquèrent le contrat, mais ils durent abandonner leur instance après un jugement où le président Debelleyme déclara la vente « non seulement régulière, mais morale ». Morale était bien dit, car, en peu de temps, toutes les dettes de l'ancienne administration furent acquittées.

Ce simple aperçu dénote l'autorité dont jouissait M. Bellaigue dans le conseil d'administration de l'*Etoile.*

BENARD (G.-V.-J.)

ADMINISTRATEUR

1842-1843

M. Benard (Georges-Victor-Joseph), chevalier de la Légion

d'honneur, né en 1783, embrassa d'abord la carrière militaire. Retiré avec le grade de capitaine, il s'adonna entièrement à l'agriculture, à Écouen (Seine-et-Oise), et il exerçait cette profession lorsqu'il mourut le 13 août 1843, un an après sa nomination aux fonctions d'administrateur de l'*Etoile*.

BESSON (L.-E.)

ADMINISTRATEUR

Président du Conseil d'Administration

1834-1843

BESSON (Louis-Édouard), pair de France, président du conseil général de la Seine, grand-officier de la Légion d'honneur, né le 9 juin 1784, à Dijon, était fils de Claude-Louis Besson, caissier général aux Etats de Bourgogne, administrateur des Messageries, député de l'Ain au Corps législatif en 1807. Ancien élève de l'Ecole polytechnique, M. Louis-Édouard Besson entra fort jeune dans la vie publique. Auditeur, puis maître des requêtes au Conseil d'Etat, de l'an X jusqu'en 1809, il devint, le 13 avril 1812, sous l'administration de M. le comte Frochot, secrétaire général de la Préfecture de la Seine. Les événements de 1815 interrompirent sa carrière. Il succéda alors à son père comme administrateur des Messageries royales, puis ayant été, après la révolution de Juillet, nommé membre du conseil général de la Seine et du conseil municipal, il en devint le président. Le 11 octobre 1832, il fut élevé à la dignité de pair de France. Il était colonel de la garde nationale.

M. Besson figure au nombre des fondateurs de l'*Etoile*. Sa grande autorité fut un patronage puissant pour la Société naissante, dont il accepta de présider le conseil d'administration dès son origine. Il ne se retira que lorsqu'il fut dans l'impossibilité de venir aux réunions (1).

BONNOT

ADMINISTRATEUR

1836-1837

M. BONNOT, agriculteur, un des plus importants assurés de la Société, dès 1835, possédait une très forte exploitation à Bobigny (Seine), où il remplissait les fonctions de conseiller municipal. Il est le père de M. Bonnot, agriculteur à Fourches, près Moissy-Cramayel (Seine-et-Marne).

---

(1) Cf. VAPEREAU, *Dict. des contemporains ;* ROBERT, BOURLOTON, *Dict. des parlementaires français.*

BRUNEAU (I.)

ADMINISTRATEUR

1835-1843

M. Bruneau (Isidore), né le 13 juin 1793, issu d'une ancienne famille d'agriculteurs, passait lui-même pour un des agriculteurs les plus distingués de son époque. Il succéda à son père dans une exploitation importante que celui-ci possédait à Vilzier (Seine-et-Oise). Pendant de nombreuses années, il fut maire de la commune de St-Jean-de-Beauregard. M. Bruneau a été un des premiers adhérents de l'*Etoile*, car il faisait partie du conseil général des sociétaires dès 1835. Son fils fut notaire à Mitry-Mory.

CABARET-LAMBERT

ADMINISTRATEUR

1877-

Le nom de M. Cabaret apparaît à l'*Etoile* depuis 55 ans, au Conseil général des sociétaires, dont M. Cabaret père, comme par la suite M. Cabaret-Lambert, son fils, fut souvent appelé à faire partie, en mettant sous la garantie de la Société une moyenne de cinquante mille francs de récoltes assurées par an. M. Cabaret-Lambert, agriculteur à Tresneau, par Châteauneuf-en-Thimerais (Eure-et-Loir), vice-président du Syndicat des agriculteurs de l'arrondissement de Dreux, vice-président du Comité agricole de Dreux, chevalier du Mérite agricole, a vu ses efforts appréciés et reconnus par de nombreuses récompenses obtenues dans les différents Concours de l'arrondissement de Dreux. Vingt-cinq médailles or, vermeil et argent, dont plusieurs premiers prix, lui furent ainsi décernés pour les meilleurs troupeaux, pour la culture fourragère, pour la confection des meilleurs engrais et leur emploi judicieux, les béliers, etc.

En 1889, M. Cabaret remporta la prime d'honneur, avec objet d'art, au Concours de Châteauneuf, pour la meilleure exploitation. En 1894, 1895, 1896, 1897, un prix d'honneur et plusieurs médailles or, vermeil et argent lui furent attribués aux Concours des animaux gras à Châteauneuf. En 1897, il obtint le premier prix, médaille d'or, pour le plus beau bélier exposé au Concours. M. Cabaret-Lambert est un des fondateurs du Syndicat des agriculteurs de l'arrondissement de Dreux, dont il est vice-président. Depuis bientôt trente ans il est membre du Conseil d'administration de l'*Etoile*.

CAILLARD

ADMINISTRATEUR

1848-1850

M. Caillard, agriculteur, maître de poste à Beaugency, centre d'un marché très connu et suivi de la Beauce orléanaise et blaisoise, fut un des principaux assurés de la Société dès son origine, et on le voit figurer, en 1839, au nombre des indemnitaires, pour 9,980 francs, et, en 1846, comme membre du conseil général des sociétaires.

Avant l'établissement des chemins de fer, on sait l'influence qu'avaient les maîtres de poste de certaines localités importantes, grâce à leurs relations avec les nombreuses personnes qui avaient affaire à eux. Les Messageries Caillard avaient, par leur honorabilité et leur importance, acquis une notoriété particulière, dont le souvenir subsiste encore. M. Caillard, en rapports continuels avec les nombreux cultivateurs de la région, contribua activement à faire connaître l'*Etoile*. Aussi fut-il appelé, en 1848, à faire partie du conseil d'administration. L'établissement du chemin de fer de Paris à Bordeaux ayant mis fin à son entreprise, ou du moins en ayant considérablement restreint les opérations, il quitta Beaugency en 1850, et résigna alors son mandat pour accepter le poste de receveur particulier des finances à Pithiviers. En 1848, M. Caillard, commandant des gardes nationaux de Beaugency, se mit à leur tête pour venir à Paris au secours de la capitale. M. Caillard est le père du général Caillard et du vice-amiral Caillard, ancien chef d'état-major au ministère de la Marine, grand-officier de la Légion d'honneur, qui, après s'être vaillamment conduit en 1870, avoir été grièvement blessé au Bourget, s'être distingué dans la campagne de Chine sous l'amiral Courbet et avoir dirigé avec plein succès l'expédition de Mitylène, commande actuellement l'escadre du Nord.

CARTRY

ADMINISTRATEUR

1850-1858

M. Cartry, agriculteur au Perchay (Seine-et-Oise), est un des premiers adhérents de l'*Etoile* et sa signature apparaît à la réunion du conseil général de la Société dès 1836. En 1837, il figure parmi les plus importants indemnitaires.

CHERON

ADMINISTRATEUR

1844-1869

M. CHERON, agriculteur à Marines (Seine-et-Oise), entra au conseil en 1844 et exerça ses fonctions avec assiduité pendant 25 ans. Le nom de Cheron figure encore aujourd'hui parmi les assurés importants de l'*Etoile*.

CHARTIER (F.)

ADMINISTRATEUR

1837-1853

M. CHARTIER (François), agriculteur, arriva à Sevran (Seine-et-Oise) vers 1820. Il était fermier de l'ancienne ferme seigneuriale, appelée ferme de Sevran, qui appartenait alors à M. Pauquet et fut ensuite la propriété de M. Jeuffron, avocat. Lorsque le roi Louis-Philippe organisa la garde nationale, à son avènement, il lui donna le droit de nommer ses officiers. C'est ainsi que M. François Chartier fut élu commandant de la garde nationale de Sevran, fonction qu'il exerça de 1832 à 1840. On voit son nom, en 1838, au nombre des membres du jury de Seine-et-Oise. M. Chartier mourut à Sevran et eut pour successeur, dans sa culture, M. Nausot qui a été lui-même remplacé par M. Aubry.

CHATRIOT-WALLET

ADMINISTRATEUR

1867-

M. CHATRIOT (Victor-Louis), agriculteur, conseiller municipal depuis 1870, d'abord à St-Just jusqu'en 1888, puis à Gannes, nommé administrateur de l'*Etoile* en 1867, est le doyen par ancienneté de nomination du conseil d'administration, aux travaux duquel il a régulièrement pris part depuis bientôt 40 années.

Assuré depuis 1866, M. Chatriot a mis, pendant longtemps, sous la garantie de la Société, annuellement une moyenne de cinquante mille francs de récoltes. Son capital assuré s'est élevé, certaines années, à plus de cent vingt mille francs et, à plusieurs reprises, le chiffre de son contrat le mit au nombre des membres du Conseil général. La famille de M. Chatriot était du reste assurée à l'*Etoile* depuis une époque bien antérieure à 1866, puisque son cousin, M. Wallet, de St-Just, conseiller d'arrondissement, vice-président de la Société des agriculteurs de l'Oise, dont il sera ci-après parlé, était administrateur de l'*Etoile* depuis 1842. M. Chatriot-Wallet, qui a cultivé la ferme de Trémonvillers, précédemment dirigée par M. Wallet, a été nommé administrateur-délégué depuis 1899 et a rempli les fonctions de président à la réunion du conseil général des sociétaires de 1904.

Par lui et sa famille, il est attaché à la Société depuis 70 ans.

COCHIN (J.-D.-M.)

ADMINISTRATEUR

1834-1841

Cochin (Jean-Denys-Marie), avocat à la Cour de cassation, maire du 12e arrondissement de Paris, un des fondateurs et administrateurs du chemin de fer d'Orléans, conseiller municipal de Paris, conseiller général de la Seine, député, officier de la Légion d'honneur, etc., figure dans l'acte de fondation de l'*Etoile* dont il fut administrateur jusqu'à sa mort. Il appartenait, écrit le comte de Falloux (1), à une de ces races d'ancienne bourgeoisie qui ont formé comme la charpente intérieure de la vieille société française. Dans cette bourgeoisie patiente et fière, laborieuse et indépendante, les traditions de famille, l'honneur du nom, se conservaient intacts comme dans les plus illustres maisons. Dans la bourgeoisie parisienne, nul mieux que les Cochin ne garda ce caractère à la fois élevé et modeste. Les titres authentiques relatés dans l'*Histoire de la Ville de Paris*, par Félibien, mentionnent un Cochin, échevin de Paris sous saint Louis, en 1268. Charles Cochin figurait, en 1560, dans l'administration municipale de Paris ; son fils et son petit-fils possédaient la seigneurie de Massy, près Palaiseau. Dans le commerce, dans les arts, au barreau, dans la magistrature, les diverses branches de la famille Cochin obtinrent, à force de travail et de talent, la fortune et la considération. L'estime publique s'était particulièrement attachée à Claude-Denys Cochin et lorsqu'il mourut, à l'âge de quatre-vingt-huit ans, la lettre par laquelle on invitait à ses funérailles contenait les titres suivants : « Messire Claude-Denys Cochin, écuyer, doyen des anciens juges-consuls, doyen des anciens échevins de Paris, doyen des grands messagers jurés de l'Université, doyen des quarante porteurs de la châsse de Ste-Geneviève, doyen des commissaires des pauvres, doyen des marguilliers de la paroisse St-Benoit, etc. » Pour obtenir la

---

(1) *Aug. Cochin*, par le comte DE FALLOUX, de l'Académie française ; Paris, Perrin.

plupart de ces dignités, il fallait être d'origine parisienne et de réputation sans tache ; on comprend, dès lors, quels durent être les principes et les habitudes héréditaires au milieu desquels grandissaient les générations successives. C'était « cette justesse dans la vie, cette égalité dans les mœurs, cette mesure dans les passions », que Bossuet appelle « les riches et véritables ornements de la créature raisonnable ». Henry Cochin fut, durant la première moitié du xviii⁰ siècle, l'une des plus pures et des plus illustres renommées du barreau de Paris. Son panégyrique fut tracé de la main d'un confrère et l'approbation, nécessaire alors pour tout imprimé, fut conçue en des termes qui sortent du style usité en pareil cas : « C'est, y lit-on notamment, honorer le Barreau que de louer le plus grand Homme qu'il ait produit. » Citera-t-on encore Jean-Denys Cochin, né en 1726, prêtre à vingt-six ans, docteur en théologie, vicaire à St-Etienne-du-Mont, puis curé de St-Jacques-du-Haut-Pas, qui fonda l'hôpital désigné par son nom depuis 1788, et passa toute sa vie à soulager les malheureux ?

Jean-Denys-Marie Cochin naquit à Paris le 14 juillet 1789, de Jacques-Denys Cochin et d'Angélique-Suzanne de Matigny de la Boissière, fille d'un maître des eaux et forêts. Jacques-Denys Cochin fut maire du 12⁰ arrondissement de Paris sous la Restauration et signala son administration par plusieurs actes considérables. En 1818, il rétablit, dans l'église St-Etienne-du-Mont, les pierres tumulaires de Pascal et de Racine qui en avaient été arrachées pendant la Révolution : en 1822, il fit consacrer de nouveau l'église de Ste-Geneviève qui s'appelait encore le Panthéon. La Restauration le créa baron, mais ni lui ni son fils ne portèrent ce titre, répétant tous deux : « Mieux vaut être l'un des plus anciens parmi les bourgeois que l'un des plus récents parmi les nobles. » Dès que Jean-Denys-Marie Cochin fut parvenu à l'âge d'homme, il résolut d'être à la fois le digne fils de ses pères et le fils de ses œuvres. Un cabinet d'avocat à la Cour de cassation venant à vaquer en 1815, il l'acheta et lui donna promptement une grande valeur. Son beau-père, le comte Benoist, était directeur général et ministre d'Etat sous la Restauration ; son beau-frère, le comte Benoist-d'Azy, a été vice-président de l'Assemblée nationale. C'est en 1825 que Jean-Denys-Marie Cochin accepta la mairie du 12⁰ arrondissement de Paris, succédant à son père qui se retirait volontairement, malgré d'unanimes regrets. M. Cochin comprit toute l'étendue de sa mission et s'y dévoua entièrement.

Il contribua puissamment à l'établissement du chemin de fer d'Orléans dont la gare est dans ce même arrondissement, fut rapporteur de cette affaire si discutée alors au conseil municipal de Paris et devint administrateur de ce chemin de fer, l'un des premiers établis à Paris. A cette époque aussi, on commençait à s'occuper des salles d'asile, dont les modèles nous vinrent d'Angleterre. M. Cochin partit pour ce pays afin d'en bien étudier tous les éléments, et, lorsqu'il fut parvenu à en doter le 12e arrondissement, il fit pendant un an, en personne, la classe aux petits enfants, pour bien assurer le succès de cette précieuse importation. Puis il publia un *Manuel des salles d'asile* qui sert encore aujourd'hui de guide et d'autorité.

Plus tard, il prêtait son ardent concours à MM. Debelleyme, de Caraman, de Choiseul, de La Rochefoucauld-Doudeauville, Pasquier, Barbé-Marbois, Greffülhe, pour l'extinction de la mendicité. Dans un lumineux rapport, M. Cochin définissait les différentes classes de mendiants que l'on confond trop aisément avec les infirmes et les pauvres. Il établissait des moyens permanents de les classer, de manière à les diriger, suivant les cas, vers la prison, vers l'hospice, vers le secours, vers l'atelier ou vers leur domicile. Demander au gouvernement l'aide de son autorité et, s'il le faut, de sa force ; aux particuliers, l'inépuisable concours de la charité : modifier la législation, provoquer la bienfaisance, effrayer le vice, soutenir la vraie indigence : telles étaient les mesures, ou plutôt les armes, avec lesquelles l'habile rapporteur proposait de détruire la mendicité. Le projet de Jean-Denys-Marie Cochin fut agréé. L'ancien couvent des Cordeliers, rue de Lorraine, fut disposé pour recevoir des ateliers, des lits, etc... Les réfugiés y étaient employés à différents travaux. De 1826 à 1830, leur nombre varia de 150 à 300. Cochin détermina, en 1830, l'administration départementale à acheter cette maison pour continuer cet établissement de refuge et de travail qui, ultérieurement, fut transformé en hôpital spécial de femmes.

Ces mesures devaient, pour produire un effet général en France, être combinées avec les développements de l'instruction élémentaire, l'établissement de colonies agricoles, la réforme pénitentiaire et l'extinction de secours à domicile.

J.-D.-M. Cochin fonda une maison complète d'instruction primaire, « *la Maison Cochin* », comme on l'appela en vertu de l'ordonnance royale du 22 mars 1831 et qui comprenait des classes enfantines, des classes d'instruction primaire supérieure, des classes d'adultes, etc. Cette maison complète, devenue plus tard la propriété de la Ville de Paris, servit de modèle à un certain nombre d'écoles fondées vers cette époque.

Il s'intéressa également à la création de la Caisse d'épargne de Paris et favorisa le but qu'elle poursuivait.

Une grande médaille lui fut décernée pour son dévouement lors de la première invasion du choléra à Paris. Il était alors secrétaire du Conseil municipal et membre de la commission municipale chargée d'organiser les hôpitaux temporaires. Réélu sans interruption jusqu'à sa mort aux Conseils général et municipal de Paris, M. Cochin rendait là sans relâche le genre

de services qu'il préférait, les services inconnus. En 1835, malgré
des refus réitérés, son arrondissement le nomma député, et ce
mandat aussi ne lui fut retiré que par la mort ; on put toujours
lui appliquer ces belles paroles prononcées par le comte Molé à
l'Académie française : « C'est une source abondante d'inspiration
que l'honnêteté du cœur, que le désintéressement de la vie... On
ne sait pas tout ce qu'une âme scrupuleuse peut apporter d'autorité et de lumière à un esprit supérieur ». Mais sa carrière politique ne fut pas de longue durée : il fut enlevé à cinquante-deux
ans par une rapide et violente maladie. Au cimetière Montpar-
nasse, M. Benjamin Delessert, au nom de la Chambre des députés ; M. Batelles, au nom des hospices ; M. Chopin, au nom des
avocats ; un jeune ouvrier, au nom de ses camarades, pronon-
cèrent l'éloge funèbre, et la foule « y joignit l'hommage de ses
larmes (1) ».

COCHIN (Denys)

ADMINISTRATEUR

1849-1856

En parlant de l'administrateur de l'*Etoile* Jean-Denys-Marie
Cochin, M. le comte de Falloux écrivait qu'il mourut à cinquante-
deux ans, « laissant avec douleur l'éducation de ses fils inache-
vée et ses œuvres interrompues ». Si J.-D.-M. Cochin eût pu voir
ses fils, il eût constaté combien ils eurent à cœur de marcher
sur les traces paternelles et de suivre la tradition de la famille
qui est de se dévouer à la gestion gratuite des intérêts publics.
Un volume ne suffirait pas pour énumérer toutes les fondations
utiles et bienfaisantes des Cochin. J.-D.-M. Cochin laissa deux
fils, Denys et Augustin. Denys, qui était l'aîné, trop jeune pour
lui succéder immédiatement, ne tarda pas, cependant, par le
chiffre de ses assurances, à être appelé à faire partie du conseil
général des sociétaires qui le porta au conseil d'administration
de l'*Etoile* où son père avait laissé de si durables souvenirs.
Comme son père, Denys Cochin, dans son exploitation du Cou-
dray-Montceaux (Seine-et-Oise), continua à répandre les bienfaits
autour de lui et à patronner la Société l'*Etoile* dont son père
avait été un des fermes soutiens. Dans les premières années de
la Société, on voit, en effet, constamment, en parcourant la correspondance, que ses représentants se réclamaient de la recommandation de la famille Cochin en allant, de sa part, tantôt solliciter des cultivateurs, tantôt recruter des agents. Le second

(1) Cf. *Cochin*, par le comte DE FALLOUX, et ROBERT, BOURLOTON,
Dict. des parlementaires français.

fils de J.-D.-M. Cochin vint, par son existence entièrement consacrée au bien public, donner un nouveau lustre à son nom. A 19 ans, il fonda la Société de secours mutuels du faubourg St-Jacques dont il resta président jusqu'à sa mort. Maire du Xe arrondissement, membre de l'Institut, administrateur du chemin de fer d'Orléans, administrateur de la Compagnie des glaces de St-Gobain, administrateur, puis directeur de la Caisse d'épargne de Paris, préfet de Versailles, etc... M. Augustin Cochin défendit, par la plume et par la parole, les intérêts des ouvriers français et étudia les problèmes sociaux avec un dévouement sans égal. Créateur de la Société coopérative de Chauny, groupant les économies et les efforts de ses membres, il favorisa la fondation des caisses d'épargne, des cercles, des logements, des écoles à bon marché, la pratique des assurances dont il alla faire une étude approfondie à l'étranger; il établit enfin la Société de secours mutuels des employés de la Compagnie d'Orléans pour assurer à ses adhérents une retraite convenable. La reconnaissance de ceux-ci se manifesta à la mort de M. Cochin par une adresse de regrets revêtue de plus de quatre mille signatures. On ne peut s'étendre davantage ici sur toutes les œuvres des Cochin, et il suffit de les signaler et de rappeler l'appui qu'ils accordèrent à l'*Etoile* pour montrer combien la Société était honorée de compter parmi ses fondateurs et administrateurs successifs des membres de cette belle famille, toujours dévouée à l'intérêt général et fidèle à sa devise : *Requiescite, vigilo* (Reposez-vous, je veille !) (1).

CORBIE (J.-P.-H.)

ADMINISTRATEUR

1837-1838

M. Corbie (Jean-Pierre-Henri), fils de Antonin-Marie Corbie et de Thérèse-Cécile Taupin, nièce du général baron Taupin, tué à Toulouse en 1814, appartenait à une famille ancienne et bien connue dans l'agriculture de l'Oise et dans toute la province de l'Ile-de-France. Il était agriculteur à la Borde, commune de Raray (Oise), où il continuait l'exploitation de son père, et où, dès 1459, un de ses ancêtres, Jehan de Corbie, avait pris, à bail, une ferme pour 99 ans. Il donna, à plusieurs membres de sa famille, l'exemple de s'assurer à l'*Etoile*. Lui-même accepta de remplir les fonctions de censeur en 1837. En 1843, on trouve, comme membre du Conseil général des sociétaires, un de ses

---

(1) Voir sur *les Cochin*, *Etude* par Léon Roux, Paris, Gervais, 1881 ; *Etude* par Léon Lefebvre, *Revue des Deux Mondes*, 15 janvier 1903.

frères, M. Étienne-Alexandre Corbie, de la ferme de Fay, commune de Saintines, dont la descendance continue l'exploitation comme celle de la Borde.

MM. Jean-Pierre-Henri et Étienne-Alexandre Corbie, administrateur et membre du Conseil général de l'*Étoile*, sont les grands-oncles de Mme Carnot, femme de l'ancien Président de la République.

COTTIER (A.)

ADMINISTRATEUR
1834-1843

COTTIER (Adolphe-Pierre-François), régent de la Banque de France, un des directeurs-fondateurs de la Caisse d'épargne et de prévoyance de Paris, administrateur de la Compagnie Royale d'assurances contre l'incendie (*La Nationale*), conseiller général de la Seine, officier de la Légion d'honneur, figure au nombre des fondateurs de la Société l'*Étoile* dont il fut administrateur jusqu'à sa mort survenue en 1843.

Cottier était bourgeois de Rougemont, canton de Vaud, et fils de François-Abraham Cottier et de Louise-Marguerite Marcuard, remariée en deuxièmes noces à Daniel-Henri Scherer.

Cottier est, avec Dominique André, 46, rue des Petites-Écuries, à Paris, le fondateur de l'honorable maison de banque André-Cottier qui existe toujours sous le nom de « de Neuflize ». Le 22 mai 1818, il était au nombre de ceux qui signaient, avec Benjamin Delessert, l'acte constitutif de cette magnifique création : « La Caisse d'épargne et de prévoyance à Paris », œuvre nouvelle qui, à juste titre, a été qualifiée « d'acte de bienfaisance, d'institution morale et patriotique, d'institution d'une saine et vaste politique », et destinée alors, comme elle l'est encore, à recevoir en dépôt les petites sommes qui lui seraient confiées par les cultivateurs, ouvriers, artisans et autres personnes économes et industrieuses.

Cottier, avec les autres fondateurs, s'engageait non seulement à l'administrer gratuitement, mais encore à la doter d'un titre de rente. Successivement vice-secrétaire du conseil en 1818, secrétaire de 1829 à 1842, il en fut élu vice-président en 1843, année de sa mort.

Un homme comme Cottier ne pouvait rester indifférent aux principes féconds de la mutualité et c'est sans étonnement qu'on le voit s'associer à la fondation d'une société comme l'*Étoile*, la patronner de sa haute autorité et prêter son concours élevé à son administration.

Élu régent de la Banque de France le 28 janvier 1819, il remplit ces fonctions pendant un quart de siècle ; il rendit à la Banque de nombreux services, et l'on put écrire de lui avec vérité,

« qu'il fut un habile et sage administrateur, d'un **savoir** étendu et varié, d'un jugement rapide et d'un caractère bienveillant et ferme ».

COURTOIS

ADMINISTRATEUR

1844-1864

M. Courtois, agriculteur à la ferme d'Ouvans, commune de Sougy, conseiller municipal puis adjoint en ladite commune, conseiller général du canton d'Artenay depuis 1852, fut pendant vingt années un des administrateurs les plus assidus de la Société. Il ne cessa ses fonctions que lorsqu'il quitta la culture pour se retirer complètement des affaires et résider à Orléans.

COUTELLIER

ADMINISTRATEUR

1858-1872

M. Coutellier, agriculteur important à Avrechy (Oise), a constamment fait partie du conseil général de la Société, en même temps qu'il faisait partie du conseil d'administration. Il figure parmi les plus gros indemnitaires de 1868.

DARBLAY

ADMINISTRATEUR

1841-1844

Le nom si honorable des Darblay se rencontre un des premiers sur les registres de l'*Etoile*, qui s'honore d'avoir été patronnée, dès son origine, par une famille si connue et si appréciée dans le Loiret et dans Seine-et-Oise depuis 1615. M. Darblay (Jacques-Parfait-Eustache), né le 2 avril 1787, à Chevilly (Loiret), a été nommé administrateur en 1841 et en a exercé les fonctions avec dévouement jusqu'à sa mort survenue le 14 juillet 1844. Manifestant sa confiance en la Société naissante, il s'y était assuré, avant même qu'elle ne fût en activité, sur le vu seul des projets de statuts, et avant leur autorisation. Dans cet intervalle, M. Darblay fut victime d'un sinistre et, en cette circonstance, il montra « autant de bonne grâce que le directeur de la Société manifesta de désintéressement (1) » et il « conserva à la Société de l'*Etoile* ce zèle et cette activité qui font le succès de toutes les entreprises ». M. Darblay était maître de la poste aux chevaux de

(1) Correspondance des 14 et 19 octobre 1831.

Chevilly à Orléans, maire de Chevilly, conseiller général du Loiret. Ses deux fils, Jacques-Paul et Jules, furent également maîtres de la poste (1) aux chevaux de Chevilly à Orléans, et maires de Chevilly. Le second fut, en outre, conseiller général du Loiret, président du comice agricole et chevalier de la Légion d'honneur. Auguste-Rodolphe Darblay, maître de la poste de la Croix-de-Berny, et Aimé-Stanislas Darblay, maître de la poste d'Etrechy, furent des agronomes et des commerçants en grains distingués. Le premier fut un des premiers membres de la Société nationale d'agriculture, député de Corbeil, officier de la Légion d'honneur ; le second, député également de Seine-et-Oise, obtint la grande médaille d'or à l'Exposition de Londres, en 1851, pour les importantes améliorations apportées par lui dans la fabrication des farines françaises. Il fut censeur de la Banque de France, un des fondateurs du Crédit foncier de France, membre de la Chambre de commerce de Paris, président du comice agricole de Seine-et-Oise, commandeur de la Légion d'honneur. Laissant de côté la notoriété acquise, en outre, par les Darblay avec leurs considérables établissements de papeterie, on voit quelle situation honorable et ancienne ils occupaient dans le pays, l'influence énorme qu'ils exercèrent sur la meunerie et le commerce des

---

(1) Ces fonctions de maîtres de poste semblent avoir été spéciales à la famille Darblay, dans leur pays. Si, en effet, on jette les yeux sur leur généalogie dressée en 1892 par M. A.-H. DARBLAY (travail considérable qui, outre le répertoire et le supplément, comporte un tableau imprimé de douze mètres carrés de papier Darblay), on relève, à Étampes, Rodolphe Darblay, M° hostellier et M^d de chevaux (1613) ; Nicolas Darblay, M^d de chevaux (1663) ; Jacques Darblay, maître hostellier au Duc de Bourgogne (1668) ; André Darblay, M° hostellier (1671) ; Pierre Darblay, M° hostellier (1680) ; Rodolphe Darblay, M° hostellier aux Trois Marchands (1690) ; François Darblay, M° hostellier au Duc de Bourgogne (1692) ; André Darblay, M° voiturier (1696) ; Pierre Darblay, M° hostellier à l'enseigne du Bras d'or et à l'Ecu (1702) ; Jacques Darblay, M° hostellier au Lyon d'argent (1727) ; Claude-Gabriel Darblay, M° hostellier aux Trois Marchands (1733) ; Pierre-François Darblay, M° hostellier au Coq (1733) ; Jacques Darblay, M° hostellier au Duc de Bourgogne (1737) ; François Darblay, M° voiturier par terre (1745) ; Pierre-Claude Darblay, M^d de chevaux (1734) ; Simon-Rodolphe Darblay, M° hostellier à l'enseigne du Dauphin, maître farinier aux moulins de Vaux et de Chagrenon, M° de la poste aux chevaux d'Etrechy (1760) ; Rodolphe-Auguste Darblay M° hôtelier (1767) ; Pierre-François Darblay, M° de la poste royale à Villejuif (1757) ; Antoine-Rémy Darblay, échanson de la reine Marie-Antoinette, officier de la reine (1758) ; Jacques-Parfait Darblay, maître de la poste aux chevaux de Chevilly, maire de Chevilly et Cercottes (1761) ; Auguste-Rodolphe Darblay, M° de la poste de la Croix-de-Berny (1784) ; Aimé-Stanislas Darblay, M° de la poste d'Etrechy (1794). Toutes les dates ci-dessus sont les dates de naissance. Les Darblay remplissaient, en outre, des charges de bourgeoisie.

grains et farines, et de quel poids était le patronage de leur nom
pour l'*Etoile* à ses débuts (1).

DELACOUR (N.)

ADMINISTRATEUR

1836-1854

A ses débuts, l'*Etoile* trouva pour se faire connaître dans le
Vexin un appui sérieux dans la famille Delacour qui, établie
dans le pays depuis le xvie siècle (2), y jouissait, comme elle y
jouit de nos jours, d'une grande influence.

M. Nicolas DELACOUR, agriculteur, conseiller d'arrondissement,
maire de Gouzangrez (Seine-et-Oise), chevalier de la Légion
d'honneur, né à Vallangoujard le 15 août 1792, était fils de Nicolas Delacour et petit-fils de Antoine De La Cour de Vallangoujard, tous trois agriculteurs de père en fils à Vallangoujard et à
Hardeville, propriété de famille. Il s'était installé le 15 septembre 1817 à la ferme de Gouzangrez comportant alors 250 hectares. Depuis cette époque, cette importante exploitation a été
continuée sans interruption et successivement augmentée et
perfectionnée tant par lui que par ses descendants dont il sera
parlé plus loin.

M. Nicolas Delacour était un des cultivateurs les plus habiles
de son temps. Homme de progrès, il était souvent consulté et
très écouté. En reconnaissance du patronage qu'il avait accordé
à l'*Etoile*, et de l'exemple qu'il avait donné dans la contrée en
n'hésitant pas à s'assurer à la société naissante, il fut, dès 1836,

---

(1) Voir sur *Darblay :* la généalogie dressée par M. A.-H. DARBLAY ;
le *Dict. d'agriculture* de SAGNIER ; le *Dict. des contemporains* de
VAPEREAU ; le *Dict. biographique de Seine-et-Oise*, 1893.

(2) Sa généalogie, déposée au rang des minutes de M° Macaigne, notaire
à Pontoise, commence la filiation, ininterrompue depuis, au septième
aïeul de M. Nicolas Delacour, noble homme Martin de La Court, homme
d'armes d'une compagnie d'ordonnance du roi Charles IX en 1563.
Parmi les membres de cette famille, attachée de père en fils à son pays
et à l'agriculture, on remarque encore Anceau de La Court, de Vaux-sur-
Meulan, fils de Martin précité, homme d'armes de la compagnie d'ordonnance de Henri IV en 1603 ; Charles De La Cour, l'un des chevau-
légers de la compagnie au maréchal de Châtillon, capitaine au régiment,
colonel en 1611 (petit-fils de Martin précité) ; noble homme Antoine De
La Cour, lieutenant de la justice de Mafflé, 1688 (cinquième aïeul de
M. Nicolas Delacour) ; Pierre De La Cour de Livilliers, conseiller du
Roi, greffier en chef de l'élection de Pontoise (quatrième aïeul de
M. Nicolas Delacour) ; Robert De La Cour son fils, prêtre, docteur en
théologie, droit canon et civil de la Faculté de Paris, avocat en la cour

appelé à faire partie du Conseil d'administration où il siégea pendant dix-huit années. Telle était la confiance légitime que M. Delacour inspirait, l'estime et l'autorité dont il jouissait, qu'il se vit pendant trente-six ans consécutifs renouveler son mandat de conseiller d'arrondissement du canton de Marines et qu'il demeura maire de Gouzangrez pendant plus d'un demi-siècle, exactement cinquante-deux ans.

DELACOUR (A.)

ADMINISTRATEUR

1864-1884

M. Alexandre Delacour, agriculteur, conseiller d'arrondissement, conseiller général du canton de Marines, né à Gouzangrez le 8 décembre 1829, était le troisième fils de M. Nicolas Delacour. Il prit en main, dès 1843, la direction de la ferme de Gouzangrez dont la surface avait été portée à 300 hectares. A l'exemple de son père, il continua la culture de progrès, et, après plusieurs années, d'extensive il la rendit intensive. Une distillerie de betteraves fut annexée en 1865 à la ferme qui comportait en outre un nombreux cheptel de bœufs, vaches et moutons. En 1871, M. Delacour obtint pour la bonne tenue de sa ferme et ses belles cultures la *prime d'honneur* du comice agricole du département de Seine-et-Oise. Cette juste récompense était le couronnement mérité d'une carrière utile et honorablement remplie et bientôt après, après avoir fait trente récoltes, M. Delacour cédait la direction de son importante exploitation à son fils.

---

du Parlement de Paris, prieur, curé primitif de Notre-Dame-de-la Riche de Tours, seigneur du fief de Saint-Médard et autres lieux, curé de Livilliers, curé de l'église Notre-Dame de Maudétour, doyenné de Magny, « qui gouverna avec édification ». Nicolas-Pierre-Antoine De La Cour, député au tiers État, petit-neveu du précédent; Jean De La Cour, frère de Robert ci-dessus, conseiller du Roi, greffier en chef de l'élection de Pontoise et notaire royal; Jean Philippe De La Cour, son fils, prieur de Saint-Nicolas, chanoine de Saint-Melon et principal du collège royal de Pontoise; Jean-Antoine De La Cour, son frère, seigneur des fiefs des Petites Vins, des Cretons, et de Villardeau, avocat au Parlement, bailli de Vallangoujard, procureur fiscal de la prévôté de Neuilly-sous-Marines, greffier en chef de l'élection de Pontoise, notaire royal, etc., etc. Les alliances honorables contractées avec les principales familles du pays depuis le XVIe siècle, et qu'il serait trop long d'énumérer ici, venaient accroître l'influence des Delacour, dont la devise est « Honneur y gist » au dessous de trois cœurs d'argent sur champ d'azur.

Comme son père dont il continuait les traditions, M. A. Delacour était entouré de la considération et de l'estime générales. Il remplit avec le même zèle, la même intelligence et la même autorité le mandat de conseiller d'arrondissement et celui de conseiller général qu'une cruelle et dure maladie le força de résigner prématurément, après avoir exercé le premier pendant six ans, le second pendant dix ans. Entré au Conseil d'administration de l'*Étoile* en 1864, M. Delacour qui, les années précécentes, faisait déjà partie du Conseil général des sociétaires, exerça les fonctions d'administrateur pendant vingt ans, laissant un durable souvenir à tous ceux qui l'ont connu.

C'est lui qui le 17 décembre 1879 fut appelé à présider l'assemblée extraordinaire des sociétaires de l'*Étoile* qui vota la prorogation de la Société et sa reconstitution, en conformité de la loi du 24 juillet 1867 et du décret du 22 janvier 1868.

DELACOUR (E.)

ADMINISTRATEUR

Président du Conseil d'administration

1877-

M. Edmond DELACOUR, agriculteur, conseiller général du canton de Marines, maire de Gouzangrez, chevalier de la Légion d'honneur, officier du Mérite agricole, est le second fils de M. Alexandre Delacour. Il fut mis le 1er juin 1876 à la tête de la ferme de Gouzangrez dont l'étendue avait été portée alors à 320 hectares, étendue qu'il porta successivement à 400 hectares. Il y continua la culture intensive et fit subir de grandes transformations à son exploitation. Il agrandit la distillerie, et au lieu de 18.000 kil. de betteraves que l'on écrasait en 24 heures, on en travaille maintenant 50.000 dans le même laps de temps. Les emplois d'engrais chimiques ont été étendus, les rendements culturaux ont été augmentés ; c'est ainsi qu'à la ferme de Gouzangrez l'on a pu soutenir et traverser les mauvaises années de crises agricoles. L'engraissement des animaux ne donnant plus de bénéfice, M. Delacour s'adonna à l'élevage du mouton et commença, en 1885, la création et la formation de son troupeau de Dishley-Mérinos. Mais ce n'est qu'en 1894, sur les conseils de ses amis, qu'il commença à le faire connaître et à l'exposer dans les concours régionaux. Depuis cette époque, ce magnifique troupeau a toujours été classé au premier rang, et M. Delacour a obtenu plus de *cent* prix dont trois prix de championnat, cinq objets d'art, trente et un premiers prix, vingt-six seconds prix, vingt-sept troisièmes, quatrièmes et cinquièmes prix. A Evreux, Angers, Rennes, Mézières-Charleville, Amiens et Paris, M. Delacour remporta les premiers prix. A Rennes, à Mézières-Charleville, à Amiens, il remporta en outre des prix d'ensemble (objets d'art), etc.

En 1891, M. Delacour remporta, pour la bonne tenue de sa ferme et de ses cultures, *la médaille d'or* et un objet d'art spécial du Ministère de l'Agriculture, plus la médaille d'or, également prix spécial pour la comptabilité.

A l'Exposition universelle de 1900, classe 41, laines, M. Delacour se vit décerner *une médaille d'or.*

A la même Exposition universelle de 1900, concours de Vincennes, M. Delacour se vit attribuer trois médailles d'or pour trois premiers prix, et la *grande médaille d'or* du prix de championnat.

En dernier lieu, en 1904, M. Delacour remportait encore au concours de Paris et de Nancy les prix de championnat.

Aussi, dès le 14 novembre 1887, la croix de chevalier du Mérite agricole, transformée le 13 juillet 1892 en rosette d'officier, et enfin le 11 décembre 1900 la croix de chevalier de la Légion d'honneur, venaient s'ajouter aux récompenses de M. Delacour et consacrer l'importance de ses travaux agricoles.

Des félicitations unanimes accueillirent la nomination de M. Delacour comme membre de la Légion d'honneur, et ce fut l'occasion d'une véritable fête de famille dans ce pays. Le 21 mars 1901, en effet, M. Delacour offrait à Gouzangrez un banquet de cent couverts aux ouvriers de sa ferme. Au centre de la table était M. Dubray, président honoraire de la Meunerie française, conseiller d'arrondissement, président du Tribunal de Commerce, délégué par la Grande Chancellerie pour remettre à M. Delacour les insignes de légionnaire. A sa droite et à sa gauche se trouvaient M. et Mme Delacour, leurs proches parents, leurs plus proches voisins, et tous les employés de la ferme dont deux venaient d'obtenir le ruban tricolore pour quarante-cinq ans de services dans cette même maison, M. Regnault, directeur honoraire de l'Étoile, etc.

A la fin du dîner, M. Dubray se leva, ainsi que tous les assistants et retraçant en quelques paroles émues les succès agricoles de M. Delacour, il lui remit les insignes de l'Ordre et lui donna l'accolade traditionnelle au milieu des applaudissements ; puis M. Pichard, commis de la ferme, offrit en termes excellents à M. Delacour une très jolie croix, produit d'une souscription faite parmi le personnel de la ferme. M. Bonnefille, sénateur et enfant du canton de Marines, reconnaissant autour de la table de vieux serviteurs attachés à la ferme depuis un demi-siècle heureux de se voir groupés autour du chef de cette grande entreprise agricole, montra combien excellents étaient les rapports entre le patron et ses ouvriers. M. Cornudet, député de la 1re circonscription de Pontoise, leva son verre en l'honneur de ces collaborateurs associés aux efforts et aux succès de M. Delacour, de tous ces soldats décorés en la personne de leur chef et qui après avoir été à la peine étaient maintenant à l'honneur.

Une photographie représentant la cour de la ferme et le superbe troupeau de moutons de M. Delacour marquait la place des convives, heureux d'emporter ce souvenir d'une réunion que l'on peut qualifier de véritable fête de famille.

En 1903, M. Delacour envoya son fils, M. Fernand Delacour, pour mener jusqu'à destination un troupeau de Dishley-Mérinos, acheté par une généreuse donatrice, afin de reconstituer les bergeries des fermiers de l'Orange et du Transwaal. M. Fernand Delacour était accompagné de M. Dubray et de M. Huchard, fils du membre de l'Académie de médecine. Les trois Français reçurent là-bas l'accueil le plus empressé et l'hospitalité la plus cordiale. La répartition du troupeau entre les agriculteurs boërs leur fournit l'occasion de visiter plusieurs fermes , entre autres celles des généraux Christian, de Wett et Botha, d'entrer en contact avec la population rurale et de se rendre compte des ruines accumulées par la guerre. Le journal l'*Illustration* du 24 février 1904 publia une vue représentant la réception de M. Fernand Delacour chez le général de Wett qui, au milieu des ruines de sa ferme, ne put offrir aux trois visiteurs que deux couchettes, et une vue représentant M. Fernand Delacour montrant au général de Wett le mécanisme d'une tondeuse perfectionnée. Un ouvrage intitulé : *Autour de l'Afrique par le Transwaal* (1) raconte le voyage particulièrement intéressant de M. Fernand Delacour et de ses compagnons et leur entrevue avec le général Botha auquel il remit cinquante moutons à Prétoria.

M. Delacour reçut à ce sujet du général Botha la lettre suivante :

Monsieur Delacour.

Gouzangrez

Prétoria, le 4 mai 1903

« Monsieur,

« Au nom du peuple boër, j'ai l'honneur de vous envoyer mes remerciements pour le précieux cadeau que vous avez bien voulu nous envoyer.

« Le bélier est arrivé ici dans un parfait état et est mis sous les soins de Boërs, qui, par leurs bons traitements envers cet animal, sauront garder un éternel souvenir de l'amitié du peuple français pour les Boërs et qui pendant les temps de détresse ont toujours été nos amis.

---

(1) Par Robert HUCHARD, Paris, Perrin, 1904.

« Soyez assuré de notre profonde reconnaissance et recevez
encore nos remerciements sincères et affectueux au nom du
peuple boër.

« J'ai l'honneur d'être, Monsieur,
votre reconnaissant serviteur

Louis Botha,

« Ex-commandant général de la république sud-africaine. »

M. Delacour, *nommé membre du Conseil d'administration de
l'Etoile en 1877, en a été élu président depuis 1890.*

DELACOUR (A.)

ADMINISTRATEUR

1878-1894

M. Albert Delacour est fils de M. Antoine-Denis Delacour, agriculteur à Hardeville, et petit-fils de M. Nicolas Delacour, premier administrateur de *l'Étoile*. Maire de Serans (Oise), de 1870
à 1893, époque à laquelle son fils qui suit, lui succéda à la mairie,
ancien administrateur, pendant vingt ans, du Chemin de fer de
Magny à Chars, exploité aujourd'hui par la Compagnie de l'Ouest,
M. Delacour cultiva tout d'abord la ferme de Serans, venant de sa
grand'mère, et qui comportait 103 hectares. En 1869, M. Albert
Delacour acheta la ferme du château de Serans comprenant
140 hectares, puis en 1885 la ferme de Châtillon s'élevant à
150 hectares, si bien qu'avec d'autres acquisitions successives,
il réunit un ensemble de plus de 450 hectares de culture, dont
l'exploitation est depuis 1893 sous la direction de son fils, M. Raoul
Delacour.

M. Albert Delacour commença à cultiver, par an, de 20 à
30 hectares de betteraves qui trouvaient leur débouché à la
sucrerie de Magny. Il avait établi son domicile dans ce qui subsiste de l'ancien château de Sérans, dont la grandeur est attestée
par les bâtiments encore existants et qui entourent l'ancienne cour
d'honneur d'une étendue d'un hectare. M. Albert Delacour, malgré les perfectionnements et les accroissements successifs de sa
culture, n'a jamais pris part à aucun concours. Nommé administrateur de *l'Étoile* en 1878, il en exerça les fonctions jusqu'en
1894, époque à laquelle il démissionna en faveur de M. Raoul Delacour, son successeur dans sa culture.

DELACOUR (R.)

ADMINISTRATEUR

1894-

M. Raoul Delacour, agriculteur, maire de Serans après la
démission de son père, M. Albert Delacour qui précède, fut

nommé sur la présentation et en remplacement de celui-ci, administrateur de l'*Etoile*. Continuant les traditions et la culture de son père, M. Raoul Delacour, qui occupe à Serans une belle habitation récemment construite à côté de la ferme de Châtillon, exploite les trois fermes ci-dessus indiquées, dont l'étendue dépasse ensemble 450 hectares, et qui comportent ensemble 1500 moutons, une quarantaine de bœufs de culture, une trentaine de chevaux, environ 75 vaches et 60 élèves en moyenne, etc. Il a depuis quelques années augmenté sa culture de la betterave en la portant à 100 hectares. Un silo contenant 1500 mètres cubes, et dans lequel on ensile les fourrages verts, vient d'être construit et donne les meilleurs résultats. Une machine à vapeur de 35 chevaux transmet par des fils, dans les trois fermes, la force électrique nécessaire au battage des récoltes, à la manutention, au nettoyage des grains, coupage, nettoyage des betteraves, etc. L'éclairage électrique est installé dans les trois fermes, les vacheries, étables, etc. A sa culture principale, M. Raoul Delacour joint celle des champignons qui occupe à elle seule quatre hommes et un cheval dans les anciennes carrières de Serans. Pour cette culture spéciale, M. Raoul Delacour fait venir chaque année, de Paris, plus de cent wagons de fumier de cheval, fumier qui est employé ensuite sur les terres. La production de champignons s'élève annuellement de 18 à 20.000 kilos, expédiés sur Paris. M. Raoul Delacour, qui n'a encore pris part à aucun concours, n'en perfectionne pas moins chaque année son exploitation de la manière la plus intéressante, continuant à marcher dans la voie du progrès que lui ont tracée ses ancêtres.

DEMEUFVE (C.-T.-F.)

ADMINISTRATEUR

Président du Conseil d'Administration

1844-1873

M. DEMEUFVE (Charles-Toussaint-Frédéric), agriculteur, député de l'Aube, maire de Nogent-sur-Seine, vice-président de la Compagnie d'assurances contre l'incendie *La Paternelle*, administrateur du chemin de fer de Montereau à Troyes, chevalier de la Légion d'honneur, né à Barbuise (Aube) le 14 juillet 1791, compte au premier rang des administrateurs les plus dévoués, les plus aimés et les plus remarquables de la Société l'*Etoile*. Après avoir terminé son droit à Paris en 1812, il fut nommé juge-auditeur à Provins en 1813, fonctions qu'il dut cesser en 1820. Après les journées de Juillet 1830, il fut nommé maire de Nogent-sur-Seine, puis conseiller à la cour royale. Le 5 juillet 1831, le

3ᵉ corps électoral de l'Aube (Nogent-sur-Seine) l'envoya siéger à
la Chambre des députés par 107 voix sur 147 votants, contre
38 voix à M. Dupreuil. Il fut réélu le 21 juin 1834 par 123 voix
sur 129 votants, le 4 novembre 1837 par 115 voix sur 123 votants,
le 2 mars 1839 par 118 voix sur 124 votants, le 9 juillet 1842 par
163 voix sur 169 votants et le 1ᵉʳ août 1846 par 177 voix sur 230 votants, contre 36 voix à M. Walckenaer. La presque unanimité
des suffrages qui se portèrent sur son nom au cours de six élections successives montre l'autorité et la popularité dont il jouissait dans son pays.

Pendant ce même laps de temps, de 1831 à 1848, il fut également président du conseil général de l'Aube.

Les services qu'il rendit pendant l'épidémie de choléra de 1832
lui valurent la croix de la Légion d'honneur.

Pendant le temps qu'il siégea à la Chambre, M. Demeufve fit
partie régulièrement de la commission du budget et souvent il
fut chargé de travaux spéciaux. Le premier, il comprit l'intérêt
d'utiliser la Seine à Nogent pour établir des usines et moulins,
et, en 1838, il fit une demande pour être autorisé à pratiquer une
prise d'eau au-dessous du déversoir (on devait y établir une papeterie). M. Demeufve ne réussit pas, mais l'idée était lancée et, en
1839, M. Ledoux obtint la permission d'installer un moulin à cet
endroit. Le nouvel hôpital de Nogent fut construit sur l'emplace-
ment d'une maison que M. Demeufve consentit à vendre à la
ville.

M. Demeufve a été un des auteurs du projet de chemin de fer
de Montereau à Troyes dont il fut nommé administrateur. Il fut
aussi un des fondateurs de la Compagnie d'assurances *La Paternelle* dont il fut le vice-président.

1848 ayant rendu M. Demeufve à la vie privée, il fit l'acquisition d'un domaine sis à Sermaise (Seine-et-Marne) et composé
d'une habitation, d'un parc et dépendances, etc., et d'une ferme
de 90 hectares qu'il fit valoir lui-même pendant plusieurs années.

Nommé maire de Bois-le-Roi, il rendit à cette commune de
signalés services que le conseil municipal a reconnus en donnant
son nom à la rue qui passe devant sa demeure.

M. Demeufve, nommé administrateur, puis président du conseil d'administration de l'*Etoile*, en exerça les fonctions jusqu'à
sa mort, soit pendant trente ans, avec une autorité et une compétence particulières. Il était, comme on l'a vu plus haut, très au
courant des assurances et rompu à toutes les questions d'affaires.
L'aménité de son caractère, la droiture de son esprit lui atti-
raient la sympathie, la considération et le respect. Le conseil
d'administration et, à plusieurs reprises, le conseil général des
sociétaires, notamment le 10 décembre 1862, votèrent « par
acclamation à M. Demeufve des remerciements pour le concours

dévoué et désintéressé qu'il n'avait cessé de donner à la Société (1) ».

DENORMANDIE (A.-L.-E.)

ADMINISTRATEUR

Vice-Président du Conseil d'Administration

1844-1852

M. Denormandie (Augustin-Louis-Ernest), fils de M. Claude-
Ernest Denormandie, procureur au Châtelet, directeur de la
liquidation de la Dette publique, secrétaire général de l'administration des forêts, juge suppléant au tribunal de la Seine, est né
le 30 mars 1789 et est mort le 7 septembre 1852. Il a été avoué
près le tribunal de la Seine, élu trois fois président de sa compagnie, avoué de la liste civile de Louis XVIII, de celle de
Charles X et de celle de Louis-Philippe et, dès avant 1830, avoué
du duc d'Orléans et de la famille d'Orléans. Il fut aussi avoué de
l'administration de l'Enregistrement et des Domaines et son étude
était une des plus importantes de Paris. Il fut enfin juge suppléant au tribunal de la Seine, chevalier de la Légion d'honneur,
etc., et il ne cessa ses fonctions d'administrateur de l'*Etoile*
qu'à sa mort, après avoir toujours manifesté à la Société l'intérêt le plus dévoué. Les discours prononcés sur sa tombe attes-
tèrent son caractère d'élite, sa haute valeur, et témoignèrent
des regrets unanimes ressentis non seulement par ses collègues,
mais aussi par tous ceux qui l'avaient approché. Il est impossible
de les reproduire tous ici. Il en sera donné seulement quelques
extraits : « C'est au nom de tout le Palais que je parle, disait
M. Prudhomme, vice-président du tribunal, et je ne fais même
entendre ici que son écho bien affaibli, en disant que quel que
soit, dans l'ordre judiciaire, le respect qui environne les fonctions de la magistrature, même les plus élevées, quel que soit
l'éclat des triomphes du barreau, aucun nom du Palais n'a été et
n'est encore plus universellement honoré que celui de M. Denormandie, avoué de première instance et juge suppléant au même
tribunal... C'est à la seule sollicitation qui soit honorable, c'est-
à-dire, à celle de ses pairs, que M. Denormandie dut la décoration
de la Légion d'honneur, et lorsqu'il s'agit de reconstituer le corps
des juges suppléants et qu'on voulut encore honorer la magistrature titulaire par l'adjonction de notabilités du Palais, le nom
de M. Denormandie fut dans toutes les bouches et l'autorité ne

---

(1) Cf. Robert, Bourloton, *Dict. des parlementaires* ; Amédée
Aupauvre, *Hist. de Nogent-sur-Seine*.

fit que transcrire la liste que l'opinion publique avait dressée à l'avance. L'épreuve qu'il fit de ses fonctions nouvelles montra bientôt à tous et à lui-même qu'il était né pour les remplir... Ses manières étaient aussi simples que distinguées et nul n'a réuni à un plus haut point les qualités et l'extérieur de l'honnête homme... La confiance attachée à son nom était telle que des plaideurs s'empressaient d'en réclamer le patronage ; mais il n'était pas donné à tous de l'obtenir. Cet homme si poli, et si gracieux, s'armait, dans l'examen des affaires qui lui étaient confiées, d'une austère sévérité. Les questions étaient d'abord jugées par lui au point de vue de l'équité et c'était un premier avantage judiciaire que d'avoir franchi le préliminaire de son cabinet, etc. »

Dans le discours de M. Berthier, syndic des avoués, on relève ces mots : « Denormandie fut longtemps notre doyen, notre modèle... un modèle de savoir, de loyauté, de probité. On ambitionnait l'honneur d'être reçu dans son étude, école sévère, mais de principes sûrs. L'amitié de ses collègues, leur respect pour sa probité sévère et pour son caractère, la confiance constante de celui qui régna dix-huit ans sur la France et que lui avait conservée sa famille exilée, prouvent que Denormandie avait su réunir en lui ce qui fait l'homme de bien, le mandataire honnête et dévoué. Quand on peut joindre un pareil caractère à la science et à la sagesse, on offre le modèle le plus parfait que l'on puisse proposer à l'émulation... »

Me Liouville, au nom de l'ordre des avocats, s'exprimait ainsi : « Il me sera permis de dire, au nom de tous, que jamais homme n'a réuni à un plus haut degré les qualités qui font estimer, honorer et aimer : justesse et rectitude de l'intelligence, perspicacité dans l'examen, habileté dans la conduite des affaires, facilité dans le travail, désintéressement et dévouement extrêmes, douceur et politesse, grâce et finesse de l'esprit, mais avant tout probité et délicatesse dans les conseils, droiture du cœur qui repousse sans pitié les mauvaises causes et les mauvais moyens... Par une de ces mesures que leur rareté rend significatives, la Chambre des avoués, lorsqu'il se retira des affaires, l'appela à jouir des prérogatives de doyen honoraire, quoique à ce moment le titre et les prérogatives fussent déjà conférés à un de ses anciens membres et des plus distingués... Honorons sa mémoire d'un long souvenir et d'un long regret, et montrons une fois de plus que l'homme de bien, entouré après sa mort de la vénération publique, ne meurt pas tout entier sur cette terre honorée de ses vertus (1). »

____

(1) Discours prononcés sur la tombe de M. Denormandie, Imp. Guyot et Scribe, 1852.

DENORMANDIE (P.)

ADMINISTRATEUR

1855-1865

Avocat à la Cour d'appel de Paris, docteur en droit, chevalier de la Légion d'honneur, membre de la commission de reconstitution des actes de l'état civil, administrateur du bureau de bienfaisance du VIIIe arrondissement de Paris. « Inscrit au barreau depuis 1845, M. Denormandie (1) y avait fourni une carrière déjà longue et surtout digne et honorable. La droiture de son caractère lui avait concilié de nombreuses sympathies. Il avait l'esprit juste et honnête. Il ne savait pas transiger avec ce qui était pour lui la vérité et le droit. Il avait, dans les allures, une certaine modestie qui n'enlevait rien à la fermeté de son opinion. On doit lui rendre cet hommage qu'il était, par-dessus toutes choses, l'homme du devoir.

« Avocat connaissant bien les affaires, les discutant en praticien émérite, il occupait au barreau une des meilleures places. Tous ses confrères avaient avec lui d'excellentes et affectueuses relations. Estimé de tous, aimé par beaucoup, sa mort a été un véritable deuil pour le barreau tout entier. Survenue dans de lugubres circonstances, elle a causé une profonde impression dans tout le monde judiciaire et a répandu la consternation au Palais de Justice.

« Il venait de plaider, à la deuxième chambre du tribunal, une affaire où il avait M. Binoche pour adversaire. M. Denormandie, au sortir de la salle d'audience, se sentit pris d'un étourdissement et perdit connaissance. On alla chercher le docteur Floquet. On porta M. Denormandie dans la chambre du conseil de la troisième chambre. Mais son état s'aggrava très promptement et devint extrêmement alarmant.

« M. Paul Bonnet, avocat, parent de M. Denormandie, et son neveu, M. Ernest Denormandie, avoué au tribunal, s'étaient rendus auprès de lui. M. Oscar Falateuf, bâtonnier, arriva bientôt.

« M. Gauné, qui présidait la troisième chambre, suspendit immédiatement l'audience et vint prodiguer à M. Denormandie les soins les plus dévoués, aidant le médecin dans les tentatives qu'il faisait pour arrêter les progrès du mal.

« Tous les efforts de la médecine paraissant impuissants, on alla chercher un prêtre qui arriva bientôt et lui administra les derniers sacrements de l'Église. La seconde chambre du tribunal leva immédiatement son audience. On avait un moment espéré

---

(1) *Gazette des Tribunaux*, 3 mars 1884.

que l'on pourrait porter M. Denormandie chez lui, mais on put
seulement le transporter dans une chambre dépendant de l'appartement de M. Perrin, économe du tribunal ; c'est là qu'il a
expiré à six heures. »

Dans le discours prononcé par Me Oscar Falateuf aux obsèques
de M. Denormandie, on relève les paroles suivantes :

» Depuis plus d'un siècle, le nom que je lis sur cette pierre
appartient au Palais. Il fait partie de notre patrimoine, de nos
traditions d'honneur, de science et de talent, et le deuil de ceux
qui portent ce nom devient de droit notre deuil... Pendant près
de quarante ans, Denormandie a occupé la barre avec l'autorité
de la science et celle plus grande encore d'un caractère profondément honnête et d'une âme convaincue... Bon, généreux, ai-
mant et ne comprenant que le bien... Il n'est personne ici qui ne
rende hommage à ces qualités maîtresses qui furent celles de
Denormandie, et sans lesquelles l'homme, quelles que soient
d'ailleurs ses facultés, est toujours incomplet. »

Dans un discours prononcé au nom de la municipalité et du
bureau de bienfaisance par M. Bourdeley, premier adjoint au
maire du VIII° arrondissement, on relève ce passage (1) :

« Pendant treize années, Paul Denormandie a été l'un de nos
administrateurs les plus dévoués, les plus actifs. Il s'est appliqué
à rechercher et à soulager toutes les misères... A nos réunions,
nous le retrouvions toujours animé d'une charité plus ardente et
plus ingénieuse, si ingénieuse même que, bien souvent, nous
nous sommes aperçus qu'il distribuait plus qu'il ne lui avait été
confié et que, dans ses mains, les dons de l'Assistance publique
se multipliaient merveilleusement. Par quel moyen? C'est un
secret qu'il cachait à tous et que nous semblions ignorer... Sa
mémoire restera particulièrement honorée, respectée et aimée
dans le VIIIe arrondissement de Paris. »

Dans le discours d'ouverture de la conférence du 1er décembre
1884, M. Le Berquier, bâtonnier, prononça l'éloge de M. Paul
Denormandie, cet avocat « droit comme la ligne, digne et disant
bien (2) ».

____

(1) *Gazette des Tribunaux*, 4 mars 1884.

(2) Dans la nuit du 18 au 19 mars 1871, le gouvernement, qui s'était
tout entier retiré à Versailles, avait, cependant, donné ordre aux gardes
nationaux du VIII° arrondissement de garder l'Elysée. C'était un suprême
effort. Le matin du 19 mars, 220 hommes sur 4,000 se rendirent à cette
convocation. Bientôt, en présence des progrès de l'insurrection, les
220 hommes se réduisirent à *douze* qui demeurèrent toute la journée du 19
devant la porte de l'Elysée. Trois fois des troupes d'insurgés vinrent
pour les remplacer. Dissimulant leur petit nombre, ils refusèrent de
livrer le palais. Ce n'est que le soir, à 6 heures, devant un millier de
fédérés, qu'ils durent se retirer. Les fédérés étonnés leur présentèrent les
armes ! Au nombre de ces douze braves était M. Paul Denormandie.

DENORMANDIE (L.-J.-E.)

ADMINISTRATEUR

Président du Conseil d'administration

1852-1879

M. DENORMANDIE (Louis-Jules-Ernest), président honoraire de la Compagnie des avoués près le tribunal civil de la Seine, ancien député de la Seine à l'Assemblée nationale, sénateur inamovible, ancien gouverneur de la Banque de France, président du conseil des directeurs de la Caisse d'épargne de Paris, président du conseil d'administration du Comptoir national d'escompte de Paris, vice-président de la Compagnie des chemins de fer Paris-Lyon-Méditerranée, administrateur du syndicat du chemin de fer de Ceinture, administrateur de la Compagnie des chemins de fer étrangers, administrateur de la société anonyme des mines et fonderies de zinc de la Vieille Montagne, administrateur de la compagnie d'assurances, la *Nationale*, etc., etc., etc., chevalier de la Légion d'honneur, a été nommé administrateur de la société l'*Étoile* en 1852, à la mort et en remplacement de son père. Il fut bientôt nommé président du conseil d'administration de l'*Étoile*, et en exerça les fonctions avec un dévouement absolu jusqu'en mars 1879, soit pendant vingt-huit ans. Forcé à cette dernière époque de résigner ses fonctions par suite de sa nomination au poste de gouverneur de la Banque de France, M. Denormandie continua à porter à la société l'*Étoile*, un intérêt effectif dont il sera donné plus loin des preuves.

M. DENORMANDIE est né à Paris le 6 août 1821. Il fit son droit à la Faculté de cette ville, et succéda, le 27 août 1851, à son père avoué près le Tribunal civil de la Seine. En 1865, il fit partie de la Chambre des avoués, qu'il présida pour la première fois en 1867. Il a été réélu président en 1871 et en 1875, et a été nommé, pour cette triple présidence, chevalier de la Légion d'honneur.

C'est au milieu de cette vie militante, sur le terrain pratique des affaires, qu'il a puisé cette connaissance approfondie des questions qui se débattent chaque jour dans les Chambres. L'étude de M. Denormandie constituait, comme on l'a vu, dans l'article consacré ci-dessus à son père, un sérieux apprentissage de la vie publique.

L'entrée de M. Denormandie dans la politique, remonte au siège de Paris. Il avait été nommé adjoint au maire du VIII° arrondissement, et à la fin de Janvier 1871, le gouvernement de la Défense lui avait confié la mission d'aller, avec une commission dont il était le président, régler avec les généraux ennemis l'occupation partielle de Paris par un corps de trente mille hommes. La mission était délicate et, en présence des exigences de l'armée prussienne, laborieuse et difficile. M. Denormandie s'en acquitta à la complète satisfaction du gouvernement de la Défense nationale.

La population de Paris lui en témoigna sa gratitude en lui accordant 58.677 voix sur 328.970 votants. Il ne fut pas élu; mais aux élections complémentaires du 2 juillet, on le vit reparaître avec une attitude et une fermeté qu'il est bon de présenter comme un exemple. Les journaux de l'Union républicaine exigeaient de M. Denormandie une déclaration nettement démocratique pour appuyer sa candidature. Le candidat regarda comme un devoir de dignité de ne pas se rendre à une sommation, présentée en ces termes. Il maintint librement sa candidature et fut élu par 112.589 voix. Immédiatement après son élection, M. Denormandie, n'ayant plus à obéir à aucune injonction, fut le premier à déclarer qu'il n'avait pas fait de profession de foi dans la crainte de paraître agir en vue de l'élection, mais que l'élection une fois terminée, il s'empressait de dire spontanément que ses opinions étaient celles d'un conservateur libéral et qu'il adhérait au programme de M. Thiers.

C'est ainsi que M. Denormandie fit son entrée dans la vie politique et il est difficile d'y avoir paru avec une attitude plus sympathique et plus digne. La place de M. Denormandie était à côté de M. Casimir-Périer, de Goulard, de Lavergne, sans jamais se laisser fléchir par les entraînements de l'opinion, sans jamais oublier les devoirs que lui imposait sa loyale déclaration.

Le souvenir de ses actes en donne l'éclatant témoignage. En 1871, il prit la parole dans la discussion relative à l'enregistrement et au timbre en matière d'assurance. Son discours principal est celui qu'il prononça sur la proposition tendant à faire payer par toute la France, le dommage causé par l'invasion. C'était à l'occasion du projet de loi de 140 millions qui ont été, en effet, alloués à la ville de Paris. Comme représentant de Paris, il fit le tableau ému des souffrances endurées par la population parisienne pendant le siège, et du courage avec lequel elle le supporta. La coopération qu'il avait apportée à l'administration de la ville de Paris, au moment de l'investissement, lui donnait une compétence spéciale sur la question, et le douloureux tableau qu'il fit passer sous les yeux de la Chambre, contribua puissamment à l'adoption du projet de loi (1).

---

(1) M. Denormandie s'écriait alors : « Si vous voulez savoir ce que Paris a souffert pendant le siège, vous pouvez le demander à ces hommes qui venaient assiéger les municipalités pour réclamer contre le rationnement du rationnement, à ces hommes dont l'attitude a été admirable,

En 1872, il prit part à la discussion du projet de loi relatif aux pensions à accorder aux veuves des gendarmes tués lors de la manifestation de la place Vendôme le 22 mars 1871.

En 1873, il déposa sur le bureau de l'Assemblée une proposition tendant à faire indemniser les habitants du département de la Seine qui avaient éprouvé des pertes, lors des destructions opérées par le génie militaire pour les besoins de la défense nationale. Il fut nommé rapporteur de ce projet de loi qui fut adopté, en accordant 126 millions d'indemnité pour les habitants de la Seine.

On ne peut ici énumérer tous les travaux de M. Denormandie. Cette analyse conduirait trop loin. Qu'il suffise de rappeler qu'en 1875 il fit le rapport sur le projet de loi relatif aux Caisses d'épargne et qu'il en soutint la discussion. Il fut également rapporteur de plusieurs autres lois sur les conservations des hypothèques, sur la reconstitution de l'état civil, etc., etc., et l'on peut affirmer que son intervention dans l'œuvre législative pendant trente années a été des plus actives et des plus efficaces.

Au fur et à mesure que le gouvernement de la République s'enracinait dans le pays, le concours de M. Denormandie, toujours fidèle à l'adhésion qu'il avait formulée, s'affirmait plus ferme et plus dévoué. C'est ainsi qu'il a voté l'amendement Vallon, les lois constitutionnelles, la proposition Périer, et qu'il a repoussé la dissolution. On sut reconnaître les services qu'il rendait au Pays, en le nommant sénateur inamovible en 1875.

En 1879, il fut nommé aux importantes fonctions de gouverneur de la Banque de France et cet heureux choix a été universellement approuvé. Jamais M. Denormandie ne fit un pas que lorsqu'il était sûr de ne pas se tromper. C'était là aussi sa qua-

---

lorsque, comme cela est arrivé si souvent dans le mois de janvier, pendant la nuit la farine avait manqué chez dix boulangers sur vingt. Il me revient à cet égard un souvenir. Je venais d'adresser à l'un d'eux quelques paroles de consolation et d'espérance, auxquelles, hélas ! je croyais à peine moi-même ; il me répondit simplement : « C'est bien, monsieur, on attendra à demain !... »

« Eh bien, Messieurs, cette parole si simple, si admirable de patriotisme et d'abnégation, mes collègues et moi, nous l'avons entendue cent fois pour une.

« Demandez-le plutôt à cette catégorie si nombreuse d'employés, d'artistes, de commis, de professeurs, à tous ceux qui vivent chaque jour du travail quotidien, à tous ceux qui n'ont et qui ne peuvent avoir ni ressources, ni économies, ni fortune, et qui, tout à coup, se sont trouvés aux prises avec le dénûment le plus absolu ! Et si vous ne savez pas ce que ces hommes ont souffert, c'est qu'ils ont enfoui dans leurs demeures le secret de leurs douleurs et de leurs privations. »

lité maîtresse, aussi sa gestion ne fut-elle pas inférieure à l'importance du poste auquel il avait été appelé et il siégea brillamment de mai à juillet 1881, dans la conférence monétaire internationale, réunie à Paris au Ministère des Affaires étrangères.

Cependant on apprenait, le 18 novembre de la même année, qu'il était destitué et remplacé par M. Magnin. La surprise fut grande et il y eut de vives protestations dans le Conseil de régence.

Le Grand Ministère avait pris cette décision à la suite du vote de M. Denormandie contre l'article 7 du projet de loi sur la liberté de l'enseignement supérieur.

A dater de ce moment, M. Denormandie reprit sa collaboration au Sénat et prononça une série de discours sur l'organisation de la magistrature (juillet-décembre 1883), s'élevant avec vigueur contre les procédés employés dans l'exécution de la nouvelle loi. Le 24 janvier 1884, il prit la parole sur un sujet qu'il avait approfondi et développa son argumentation avec une précision et une clarté remarquables. La question portait sur la faculté des émissions de la Banque de France. M. Denormandie défendit la thèse de la faculté illimitée. A cette occasion il obtint un grand succès de tribune.

Il apparut de nouveau dans la discussion de la loi sur la procédure à suivre en matière de divorce (décembre 1885); présenta et soutint un projet de loi sur les nullités du mariage et la modification du régime de la séparation de corps (janvier 1887), intervint lors de la discussion du projet de loi relatif à l'organisation du crédit agricole mobilier (31 janvier 1888).

En 1889, il fut nommé président du conseil d'administration du Comptoir national d'escompte à la reconstitution duquel il avait contribué de la manière la plus active. Et telle était la confiance et l'estime qu'il inspirait que, dès que sa nomination fut connue, les actions montèrent aussitôt à un taux élevé.

M. Denormandie trouva les loisirs d'écrire, en 1875, un volume intitulé : « Le VIIIe arrondissement et son administration pendant le siège », et de rassembler, en 1896, quelques « Notes et souvenirs » du plus grand intérêt (1), sur les événements auxquels il avait pris part autrement que comme simple témoin. Le volume comprend quatre fragments distincts :

Le premier est un récit des journées de juin 1848, dont il avait suivi les péripéties. La seconde partie est consacrée au siège de Paris. Le troisième fragment est relatif à la Commune ; les souvenirs publiés sur cette sinistre époque sont ceux d'un homme qui, comme adjoint au maire du VIIIe arrondissement, était en situation de voir et de connaître bien des choses. Enfin,

____

(1) 1 vol., Paris, Chailley.

dans la quatrième et dernière partie, l'auteur met en relief la physionomie de l'Assemblée nationale, « la plus zélée, la plus laborieuse qui ait jamais présidé aux affaires de la nation ».

En somme, M. Denormandie fut un des cerveaux les mieux organisés et les plus actifs que l'on connaisse. Menant de front la politique et les affaires, il a marqué sa place dans ces deux branches de l'activité humaine. Ne visant pas à l'effet, sa parole toujours claire et simple fut l'expression même de la pensée si nette qui l'inspirait.

D'indépendance très grande, sa carrière politique a été d'une absolue unité : tous ses discours ou actes sont là pour le prouver. L'élévation de son caractère, son énergie extrême, son intelligence supérieure, son exquise urbanité, sa science du droit et sa grande expérience des affaires étaient appréciées de tous.

M. Denormandie, on l'a vu au début de cette notice, ne cessa de manifester, jusqu'à sa mort, un intérêt effectif à la société l'*Étoile*. Pour n'en citer qu'un exemple, c'est grâce à lui qu'en 1898, le directeur de l'*Étoile*, agissant tant au nom de sa Société que comme délégué des autres assurances mutuelles, put faire parvenir utilement diverses notes au Sénat, se faire entendre de la commission des finances, de son président et de son rapporteur, et arriver à quelque atténuation des projets qui menaçaient les assurances.

Dans les derniers jours de sa vie, M. Denormandie voulut mettre en ordre toutes ses affaires et il revit et classa tous ses papiers. De ce coup d'œil jeté en arrière est né un intéressant ouvrage intitulé « Temps passés, jours présents » rempli d'anecdotes curieuses sur les événements et les personnages principaux du siècle et qui parut en 1900 (1). Peu de temps avant sa mort, M. Denormandie (2) fit remettre au directeur de l'*Étoile* un dossier de différentes questions: enregistrement, assurances par l'État, qu'il avait étudiées pour la Société dont lui et son père avaient été pendant cinquante-sept années consécutives administrateurs et conseillers. Cet envoi était accompagné d'une lettre touchante et triste. Elle débutait ainsi : « Je suis trop près de l'heure dernière pour ne pas éprouver les sentiments et les impressions qu'elle m'inspire. Mes affaires sont en règle... En faisant mes classements de papiers j'ai retrouvé quelques pièces que je vous envoie.. A vous de tout cœur. *Signé :* DENORMANDIE. »

---

(1) Paris, 1 vol., 1900.

(2) Sur M. Denormandie, de nombreux articles ont été publiés dans *tous* les journaux. On s'est reporté ici notamment à *La France parlementaire*, 1897, art. de M. CAILLETANT, et à *La Finance et l'Industrie illustrées*, 31 octobre 1879, art. de M. DE FONTMICHEL. Ses discours et rapports ont été publiés, en 1892, à Auxerre, imp. Lanier.

Cette lettre datée du 3 décembre 1901 est d'une écriture tremblée, à peiné lisible, on voit les efforts faits pour l'écrire au milieu d'affreuses souffrances. Il expira le **30 janvier 1902** et comme dernier témoignage légua sa montre au directeur de l'*Étoile* qui la conserve précieusement avec une respectueuse reconnaissance.

DESFORGES (Ch.)

ADMINISTRATEUR

1891-

Le nom de DESFORGES est un de ceux qui se rencontent le plus anciennement sur les registres de la Société. Les Desforges à Abouville, commune de Tivernon (Loiret) figurent parmi les principaux sociétaires dés l'origine de la Société, en 1836, M. Charles Desforges, agriculteur à Bouville (Seine-et-Oise), appartient à cette ancienne et honorable famille attachée depuis 70 ans à la Société. Chaque année il assure à la Société une moyenne de 30 à 50,000 francs de céréales.

DESPORTES DE LA FOSSE (J.)

ADMINISTRATEUR

1898-

M. DESPORTES DE LA FOSSE (Jean), secrétaire à la Société des agriculteurs de France, propriétaire à Marle (Aisne) 240 hectares de culture, propriétaire à Besse (Var) 16 hectares de vignes, 60 hectares de bois et cultures diverses contigus à 25 hectares de vignes et 250 hectares de bois et cultures appartenant à son beau-père, a fondé, en 1899, conformément à la loi du 5 novembre 1894, la Caisse coopérative agricole de Besse, entre les membres du syndicat agricole de ce pays. Cette caisse agricole est une mutualité sans part de capital, et sert en même temps de caisse d'épargne et de prêts pour les cultivateurs entre eux. Aux cultures plus haut détaillées, M. Desportes de la Fosse joint celles du mûrier et de l'olivier, et une culture maraîchère appelée à prendre un certain développement, grâce au forage (1903) d'un puits profond d'où l'eau, jaillissant en abondance, est élevée et répartie au moyen d'un moteur à pétrole ; il se livre aussi à l'élevage de moutons qui transhument, c'est-à-dire vont pacager dans les Hautes-Alpes de juillet à octobre, et reviennent à cette dernière époque. Avant de s'adonner à l'agriculture, M. Desportes de la Fosse, lauréat du concours général, bachelier en droit, licencié ès lettres, était entré à l'École spéciale militaire de Saint-Cyr, puis à l'École supérieure de Guerre. On peut lire de lui dans le *Correspondant* (1) une étude sur le service militaire. Démissionnaire comme capitaine d'État-major breveté, il se consacre maintenant entièrement à l'agriculture.

En s'occupant des questions sociales agricoles, M. Desportes de la Fosse ne fait que suivre les traditions de son père qui, dans la sphère d'action où les circonstances lui permirent de prodiguer son activité, se donna tout entier au service des questions sociales à l'ordre du jour, s'occupant non seulement des travailleurs actifs, mais encore des déshérités de la confiance publique, repoussés par la société.

M. Desportes de la Fosse père fit œuvre d'utilité publique en publiant entre autres : en 1866, une étude du projet de loi sur les sociétés coopératives ; en 1872, une enquête sur les classes laborieuses ; en 1873 et 1874, des enquêtes sur les associations syndicales ; en 1876, une étude sur la question sociale et les syndicats, de nombreux articles de 1862 à 1877 dans le *Bulletin de la Société d'économie charitable* et en 1878 un ouvrage sur la science pénitentiaire, couronné par l'Académie française qui le qualifiait « d'œuvre de science, de justice, animée de l'esprit le plus libéral et le plus sage, livre digne d'être placé au premier rang (2). » Il fut un des principaux fondateurs, en 1877, de la Société générale des prisons, reconnue depuis 1889 d'utilité publique, et en resta jusqu'à sa mort le dévoué secrétaire général.

M. J. Desportes de la Fosse est le gendre de M. Montenard, l'auteur des belles fresques qui ornent la grande salle de la Société des agriculteurs de France.

DRAMARD-LESAGE

ADMINISTRATEUR

1855-1900

M. Dramard (Jules-Étienne), qui fut administrateur de la Société et membre du Conseil général des sociétaires pendant un demi-siècle, de 1850 à 1900, est né le 2 septembre 1817 à la ferme des Noues, commune de Vert-le-Grand (Seine-et-Oise). Il manifesta son constant intérêt à la Société pendant ce long espace de temps, et assista régulièrement aux séances du Conseil. On trouve, en effet, cent vingt-deux fois sa large et belle signature sur les registres des délibérations du Conseil, et il ne manqua que dix séances, et pour des motifs sérieux. Il avait deux ans lorsque son père vint se fixer à la ferme des Renouillères, commune de St-Vrain, ferme qui était déjà cultivée depuis 1773

---

(1) Le *Correspondant*, 1901.
(2) *Revue pénitentiaire*, avril 1894.

par son grand-père Pierre-Jacques Dramard, notaire royal et
géomètre, garde-notes des bailliages de Cheptainville, Guibeville,
et Leudeville, où la famille Dramard existe depuis 1650. En 1838
il perdit son père et dut, à l'âge de 21 ans, prendre en main la
direction de la ferme, de concert avec sa mère. En 1844, il épousa
Mlle Lesage et prit la ferme à son compte, trouvant en sa digne
compagne une auxiliaire dévouée dont le nom doit être associé
à ses succès agricoles. Dès cette époque, M. Dramard-Lesage
s'adonna surtout à l'amélioration de la race ovine en faisant un
croisement de brebis métisses et de béliers Dishley. Il présenta
ses animaux au comice agricole de Seine-et-Oise en 1848, 1853,
1854, 1857, 1859, 1860, 1861, 1869 où des médailles d'argent lui
furent décernées et vinrent encourager ses efforts. En 1870, au
même concours, il présenta un taureau Durham de 20 mois,
pour lequel le jury lui décerna le grand prix, médaille d'or.

En 1856, il fut nommé adjoint au maire de St-Vrain et il en
remplit les fonctions avec zèle pendant dix-huit années, jusqu'en
1874, époque à laquelle il eut le malheur de devenir veuf. Il se
retira alors dans une propriété qu'il avait acquise à Vert-le-
Grand, son pays natal, quittant la ferme des Renouillères cultivée pendant un siècle exactement, de 1773 à 1874, par trois
générations de la famille Dramard dont le nom y est resté durable et respecté. Lorsque M. Dramard-Lesage se vit forcé par
l'état de sa santé de ne plus venir à Paris, il donna sa démission
d'administrateur de l'*Étoile* en adressant au Directeur la lettre
suivante, d'une écriture large et ferme :

« Beaumont-du-Gâtinais, 13 septembre 1899.

« Monsieur le Directeur,

« Vous êtes le troisième directeur que je vois se succéder.
Vous êtes le troisième de la famille qui a entre ses mains la
direction des finances de l'*Étoile*, que j'ai toujours vues prospé-
rer, ce qui ne me rajeunit pas. Mes vieux jours me forcent avec
regret de me retirer de la Société. Mais en me retirant je laisse
deux fils, qui sont connus de la Société et qui pourraient entrer
dans le Conseil d'administration. »

Le Conseil d'administration, en faisant consigner au procès-
verbal de ses séances les regrets que lui causait la retraite de
M. Dramard-Lesage, s'est empressé de lui témoigner sa sympathie, en lui nommant, comme successeur au Conseil, son fils,
M. Eugène Dramard.

DRAMARD (E.)

ADMINISTRATEUR

1900-

M. DRAMARD (Eugène), agriculteur, conseiller municipal de

Gometz-la-Ville depuis 1889, adjoint en cette commune depuis 1904, continue au Conseil d'administration, où il a succédé à son père, un nom qui y est si honorablement connu depuis plus d'un demi-siècle. Après avoir aidé son frère dans sa culture de Grange-St-Clair, depuis sa sortie du régiment jusqu'en 1888, M. E. Dramard est venu, à cette date, se fixer à Gometz-la-Ville, où il épousa Mlle Villain. Il continua alors la culture du patrimoine de son beau-père que les ancêtres de celui-ci avaient exploité pendant un siècle et demi. A ce patrimoine, M. Dramard joignit, quelques années après, une ferme qui lui permit d'étendre sa culture à environ cent hectares. Il s'adonna alors à l'élevage du mouton et, par des croisements bien compris, il arriva à former un excellent troupeau. En 1903, au concours du comice de Seine-et-Oise, M. Dramard obtint, pour un lot de jeunes brebis, le prix offert par le Conseil général, médaille de vermeil.

DROUOT (V.)

ADMINISTRATEUR

1834-1837

M. Drouot (Victor), propriétaire, chevalier de la Légion d'honneur, est un des fondateurs de la Société. Né à Villotte (Côte-d'Or), le 3 avril 1768, il avait été décoré le 30 avril 1831 comme maire-adjoint du IIIe arrondissement de Paris. Il mourut peu après la création de l'*Étoile*, le 20 juillet 1837.

DUPUY (J.-A.-D.)

ADMINISTRATEUR

1860-1865

On a vu, dans les chapitres consacrés à la fondation de la Société, que son organisation dans toute sa circonscription avait été, à son origine, confiée à des inspecteurs parcourant à cheval la campagne, placés sous les ordres d'un inspecteur principal dirigé lui-même par le Directeur. Cet inspecteur principal était M. Dupuy (Jean-Alexis-Désirat), né le 3 juillet 1803, qui, par suite d'une longue expérience acquise dans la pratique, était aussi au courant que possible des affaires sociales. Pour couronner sa carrière, au moment de sa retraite, il fut nommé administrateur, fonctions que la maladie le contraignit à résigner en 1865, après avoir contribué à la création de la Société et y être resté attaché pendant trente et un ans consécutifs.

DUVAL

ADMINISTRATEUR

1844-1881

M. Duval, agriculteur distingué à Limours (Seine-et-Oise), entouré de la considération universelle, a été un des administrateurs qui ont porté l'intérêt le plus effectif à la Société l'*Étoile* dont il était membre du Conseil général depuis 1838. Il exorça donc ses fonctions, tant au Conseil général qu'au Conseil d'administration, pendant quarante-trois ans et il ne les résigna que lorsque l'état de sa santé lui interdit de venir assister aux réunions. Le 3 octobre 1881 il écrivait, en donnant sa démission, en ces termes : « Je m'efforcerai d'assister encore à la séance du 5 octobre, mais en même temps je vous prierai d'accepter ma démission. C'est avec la douleur dans le cœur que je vous la donne. » Par une motion spéciale, le Conseil général des sociétaires lui décerna le titre d'administrateur honoraire, M. Duval avait été appelé, à plusieurs reprises, à présider les réunions en l'absence du Président. M. Duval a été de longues années membre du conseil municipal de sa commune.

ERNAULT (Colonel)

ADMINISTRATEUR

Vice-Président du Conseil d'Administration

1881-1898

M. Ernault, chevalier de la Légion d'honneur, propriétaire et agriculteur à Denizy, commune de Sainte-Mesme (Seine-et-Oise), assurait à l'*Étoile*, certaines années, jusqu'à cent mille francs de récoltes, ce qui le mettait alors au nombre des membres du Conseil général. Il a rendu de grands services dans sa contrée, en suivant la route du progrès tracée par les frères Fiévet, grands prix d'agriculture de 1863, et en expérimentant les nouveaux modes de culture, les nouvelles machines agricoles (1867 à 1875), et en se tenant constamment à la disposition de tous les cultivateurs pour leur faire connaître les résultats obtenus, d'ailleurs visibles en majorité, sans explications nécessaires. Dans son exploitation, venant de sa mère, qu'il avait prise après dix ans d'études scientifiques et pratiques préalables, en France et à l'étranger, M. Ernault, grâce aux engrais, aux labours progressivement profonds, était arrivé, dès avant 1870, à obtenir des récoltes de blé de quarante à quarante-cinq hectolitres à l'hectare, alors que la moyenne officielle n'était, à cette époque, que de dix-huit à vingt hectolitres dans son département. Beaucoup des moyens employés, il y a 35 ans, par M. Ernault se sont généralisés et notamment ont été définitivement admis à l'école de Grignon, principalement par M. Dehérain, son directeur pendant 30 ans. A la ferme de M. Ernault était annexée une distillerie pratique où il a fait de nombreuses expériences heureuses. Retiré de la culture, M. Ernault a continué à s'y intéresser vivement, s'efforçant de faire profiter de ses découvertes les agriculteurs de sa région. Pendant les années 1902 et 1903, le journal de Dourdan a publié des articles de M. Ernault sur les différents modes de labours et de fumures, sur les soins à donner aux récoltes, sur l'art de découvrir des sources, de l'abbé Paramelle (1), procédé qui lui a donné pleines réussites à lui-même, sur la manière de construire et d'utiliser les citernes (2), sur les ferments du vin, du cidre, de la bière et de l'hydromel (3). A propos de la loi du 15 février 1902 sur la police sanitaire, M. Ernault a expliqué, dans une série d'articles, les mesures sanitaires qu'il avait prises dans sa maison et dans sa ferme de Denizy depuis 45 ans au plus et 5 ans au moins après l'étude des travaux de Pasteur et d'autres hygiénistes. Il a presque seul établi un projet sanitaire pour sa commune, demandé par le préfet. Partout, dans toutes les pièces, les greniers, la vacherie, etc., M. Ernault a établi un système de ventilation simple ou double renouvelant l'air à volonté jour et nuit (triplant et quadruplant ainsi le volume de chaque pièce trop petite légalement), supprimant les odeurs et la fumée, rendant habitables des mansardes auparavant glacées en hiver et torrides en été, utilisant le calorifère comme ventilateur frais l'été. En outre, grâce à son expérience acquise comme ancien officier des pompiers, à Denizy, M. Ernault a pris des dispositions spéciales, qu'il indique, pour permettre la prompte extinction de tous feux de cheminées, sans échelle, sans perte de temps, et sans avoir besoin d'aller chercher les pompiers, souvent éloignés. Dans le journal *l'Apiculteur* (4), et dans d'autres feuilles, M. Ernault a signalé aux cultivateurs l'emploi du charbon comme antidote, facile à avoir sous la main, contre l'infection des plaies, et l'empoisonnement par les champignons, es viandes, les moules, le poisson, etc.

En 1902, à propos du projet de tramways de Seine-et-Oise,

---

(1) Cf. *Echo de Dourdan*, 26 juillet, 2, 9, 16 août, 6, 13, 20, 27 septembre, 4 octobre, 1er novembre 1903 ; le *Réveil d'Étampes*.

(2) *Echo de Dourdan*, 15 et 22 novembre 1903.

(3) *Echo de Dourdan*, 13 et 20 décembre 1903.

(4) *L'Apiculteur*, octobre 1903.

M. Ernault mena une campagne des plus actives pour obtenir
un tracé répondant davantage aux besoins des cultivateurs. Dans
une série d'articles (1), et dans une brochure éditée avec plan
à l'appui (2) M. Ernault exposa ses idées et des calculs comparatifs : 1° sur le coût des transports des bourrées, bois, betteraves
de sucrerie, fourrages, avoines, blés, bœufs, etc. par voitures,
par chevaux ou bœufs, par chemins de fer et par automobiles;
2° sur les effets des transports sur le sol et sur les routes; 3° sur
les charges à imposer aux contribuables et sur la communauté
d'intérêts qui existe entre les habitants et ouvriers des villes
et ceux des campagnes. A l'appui de son tracé, M. Ernault
invoque non seulement l'intérêt des agriculteurs, mais aussi
celui de la défense et de l'approvisionnement du camp retranché
de Paris et de ses forts. M. Ernault redevient alors l'ancien
officier supérieur qu'il a été et l'on doit, en terminant ces notes,
dire quelques mots de la première partie de sa carrière, non
moins honorable que la seconde. Entré à Saint-Cyr, promotion
de Sébastopol (octobre 1854-octobre 1855), M. Ernault fit la
deuxième partie de la campagne de Crimée dans la mer d'Azof,
à Kertch, en qualité d'officier du 4e d'infanterie de marine. Seul
à sa compagnie, il la commandait à 19 ans. Après avoir
donné sa démission il fut nommé officier d'état-major des gardes
nationales de la Seine (1861-1871). En 1870, rappelé à l'armée
par la loi sur les anciens officiers, mais maintenu à l'état-major
des gardes nationales de la Seine, par les ministres de la Guerre
et de la Marine, M. Ernault fut nommé colonel et major de la
place de Paris. Il avait alors sous ses ordres les 54 régiments
de la garde nationale, composés de 260 bataillons de marche et
de 260 bataillons sédentaires, et comportant 130,000 hommes.
Malgré ses opinions politiques opposées, le colonel Ernault avait
l'entière confiance des généraux Tamisier et Clément-Thomas,
au point qu'il avait la nuit la clé de leurs appartements dans sa
poche. Son énergie et son dévouement en ces difficiles circonstances lui valurent la croix de la Légion d'honneur, sur la proposition de Clément-Thomas. Pendant la Commune, le colonel
Ernault fut placé à Versailles sous les ordres directs de
M. Thiers... pour secret d'Etat... Combattant la Commune, il fut
arrêté, ce qui fut un comble, comme communard par le conseil
de guerre, malgré le préfet de police qui le connaissait.

Quoique ayant ses idées personnelles bien arrêtées, M. Ernault
ne s'est jamais occupé de politique, et le bien public fut le seul
guide de tous ses actes; aussi a-t-il pu écrire avec vérité :

---

(1) *Echo de Dourdan*, 24 août, 28 septembre, 5, 19, 26 octobre, 2,
30 novembre, 7 décembre 1902 ; le *Réveil d'Etampes*, 13 décembre 1902.

(2) *Dourdan*, imp. Moullec, 1902.

« J'ai toujours été au mieux avec mes ennemis politiques, mes chefs et mes inférieurs, et je m'en suis très bien trouvé. Cela m'a même sauvé la vie le 18 mars 1871. Je n'ai en vue que la défense de la culture, des cultivateurs. J'autorise tout le monde à réimprimer mes articles. Je n'ai aucune position officielle ; je n'en veux aucune et je me contente d'être conseiller municipal de ma petite commune ; je continuerai ainsi, malgré mes 67 ans passés, tant que j'aurai un souffle de vie. »

M. Ernault, d'origine bretonne par son père, était, par sa mère, petit-fils de Malès, membre de l'Assemblée des notables en 1788, député aux États généraux en 1789, préfet de la Corrèze, membre du Conseil des Cinq-Cents, conseiller maître à la Cour des comptes.

FESSARD (J.-B.)

ADMINISTRATEUR

1836-1840

M. Fessard (Jean-Baptiste), agriculteur, fut conseiller municipal de Gonesse depuis novembre 1834 jusqu'à juin 1836, époque à laquelle il entra au conseil d'administration. En même temps que lui figurait au conseil (1837-1838) un autre M. Fessard, portant les mêmes prénoms de Jean-Baptiste, mais dont l'exploitation était au Bellay et à Gournay (Seine-et-Oise). Ces deux administrateurs, qui étaient probablement de la même famille, étaient membres du conseil général des sociétaires. Arrivés à la Société dès son origine, ils cessent leurs exploitations, presque en même temps, à un an de distance.

FIRBACH

ADMINISTRATEUR

1859-1871

M. Firbach, agriculteur, maire de Villedieu (Indre), administrateur de l'*Etoile,* en exerça les fonctions jusqu'à sa mort survenue en juillet 1871.

En 1845, après avoir exploité par domestiques 2,500 hectares de culture pendant six ans dépendant de la terre de Villedieu, M. Firbach prit, de la même propriété, quatre fermes dont trois qu'il fit exploiter par métayers et une qu'il exploita directement. Cette dernière, la ferme de Chézeaux, commune de Villedieu, avait alors une contenance de 300 hectares. Elle était en très mauvais état, elle produisait à peine les semences et la nourriture du personnel. Devant cet état de choses, il construisit, de ses deniers, un four à chaux, chaula et marna toutes les terres dites de Beauce et obtint des résultats tels, qu'il fit de la ferme une ferme modèle. Dans les différents concours de la région, il obtint de nombreux succès, surtout pour son troupeau qui acquit une véritable renommée. En 1866, il se présenta au concours régional pour la prime d'honneur, seul fermier contre vingt et un concurrents grands propriétaires. Le jury hésita longtemps entre la ferme qu'il administrait et celle d'un de ses voisins qui l'emporta sur lui, mais en même temps le jury, plein d'admiration pour la beauté de son troupeau, lui décerna une médaille d'or frappée à son nom.

Les journaux locaux vantèrent les travaux de culture de M. Firbach qui conserva toujours sa réputation d'excellent agriculteur. Il resta maire de sa commune pendant dix-huit ans, de 1849 à 1867, et conseiller municipal jusqu'en 1871.

Entouré de l'estime générale comme homme privé, comme maire et comme agriculteur, il était très souvent appelé comme expert dans certains litiges et désigné tantôt par les intéressés, tantôt par le tribunal. Ses collègues de l'*Etoile* ont apprécié son commerce agréable et la rectitude de son jugement. Il était d'une grande modestie et ne recherchait pas les honneurs. Cependant, il voulut bien, non seulement accepter les fonctions d'administrateur de l'*Etoile* où son nom figurait déjà au conseil général, mais encore se déclarer très heureux de les exercer.

GANDRILLE (J.)

ADMINISTRATEUR

1865-1884

M. Joseph GANDRILLE, agriculteur des plus distingués, membre du Conseil général du Loiret pour le canton d'Outarville, appartenait à une famille ancienne, nombreuse et considérée de la Beauce. Il mettait chaque année, sous la garantie de la Société, une soixantaine de mille francs de récoltes assurées, dépendant de l'importante ferme d'Epersennes qu'il dirigeait. De ce chef il faisait constamment partie du Conseil général des sociétaires. Il exerça les fonctions d'administrateur de l'Etoile pendant vingt ans, jusqu'à sa mort survenue après une courte maladie le 1er janvier 1885. Le Conseil d'administration demanda que l'expression de ses regrets fût consignée au procès-verbal de la réunion du Conseil général du 16 décembre 1885, motion qui fut adoptée à l'unanimité par cette assemblée.

GANDRILLE (A.)

ADMINISTRATEUR

1885–1889

M. Alexandre Gandrille, agriculteur à Poily, commune d'Outarville, fut nommé administrateur à la mort et en remplacement de son père, M. Joseph Gandrille, qui précède. L'importance de sa culture le plaçait chaque année au nombre des membres du Conseil général des sociétaires. Il cessa ses fonctions d'administrateur en cessant la culture en 1889.

GANDRILLE (E.)

ADMINISTRATEUR

1891-1895

M. Émile Gandrille, agriculteur à Epersennes, membre du Conseil d'arrondissement, fut nommé administrateur en remplacement de son frère qui précède. L'étendue de sa culture, à laquelle était annexée une féculerie importante, le plaçait chaque année, comme son père et son frère, au nombre des membres du Conseil général des sociétaires.

GASSE-MARGAT (Z.)

ADMINISTRATEUR

1885-1904

M. Pierre-Désiré-Zacharie Gasse-Margat, agriculteur à Ecublé (Eure-et-Loir), maire d'Ecublé, déjà appelé, par l'importance de son assurance, à faire partie du conseil général de la Société, fut élu administrateur en 1885, et il en exerça les fonctions pendant vingt ans, jusqu'en 1904, époque à laquelle il démissionna en même temps qu'il cessait complètement sa culture, dont les proportions étaient déjà notablement diminuées, depuis quelques années. Lorsque les opérations agricoles de M. Gasse-Margat étaient plus importantes, il manifestait son intérêt à l'*Etoile* en lui amenant de nombreux assurés, et il y mettait autant d'activité qu'un agent d'assurances, au dire du représentant de l'*Etoile*, dans la circonscription duquel il se trouvait. M. Gasse-Margat est depuis 1870, sans interruption, soit depuis plus de 35 ans, conseiller municipal d'Ecublé. Il en fut adjoint jusqu'en 1882, et maire de 1882 à 1894. Le nom de Gasse-Margat figure encore au nombre des assurés de l'*Etoile*.

GAULLIER

ADMINISTRATEUR

1850-1865

M. Gaullier (Parfait), agriculteur à Séronville, commune de

Prénouvellon (Loir-et-Cher), appartenait à une famille aussi nombreuse que considérée dans la culture. L'importance de son exploitation l'appela à maintes reprises à faire partie du conseil général des sociétaires. Il avait acquis une grande réputation comme éleveur pour son troupeau renommé de race mérinos. Les descendants de M. Gaullier continuent dans le pays à occuper une situation prépondérante comme cultivateurs.

GIBERT

ADMINISTRATEUR

1837-1856

M. GIBERT, qui fut un des premiers adhérents à la Société, un de ses premiers propagateurs et membre du conseil général des sociétaires dès 1836, fut appelé à faire partie du conseil dès 1837. Il n'a pas laissé de descendants dans le pays depuis le décès de son fils, retiré d'abord au château d'Oigny, près Villers-Cotterets, puis à Soucy. Néanmoins, il a laissé, après un demi-siècle écoulé, la réputation encore vivace « d'un fermier très distingué de son temps et menant grand train ». Son exploitation était celle dirigée actuellement par M. Hubert, maire de Soucy. Le mariage de sa sœur avec M. de Vivès, son mariage avec Mlle Flobert, fille du maître de poste de Soissons, avaient accru ses nombreuses relations dans la culture de celles des familles honorables et connues auxquelles il s'était allié. M. Gibert est demeuré administrateur de l'*Etoile* pendant vingt ans consécutifs.

GILBERT (Ernest)

ADMINISTRATEUR

1884-1900

M. Ernest GILBERT, né le 24 septembre 1833 à Crespières (Seine-et-Oise), est le petit-fils de Jean-Baptiste Gilbert qui, en 1802, créa à Maule (Seine-et-Oise) le célèbre troupeau de mérinos, connu ensuite sous le nom de mérinos de Wideville, si apprécié et réputé en France et à l'étranger et notamment dans l'Amérique du Sud, l'Australie, la Russie et le Cap de Bonne-Espérance. Ce troupeau, conservé à Maule jusqu'en 1828, passa à cette époque aux mains de M. Victor Gilbert, son fils, fermier à Wideville, et père de M. Ernest Gilbert. M. Victor Gilbert prit bientôt place au premier rang parmi les agriculteurs à tradition nouvelle. Grâce à une incessante activité jointe à ses vues progressives et à son savoir, il améliora son magnifique troupeau qui, à la suite de l'exposition de 1867, lui valut la croix de la Légion d'honneur. Son fils, M. Victor Gilbert, frère de M. Ernest Gilbert, continua, à dater de 1859, les traditions de ses pères. Les remarquables animaux qu'il envoya aux diverses expositions internationales et universelles de Londres, Stettin, Vienne, Paris, Sidney et Amsterdam, montrèrent les mérinos à longue laine de Wideville parvenus à leur point suprême de perfection. Ils valurent, en 1884, à M. Victor Gilbert, comme à son père, la croix de la Légion d'honneur, sans compter de nombreuses récompenses offertes par les sociétés agricoles françaises et étrangères. Cette croix de la Légion d'honneur, trop rarement donnée aux agriculteurs et deux fois décernée à sa famille, M. Ernest Gilbert la mérita lui-même, en 1889, pour sa belle exploitation du Manet, commune de Montigny-le-Bretonneux, qui lui avait déjà fait obtenir, en 1876, la prime d'honneur du Comice de Seine-et-Oise et, en 1881, la prime d'honneur avec objet d'art du Ministre de l'Agriculture au concours régional de Versailles.

La ferme du Manet fait partie de l'ancien grand parc de Versailles. C'est en 1860 que M. Ernest Gilbert y entra. La culture comportait 295 hectares. Les terres argilo-siliceuses, battantes, imperméables, en grande partie morcelées, coupées par le chemin de fer et les rigoles des grands étangs de St-Quentin et de Saclay, étaient d'un travail difficile. De plus, les bâtiments étaient disséminés et le corps de ferme situé au milieu du village de Montigny. Dès 1861, M. Ernest Gilbert introduisit une première amélioration, base de toutes les autres. Il installa une distillerie agricole du système Champonnois. La production de la pulpe, nourriture économique pour l'entretien et l'engraissement des animaux de vente, amena la construction de bergeries permettant l'engraissement, l'hiver, des moutons. Bientôt, pour la culture de la betterave et l'ameublissement profond du sol, de puissants instruments agricoles remplacèrent l'ancien outillage : les bœufs firent leur apparition comme moteurs et la bouverie fut construite en 1862. Successivement, tout fut concentré à la ferme, la grande grange, modèle d'architecture rurale, fut construite en 1870, le silo à pulpe en 1873, la deuxième bouverie en 1874, le bâtiment de la machine à vapeur en 1875, le hangar aux instruments en 1877, et la grande bergerie en 1879, constituant un ensemble de constructions où tout est prévu et utilisé, établi sans luxe et avec la plus stricte économie.

Toujours présent, toujours sur la brèche, M. Ernest Gilbert utilisa la charrue à vapeur en 1879-1880. Comme distillateur, M. Ernest Gilbert n'était pas moins homme de progrès et entreprenant que cultivateur. Sa distillerie du Manet était un excellent modèle d'installation, de bon travail et de résultats. En donnant

des détails très curieux et intéressants sur l'exploitation du
Manet, le rapporteur de la prime d'honneur de 1881, M. Boursier ajoutait : « Si l'ensemble des cultures et des aménagements
de la ferme dénotent l'homme supérieur qui les dirige, la vue de
la basse-cour nombreuse et peuplée de bonnes races, le jardin,
la tenue du ménage, disent que M. Ernest Gilbert est bien
secondé et que la compagne qu'il a été demander au pays char-
train appartient, elle aussi, à une de ces familles où la profession
de fermier est un titre : nommer la famille Lelong c'est tout
dire... Honneur à ce nom de Gilbert si cher à ce pays, si cher à
l'agriculture, si dignement porté. »

Depuis 1889, M. Ernest Gilbert est membre de la Société
nationale d'agriculture et du conseil supérieur d'agriculture. Il
est aussi membre du conseil consultatif des chemins de fer.
M. Ernest Gilbert a été maire de Montigny-le-Bretonneux et a
fait souvent partie du jury des concours régionaux et du concours
général. Après avoir cédé son importante culture du Manet à
son fils, M. Ernest Gilbert, qui ne peut rester inactif, ni étranger
à l'agriculture, s'occupe de l'exploitation d'une ferme importante
qu'il possède à Varennes, commune du Gault-St-Denis (Eure-et-
Loir) (1).

GILBERT (G.)

ADMINISTRATEUR

1900-

M. Georges Gilbert, maire de Montigny-le-Bretonneux, succéda au conseil d'administration de l'*Étoile* à son père, M. Ernest Gilbert, démissionnaire en sa faveur en même temps qu'il
succéda à son père dans la ferme du Manet, commune de Montigny-le-Bretonneux. Dans cette importante exploitation qui comprend 295 hectares, M. Georges Gilbert continue les traditions
de sa famille. C'est par 80,000 bottes en moyenne par an que
M. Gilbert vend des pailles et des fourrages à la ville, et c'est
par 300 voitures au retour qu'il en ramène des fumiers pour un
poids total de 1,200,000 kilos. Le fumier provenant du parcage
des moutons et l'achat de 15 à 18,000 francs d'engrais chimiques,
qui viennent s'y ajouter chaque année pour une quantité équiva-
lente et même supérieure, permettent d'augmenter la fertilité
des terres et la quantité des récoltes et de faire des avances au

---

(1) Cf. 1° *Journal d'agriculture pratique*, 49° année, 1885, tome I,
5 février ; *Les mérinos de Widecille*, par Gustave Heuzé ; 2° Concours
régional de Versailles : *Rapport sur la prime d'honneur*, par Boursier ;
1 br., Compiègne, Mennecier, 1881 ; 3° *Dict. biographique de Seine-et-
Oise*, Jouve, 1893.

sol : de longs baux permettent aussi, à M. Gilbert, de ne pas interrompre les améliorations successives qu'il introduit dans cette culture si intéressante. M. Gilbert, qui chaque jour perfectionne son organisation, a installé un moteur qui distribue l'électricité dans sa ferme.

GODBERT

ADMINISTRATEUR

1836-1841

M. GODBERT, agriculteur à Noiseau, commune de Boissy-St-Léger (Seine-et-Oise), membre du conseil général des sociétaires dès 1835, fut appelé à faire partie du conseil d'administration en 1836. Il exerça les fonctions de censeur en 1841.

GOSME-MORIN (J.)

ADMINISTRATEUR

1874-

Comme les Delacour, les Desforges, les Jumeau, etc., le nom de Gosme-Morin figure sur les premiers registres de la Société dès son origine. M. Augustin GOSME-MORIN, agriculteur à Beaulay, commune de Guigneville (Loiret), est parmi les indemnitaires de 1837. Il est le père de M. Jules Gosme-Morin, administrateur, depuis plus de trente ans, de la Société où il est assuré de père en fils depuis 70 ans.

M. J. Gosme-Morin appartient à une famille établie et se consacrant à la culture, de tout temps, dans le Pithiverais. M. Gosme-Morin, qui aime sa profession avec passion, voit les traditions familiales continuées par son fils, M. Gosme-Pointeau, assuré comme lui à l'*Etoile*, qui met chaque année sous la garantie de la Société une moyenne de 50 à 60,000 francs de récoltes pour son exploitation de Beaulay.

GOURNOT

ADMINISTRATEUR

1856-1865

M. GOURNOT (Achille), dont la signature apparait dès 1854 au Conseil général des sociétaires, fut un des administrateurs de l'*Etoile* les plus dévoués et les plus écoutés. Sa collaboration active et éclairée se manifesta jusqu'à sa mort dans plusieurs circonstances importantes, notamment dans la rédaction des protestations contre les projets de l'Empereur, qui voulait s'em-

parer des assurances ; dans les démarches faites à l'appui, et
dans un certain nombre de questions de droit concernant la
Société l'*Étoile* et ses rapports avec le Conseil d'État. M. Gournot
mourut prématurément à 40 ans au moment où sa carrière
d'avocat et de lettré s'ouvrait brillante et pleine de promesses.
Tous les journaux lui consacrèrent de longs articles biographiques
et exprimèrent d'unanimes regrets.

« Au murmure d'hommages, de regrets, d'afflictions, lit-on
dans le *Droit* (1), qui s'éleva autour de sa tombe et dans toute
la presse, le public put apprendre en quel honneur Gournot
était tenu, et comment ses belles qualités avaient été jugées par
ses pairs, seul jugement, d'ailleurs, auquel il eût jamais été sensible et seul honneur qu'il eût jamais envié. »

Dans le même journal, qui consacre à M. Gournot un article
qui ne forme pas moins de quatorze pages, on lit encore : « On
ne saura jamais tout ce que la mort vient de nous enlever en
dérobant à nos rangs l'homme plein de sève et de vigueur, d'intelligence, l'homme considéré au Palais, estimé et recherché
entre tous, qui fut notre ami Gournot...

« Au Palais, le succès l'accueillit tout d'abord. Nommé secrétaire de la conférence des avocats, il fut désigné par Berryer,
alors bâtonnier, pour le discours de rentrée qu'il prononça le
30 novembre 1854; il avait alors vingt-cinq ans. Du premier
coup, Gournot se signalait comme orateur et comme écrivain. Son
discours sur un sujet bien vaste, l'*Esprit de la loi française
relative aux dispositions testamentaires*, révélait, avec un
savoir réel, une netteté de vues qui lui était propre, un esprit
dégagé de tout préjugé et ouvert à toute lumière d'où qu'elle
vienne, enfin un style vif et correct cherchant le sens plutôt que
le mot et par cela même le vrai style de la langue moderne...
Le Palais ne manqua pas d'applaudir au jeune orateur, parce
que l'on sait que tout ce qui est intelligence y est utile, et les
anciens lui firent fête à l'envi.

« J'ai encore devant les yeux cette physionomie élégante,
toute de grâce et de finesse dans la régularité, dans la distinction, je dirai même dans l'énergie du trait : le front portant haut
la pensée, le regard voyant, et cette lèvre charmante, vraiment
faite pour l'éloquence, où le sourire et la tendresse semblaient
le disputer à la force, au savoir et au bon sens; avec cela, dans
toutes ses allures rien que de simple et de naturel.

« A partir de ce jour, se mettre à l'œuvre, ne refuser rien des
affaires venues d'office ou de l'assistance judiciaire, tenir toute
cause pour sérieuse, si petite qu'elle fût, et s'y adonner entièrement; en un mot, rechercher toutes les occasions loyales de se

---

(1) **25 avril.**

présenter dignement sur la brèche ; on imagine avec quel entrain Gournot s'acquitta de ces devoirs inhérents à la profession. Ce n'est pas assez. Il voulut travailler sous les leçons du plus laborieux de nos maîtres, le bâtonnier Liouville, et plus tard avec Berryer... J'ai rarement vu une nature plus finement douée pour percevoir le beau en toutes les œuvres de l'esprit ; il en était curieux avec passion et ne s'y trompait point. Judicieux et lettré, traduisant Homère et traduisant Shakespeare, amoureux et studieux de tous les chefs-d'œuvre de notre langue, il avait fini par ne vouloir plus, en fait de littérature, hanter que les sommets et ne se nourrir que de l'exquis : il n'avait donc qu'à suivre son penchant pour se livrer aux lettres. Homme du monde charmant s'il en fut, il trouvait le meilleur accueil dans les meilleures sociétés ; camarade, il marchait entouré des meilleurs amis, et, la fortune aidant, que ne pouvait-il attendre avec patience ! Pourtant, malgré qu'il se maintînt dignement à sa place de jurisconsulte, et par ses plaidoyers et par de brillants articles très remarqués dans la *Gazette des Tribunaux*, il fut pris d'un sentiment de désespérance qu'il ne résista pas à laisser échapper dans une œuvre anxieuse et quelque peu mélancolique : L'*Essai sur la Jeunesse contemporaine* (1)... C'était fête de voir apparaître son nom dans les colonnes de nos journaux judiciaires, et l'on dévorait ces articles (2) dans lesquels il produisait les meilleurs arguments et les meilleurs matériaux pour l'examen des lois. »

Le grand Berryer qui se connaissait en hommes, avait pris Gournot en estime singulière : avec la grâce infinie et la vivacité qu'il apportait en toutes ses affections, il avait fait du jeune homme l'ami de sa vieillesse, le traitait d'égal à égal sous tous les rapports de la vie intelligente et de la vie intime. A cette amitié, Gournot dut la bonne fortune de s'être trouvé le compagnon de Berryer dans ce voyage en Angleterre où l'illustre orateur reçut du barreau anglais l'hommage le plus spontané et le plus magnifique que jamais nation étrangère ait rendu à une grande intelligence française.

C'est M. Marie, bâtonnier de l'ordre des avocats, qui prit la parole sur la tombe de M. Gournot. « Il appartenait, dit-il, au bâtonnier de notre Ordre d'exprimer ici les regrets du barreau tout entier... Gournot était une intelligence droite et ferme, une conscience résolue, un esprit élevé, ardent à la lutte, pas-

------

(1) Cet ouvrage, dont le retentissement fut très grand, a été publié chez Hetzel.

(2) Notamment dans les journaux de droit. Outre des travaux de critique judiciaire tout à fait hors ligne, M. Gournot a encore publié un ouvrage plein d'originalité et de verve sur la propriété littéraire et une très remarquable biographie de Philippe Dupin.

sionné même, mais chez qui la raison savait toujours pourtant
régler la passion. Il avait le goût du progrès et se laissait aller
aux aspirations généreuses, mais aussi son bon sens exquis et
son expérience corrigeaient ces ardeurs. Homme d'étude et de
réflexion, il avait interrogé le passé et le présent et il avait
appris ainsi à aimer et à respecter les traditions, à associer la
sagesse moderne à la sagesse antique. »

On peut lire sur M. Gournot des articles biographiques dans
le *Siècle* du 27 mars, le *Droit* du 28 mars, l'*Univers illustré* du
3 avril, le *Journal de Paris* du 26 mars, le *Moniteur universel*
du 27 mars, le *Journal de la Nièvre* du 30 mars, le *Temps* du
3 avril 1869. L'article de ce dernier journal est de Jules Ferry.

GOUY

ADMINISTRATEUR

1840-1851

M. Gouy, agriculteur, figure sur les livres de la Société dès
son origine, et au nombre des plus fort sinistrés de l'année 1837.
Il exerça les fonctions d'administrateur pendant onze ans jusqu'à
1851, époque à laquelle il cessa son exploitation de Bréançon
(Seine-et-Oise), et se retira complètement des affaires.

GRANGER

ADMINISTRATEUR

1834-1836

M. Granger (Alexis), propriétaire dans l'Oise, avocat à la Cour
royale, chevalier de la Légion d'honneur, est un des fondateurs
de l'*Etoile* dont il signa l'acte de constitution. Il était né le
6 novembre 1796 et avait été décoré le 19 octobre 1831. Il était
alors capitaine de la garde nationale de la Seine. Il mourut à
Honfleur (Calvados).

GUESNIER (A.)

ADMINISTRATEUR

1869-1877

M. Guesnier (Amédée), agriculteur, maire de Blamécourt,
près Magny-en-Vexin (Seine-et-Oise), membre du Conseil général
des sociétaires, avait une ferme importante qu'il cultivait en
maitre : il donnait le ton à la contrée. Sa fortune et son savoir
lui permirent d'introduire dans sa ferme les instruments les
plus perfectionnés, d'améliorer ses terres au moyen des engrais

chimiques encore peu connus. Il fut un des premiers à cultiver la betterave et tira de son sol des rendements jusqu'alors inconnus. Ses deux fils continuèrent ses exemples ; l'aîné, M. Maurice Guesnier, a succédé à son père comme cultivateur et maire à Blamécourt, le second, M. Robert Guesnier, a acquis les deux fermes d'Etrées, à Saint-Gervais, qu'il a réunies et qu'il exploite.

GUYON (L.)

ADMINISTRATEUR

1865-1877

M. Guyon, maire de Milly (Seine-et-Oise), était considéré comme un agriculteur émérite. Il cultiva longtemps la ferme des Corbeaux, sise sur un plateau fertile entre Milly et Bonneveaux. Son fils, élevé à son école, fut un des premiers à employer les engrais chimiques dans son exploitation du « Chapitre », commune de Larchant. Il fut maire de Larchant et chevalier du Mérite agricole.

GUYOT

ADMINISTRATEUR

1854-1865

Outre les connaissances spéciales qui l'avaient fait désigner comme administrateur de l'*Étoile*, M. Guyot possédait un esprit extrêmement ouvert et une grande instruction, et il s'était associé avec M. Scribe, cousin de Scribe de l'Académie française, pour fonder l'imprimerie connue sous le nom de « Guyot et Scribe », dont les presses fournirent de nombreuses brochures d'assurances. Mais on ne peut parler de cette imprimerie sans signaler deux de ses plus importantes publications, l'*Almanach impérial* et la *Gazette des Tribunaux*, parce qu'elles donnaient à M. Guyot beaucoup d'influence. En effet, pour recueillir les renseignements nécessaires à l'*Almanach impérial*, ouvrage alors seul existant en son genre, M. Guyot avait ses entrées dans tous les ministères et toutes les administrations publiques, et pour la *Gazette des Tribunaux*, ouvrage d'autant plus apprécié que les recueils judiciaires étaient alors fort restreints, M. Guyot, qui y collaborait et d'ailleurs avait fait ses études de droit et appris la pratique chez l'avoué, se trouvait en relations continuelles avec le monde du Palais. Aussi, dans bien des circonstances se rapportant aux intérêts généraux des assurances, le Conseil d'administration de l'*Étoile* eût-il à apprécier l'utile intervention de M. Guyot, dont le concours dévoué était entièrement acquis à la mutualité.

HÉNISSART (J.)

ADMINISTRATEUR

1890-

M. Hénissart (Jules) se rattache au Conseil d'administration depuis 1846, c'est-à-dire depuis 59 ans, par son beau-père, M. Luce, qui fut administrateur pendant 22 ans, et par son grand-père, M. Paÿn, qui fut administrateur pendant 28 ans et occupa, à plusieurs reprises, le fauteuil de la présidence du Conseil d'administration.

M. Hénissart est propriétaire du magnifique domaine de Maugué, un des plus beaux et des plus intéressants de l'arrondissement de Vendôme (Loir-et-Cher). Cette superbe propriété comporte 1,680 hectares d'un seul tenant, dont 1,280 hectares de bois et plus de 400 hectares de terres cultivées en blé et en avoine et entourant de beaux et spacieux bâtiments de ferme. Le surplus est composé en prairies.

Grâce à une Éolienne qui va puisant l'eau dans des sources de la vallée du Réveillon et l'accumule dans des réservoirs d'où elle est distribuée aux alentours, M. Hénissart a transformé en prés verdoyants le plateau aride sur lequel était bâti le château de Maugué. Mais, ce que l'on ne peut passer sous silence en parlant de ce domaine, ce sont les bois. Leur imposant massif fait l'admiration des visiteurs, tant par ses réserves de toute beauté, que par les repeuplements effectués depuis 25 ans avec un succès si constant qu'on aurait peine à trouver une clairière sur plus d'un millier d'hectares. Cette superbe forêt, admirablement entretenue, est traversée par deux grandes avenues principales servant de laies sommières, longues de 4 kilomètres, larges de 12 mètres, empierrées sur toute leur longueur, bordées à droite et à gauche d'une bande de futaie sur souche de 15 mètres de largeur, au travers de laquelle s'élève un grand nombre d'arbres centenaires et francs de pied.

Les travaux multiples et variés exécutés par M. Hénissart, ses repeuplements surtout, font école dans la région.

M. Hénissart est maire de sa commune depuis 1877, président du comité de secours aux blessés de l'arrondissement de Vendôme, administrateur de la Société d'assurances mutuelles contre l'incendie de Loir-et-Cher, qui assure la plus grande partie des cultivateurs du département. Antérieurement, M. Hénissart avait passé sa licence en droit et, après avoir fait la campagne de 1870 comme officier de mobiles, il était entré dans les bureaux de l'enregistrement dont son père était un des administrateurs les plus éminents ; il ne pouvait être à meilleure école pour acquérir la pratique

des questions juridiques et administratives. M. Hénissart donna
sa démission en 1877 pour se consacrer entièrement à son
domaine de Maugué où les travaux qu'il a exécutés depuis
28 ans lui valurent la médaille d'or décernée en 1902 par la
Société des agriculteurs de France.

JACQUES-PALOTTE (J.-A.)

ADMINISTRATEUR

1844-1859

JACQUES-PALOTTE (Jean-Auguste), agriculteur, ancien magistrat,
conseiller général, député, administrateur de la Compagnie des
forges de Châtillon et Commentry, etc., est né en 1801 à Poilly
(Yonne), d'une famille originaire du Hainaut, fixée dans la Basse-
Bourgogne depuis 1734. Son père, lieutenant au 13e chasseurs à
cheval en 1791, fut emprisonné à Arras pendant la Terreur, et
ne dut son salut qu'au 9 thermidor. Cette captivité lui enleva le
goût des armes, il donna sa démission, revint à Irancy (Yonne),
son pays natal, et épousa Mlle Jacquillat, d'une famille très
anciennement connue par son honorabilité et les vignobles
réputés qu'elle possédait dans le Tonnerrois. Jean-Auguste
Jacques-Palotte fit de brillantes études au collège de Tonnerre.
Quand vint le moment de choisir une carrière, il résista aux
sollicitations d'un de ses grands-oncles, M. Jacques de La Roche,
qui avait émigré en 1793 étant lieutenant-colonel et chevalier
de Saint-Louis et, au lieu d'embrasser la carrière militaire, il fit
son droit. Allié par sa femme, née Humbert de Quincy, à une
des familles les plus anciennes et les plus considérées de la
Bourgogne, il fut nommé en 1828 procureur du roi à Tonnerre (1), et peu après conseiller général, fonctions qu'il exerça
jusqu'en 1841.

Palotte remplissait avec dévouement les fonctions d'administrateur de l'hôpital de Tonnerre. Il était le désintéressement

---

(1) Le 29 juillet 1830, la duchesse d'Angoulême, fuyant Dijon, arriva à
Tonnerre. Presque en même temps parvenait la nouvelle du triomphe de
la Révolution. Le parti révolutionnaire de la petite ville, désireux d'arrêter la duchesse, se porta en masse à la sous-préfecture où elle venait de
descendre. La garde nationale, sous les armes, gardait l'hôtel. M. Palotte
parvint, avec le concours de M. de Partouneaux, sous-préfet, et de
M. Is. Roze, à faire évader la fille de Louis XVI par une petite porte
donnant sur les glacis de la colline de St-Pierre ; appuyée sur son bras,
elle descendit au travers des rochers par un sentier difficile et presque
impraticable jusqu'au faubourg Bourgberault où des amis dévoués l'attendaient et lui avaient amené une voiture.

même. On peut en donner ici un exemple : En 1839, il donna sa démission de procureur du roi en faveur de son beau-frère, M. de Monicault.

En 1846, il céda aux instances de ses amis politiques qui le firent revenir d'Ems 48 heures avant les élections, et le forcèrent, pour ainsi dire, à faire des visites aux électeurs. Il fut élu le 1er avril avec 145 voix contre 123 à M. Baumes, député sortant. Pendant la session, il demeura indépendant entre la majorité et l'opposition et se rapprocha du pouvoir à la veille des événements de 1848 qui le rendirent à la vie privée. On doit signaler les efforts qu'il fit pour faire passer par la vallée de l'Armançon la ligne de Paris-Lyon-Méditerranée, qui eut dû augmenter la fortune du canton de Tonnerre, si les prévisions humaines n'étaient si souvent bouleversées par la brutalité des résultats.

Profitant des loisirs que lui laissait sa démission de magistrat, il s'occupa davantage des intérêts que son beau-père, maître de forges et conseiller général de la Côte-d'Or, lui avait laissés dans le Berry. Il visita les mines de charbon de Commentry, fut frappé de la position favorable que cette proximité donnerait à un grand établissement métallurgique, et devint le principal fondateur de la Compagnie des forges de Châtillon et Commentry qu'il administra avec un grand désintéressement jusqu'en 1863.

Membre depuis 1837 de la Société d'agriculture et d'industrie de Tonnerre, il contribua à donner une vive impulsion à l'agriculture par les exemples de sa belle exploitation de Serrigny. Déjà, en 1830, frappé de la préférence que l'araire obtenait à la ferme de Roville, M. Palotte en avait fait venir un des ateliers de M. de Dombasle, pour faire connaître cet instrument dans le pays. Après l'avoir expérimenté lui-même à son exploitation de Fontaine-Gery, et en avoir apprécié les avantages, il était venu, le 3 novembre 1830, le faire fonctionner dans les plaines de Dannemoine, près Tonnerre, en présence du sous-préfet, des maires et des autorités du pays. Lui-même l'avait dirigé pendant une heure et demie, pour en montrer le maniement aux cultivateurs. Puis il avait fait faire le même travail par une charrue du pays et avait établi la comparaison.

Les médailles qui lui furent décernées en 1845 pour ses élèves de race bovine, en 1847 et 1850 pour ses taurillons, en 1849 pour son troupeau d'ensemble, en 1850 pour ses génisses, en 1851 pour ses prairies artificielles, même la médaille d'or qui lui fut attribuée en 1850, sont peu de chose en comparaison des sacrifices considérables qu'il avait faits pour le développement de l'agriculture qu'il aimait passionnément. Au surplus, M. Jacques-Palotte consacra sa fortune à toutes les œuvres susceptibles de contribuer à la prospérité de son pays. Respect de la dignité nationale, accroissement de l'instruction, amélioration du sort des classes souffrantes, développement de la richesse publique par l'agriculture, l'industrie et le commerce, abnégation partout et toujours de ses intérêts personnels, tels furent les mobiles qui guidèrent toutes les actions de sa vie (1).

JANNAIRE-SIROT

ADMINISTRATEUR

1841-1843

Jannaire-Sirot, appartenant à une ancienne famille de cultivateurs originaire de Villegruis (Seine-et-Marne), a été de longues années fermier de la ferme importante de Marival, commune de Villegruis, où son fils lui succéda dans sa culture. Il se retira à Beauchery, où il mourut vers 1860.

JOURDAN

ADMINISTRATEUR

1848-1873

M. Jourdan était agriculteur, maître de poste et conseiller d'arrondissement à Artenay, où, comme on l'a vu dans un chapitre précédent, la Société a eu une de ses premières et principales agences dès son origine en 1831. M. Jourdan avait en outre fait ses études de droit et était avocat. Ses connaissances multiples lui permirent de rendre de grands services au Conseil d'arrondissement où l'on conserve encore son souvenir. M. Jourdan exerça la profession de cultivateur jusqu'à l'époque où un incendie détruisit sa ferme. Lors de la construction des chemins de fer, M. Jourdan dut abandonner la poste ; mais sa compétence particulière en matière de transport le fit nommer à un emploi important à la Compagnie du chemin de fer du Nord. Lorsque M. Jourdan exerçait les fonctions de maître de poste, il avait été chargé d'organiser les relais pour un voyage effectué par des princes de la maison royale. La manière dont il avait tout organisé et prévu, lui avait attiré des félicitations qu'il aimait à rappeler en racontant les détails de ce voyage auquel il avait présidé. M. Jourdan a été un des administrateurs les plus dévoués de l'*Étoile*. Il en a exercé les fonctions pendant un quart de siècle jusqu'à sa mort. En annonçant son décès, le président du Conseil général de l'*Étoile* a retracé à l'assemblée les services

---

(1) Cf. *Journal de l'Yonne*, 14 novembre 1830 et *passim ;* Robert, Bourloton, *Les Parlementaires français.*

rendus à la Société par M. Jourdan, et l'assemblée ordonna d'en faire mention au procès-verbal.

M. Jourdan, qui était né en 1800, fut inhumé à Artenay. Il y avait épousé Mlle Gallard.

JUMEAU (A.)

ADMINISTRATEUR

1874-

M. Alexandre Jumeau, agriculteur, ancien maire de Saint-Georges-sur-Eure, non seulement a très longtemps et continuellement fait partie du Conseil général des sociétaires, mais encore par son chiffre d'assurances, a été appelé souvent à faire partie du bureau. Le nom de Jumeau se trouve parmi les assurés de l'origine de la Société. Un des premiers et principaux assurés fut, en effet, M. Jumeau, agriculteur à la ferme de la Motte, commune de Saint-Georges-sur-Eure, qui figure parmi les indemnitaires et membres du Conseil général de 1837, 1838, 1840, 1841, etc. Parmi ces membres du Conseil général on relève M. Jumeau à Bouglainval en 1843. Les MM. Jumeau de Saint-Georges apparaissent en 1841, et depuis cette époque ils figurent au Conseil général avec environ 60,000 francs de valeurs assurées. M. Jumeau a été appelé en 1874 à faire partie du Conseil d'administration où son nom est synonyme, comme ceux de Morin, Delacour, Gosme, etc., de 70 ans de fidélité à l'*Étoile*.

LAURENT (E.)

ADMINISTRATEUR

1899-

M. Edouard Laurent, conseiller municipal, ancien adjoint à Allainville-aux-Bois, chevalier du Mérite, est depuis 1872 à la tête d'une importante exploitation de 300 hectares, dont le chiffre des valeurs assurées annuellement à l'*Étoile* (70 à 90,000 francs) l'appelait à faire partie du Conseil général des sociétaires depuis 1890. M. Laurent, qui n'a jamais exposé ni voulu concourir, s'est vu cependant décerner en 1885 le prix Olivier de Serres, de la bonne culture, au concours agricole de Dourdan. M. Laurent se livre à la culture intensive, à la culture des betteraves qui trouvent leur débouché dans une distillerie à proximité. Originaire de Neauphle-le-Château, M. Laurent est, par sa femme née Gauchard, issu d'une famille notable de la culture, le petit-fils de M. Cugnet de la Douairière, qui se fit un nom, bien connu en son temps, comme un des premiers éleveurs de moutons.

LEBOBE (A.-S.)

ADMINISTRATEUR

Président du Conseil d'Administration

1840-1847

Lebobe, Auguste-Stanislas, né à Couilly (Seine-et-Marne), le 19 décembre 1790, député, entrepreneur de bâtiments à Paris, président du tribunal de commerce de la Seine, chevalier de la Légion d'honneur, fut élu le 9 juillet 1842 député du 2ᵉ collège de Seine-et-Marne (Meaux) par 424 voix (819 votants) contre 389 à M. Portalis, député sortant. Il s'était présenté à ses électeurs comme candidat indépendant. Les élections du 1ᵉʳ août 1846 lui furent défavorables. Il échoua dans le même collège électoral avec 416 voix contre 459 à l'élu M. Oscar de La Fayette.

M. Lebobe avait été nommé administrateur de la Caisse d'épargne de Paris, puis censeur le 23 mars 1844. Le 20 mars 1845 il en avait été élu directeur. Appelé en 1840 à faire partie du Conseil d'administration de l'*Étoile*, il ne tarda pas à y occuper une place prépondérante et il en fut élu président le 20 décembre 1842, en remplacement de M. Besson, pair de France. En 1847, il se retira peu à peu des affaires et mourut à Couilly, son pays natal, le 3 avril 1858 (1).

LEFEBVRE (H.-B.)

ADMINISTRATEUR

1853-1855

M. Honoré-Benoit Lefebvre, agriculteur, propriétaire au château de la Faisanderie, commune de Fontenay-le-Fleury, près Versailles, fut appelé à faire partie du Conseil d'administration en 1853; mais il n'exerça ses fonctions que deux ans, ayant cessé sa culture en 1855. M. Lefebvre est le père de M. Jacques-Eugène Lefebvre qui fut conseiller à la Cour des comptes. Le château de la Faisanderie appartient toujours à sa famille.

---

(1) Cf. Robert, Bourloton, *Dict. des parlementaires*; Bayard, *Hist. de la Caisse d'épargne de Paris*.

LEFEBVRE (Ch.)

ADMINISTRATEUR

1882-1889

M. LEFEBVRE-GANDRILLE (Charles), agriculteur à Oison (Loiret), conseiller général du Loiret, appartenait par sa femme à l'honorable famille des Gandrille dont il a été parlé plus haut, et qui furent administrateurs de l'*Etoile*. M. Lefebvre-Gandrille était à la tête de l'importante exploitation de Mamonville, propriété des hospices d'Orléans. M. Lefebvre, que le chiffre de ses assurances mettait au nombre des membres du Conseil général de l'*Étoile*, est allé, après avoir cessé la culture en France, se mettre à la tête d'une grande exploitation en Tunisie. Il avait succédé, comme administrateur de l'*Étoile*, à son prédécesseur dans sa culture, M. Rivierre. (Voir ci-après.)

LEGENDRE (E.)

ADMINISTRATEUR

1837-1843

M. Etienne LEGENDRE, un des assurés les plus importants de la Société dès son origine, figure pour 6,885 francs parmi les indemnitaires en 1835. Son nom figure encore à Beaulieu, en 1839, parmi les plus forts indemnitaires pour une somme de 43,776 francs. M. Etienne Legendre fut nommé administrateur en 1837. Maire de Soisy-sur-Ecole pendant trente-cinq ans, il s'était adonné à la grande culture depuis l'âge de 25 ans et il s'en était occupé jusqu'à sa mort. M. Legendre n'a pas laissé de descendants, mais son nom si honorable continue à être représenté dans le pays par son neveu, M. Narcisse Legendre, agriculteur, maire de Soisy-sur-Ecole, conseiller général, secrétaire de la Chambre consultative d'agriculture d'Etampes, chevalier du Mérite agricole, officier d'Académie.

LELONG (Ch.-E.)

ADMINISTRATEUR

1872-1888

M. Charles-Emmanuel LELONG, d'une ancienne et honorable famille, cultivait la ferme de Champignolles, près Scrifontaine, d'une contenance de 400 hectares. Cette importante exploitation fut dirigée par lui et ses parents pendant cent cinquante ans. Lui-même la dirigea pendant un tiers de siècle. Vu la difficulté

de trouver de la main-d'œuvre, la ferme de Champignolles étant
éloignée de 3 et 4 kilomètres de tout pays, M. Lelong dut, en
créant des prairies, simplifier progressivement son exploitation
à la tête de laquelle il était seul, sans aide, sauf, lorsque, dans les
derniers temps, son fils vint le seconder. Jamais M. Ch.-E.
Lelong ne voulut prendre part à aucun concours comme exposant, mais, par contre, sa compétence le fit souvent désigner
comme membre du jury, de même que ses concitoyens le main-
tinrent constamment au conseil municipal de Serifontaine.

Nommé administrateur de l'*Étoile* où le chiffre de ses assurances le mettait depuis longtemps et souvent au nombre des
membres du Conseil général des sociétaires, M. Lelong en a
exercé les fonctions avec assiduité pendant seize ans, jusqu'au
moment où il donna sa démission en faveur de son fils qui suit.

LELONG (Ch.)

ADMINISTRATEUR

1889-1898

M. Charles LELONG, successeur de son père, M. Charles-
Emmanuel Lelong, dans son exploitation de Champignolles, fut
nommé, sur la présentation et en remplacement de celui-ci,
administrateur de l'*Étoile* en 1889. Il en exerça les fonctions avec
la même assiduité que son père, pendant le temps qu'il demeura
à Champignolles, c'est-à-dire pendant douze ans, jusqu'en 1898,
époque à laquelle il démissionna en faveur de M. Emmanuel
Lelong, son frère, qui suit. Comme son père, M. Charles Lelong
ne prit part à aucun concours, mais, entouré de la considération
publique, il a fait constamment partie du Conseil municipal de
Sérifontaine.

LELONG (E.)

ADMINISTRATEUR

1899-

M. Emmanuel LELONG, agriculteur au Perchay (Seine-et-Oise),
continue au Conseil d'administration de l'*Étoile* le nom si honorable des Lelong. Il fut nommé administrateur en 1899 sur
la présentation et en remplacement de M. Charles Lelong, son
frère. M. E. Lelong est depuis 1891 à la tête d'une exploitation
importante au Perchay, qu'il a progressivement perfectionnée
pour la mettre en rapport avec les progrès actuels de la culture,
et qui comporte annuellement 70 à 80,000 francs de céréales
assurées à l'*Étoile*.

LEMAIRE

ADMINISTRATEUR

Président du Conseil d'Administration

1865-1889

M. Lemaire, agriculteur à Versigny (Oise), appelé en 1879 à la présidence du Conseil d'administration de l'*Étoile*, en remplacement de M. Denormandie, faisait déjà partie du Conseil depuis quinze années, et de la Société depuis une époque très éloignée, car le nom des Lemaire apparaît dès 1837 sur la liste des indemnitaires. M. Lemaire, dont la culture s'élevait en moyenne à 40,000 francs de valeurs assurées par an, était particulièrement attaché à la Société. Il aimait à répéter qu'il la considérait comme une grande famille, et se plaisait aux séances du Conseil à en constater l'union. Il ne cessa ses fonctions d'administrateur et de président qu'il avait exercées pendant un quart de siècle avec une ponctualité et un intérêt particuliers, que lorsque son âge et sa santé le forcèrent à se retirer complètement des affaires. M. Lemaire est décédé peu de temps après sa retraite.

LEPOIVRE

ADMINISTRATEUR

1841-1842

M. Lepoivre, agriculteur, membre du Conseil général des sociétaires dès 1837, est né à Coupvrai (Seine-et-Marne) en 1803. Marié le 23 septembre 1828 à Mlle Paillard (on verra plus loin ce nom parmi les administrateurs de l'*Étoile*), M. Lepoivre se mit à la tête d'une exploitation au Thillay (Seine-et-Oise) et, dès 1829, il fut nommé membre du conseil municipal de cette commune. Appelé au Conseil d'administration de l'*Étoile*, M. Lepoivre ne cessa ses fonctions, en 1842, que parce qu'il cessa de faire valoir et quitta le Thillay pour se retirer à Gonesse où ses concitoyens le nommèrent capitaine des pompiers et où il mourut en 1880. A la bonne renommée qu'il laissa au Thillay, M. Lepoivre ajouta un souvenir matériel en faisant une donation de 60 francs de rente au bureau de bienfaisance.

LESEBLE

ADMINISTRATEUR

1842-1844

M. Leseble (Louis-Melchior-Narcisse), propriétaire, chevalier de la Légion d'honneur depuis le 19 octobre 1831, avait manifesté son intérêt à la Société dès sa fondation. Il résigna ses fonctions d'administrateur pour se retirer des affaires, et mourut le 29 mars 1867.

LÉVÊQUE DE VILMORIN (P.-P.-A.)

ADMINISTRATEUR

1836-1850

Pierre-Philippe-André Lévêque de Vilmorin, né le 30 novembre 1776, correspondant de l'Académie des Sciences, membre des Sociétés d'agriculture de Paris et de Londres, chevalier de la Légion d'honneur, avait été par le chiffre de son assurance appelé à faire partie plusieurs fois du conseil général des Sociétaires de l'Étoile. Il fit de brillantes études au collège de Pontlevoy, puis vint à Paris étudier les sciences naturelles, l'anglais et l'allemand. Les voyages qu'il fit en Angleterre en 1810, 1814 et 1816, lui permirent, écrit (1) M. Heuzé, de s'initier aux progrès accomplis alors dans ce pays par l'agriculture et l'horticulture, et de publier un grand nombre de notices très intéressantes sur les végétaux qu'il avait étudiés ou importés et expérimentés.

Pierre-Philippe-André Lévêque de Vilmorin avait succédé à son père Philippe-Victoire de Vilmorin, dans la direction de l'importante maison de commerce de graines, créée et dirigée sans interruption par ses ancêtres maternels, les d'Andrieux, les Diffctot, les Geoffroy depuis 1728, et qui porta successivement l'enseigne : « Au Coq de la bonne foi » (1728-1747), ensuite : « Au Roi des Oiseaux » (1747-1793); puis : « A l'Oiseau national » (1793).

En 1775, un an après son mariage avec Adélaïde d'Andrieux, fille de Pierre d'Andrieux, grainetier et botaniste du roi Louis XV, Victoire de Vilmorin introduisit en France la *betterave champêtre*. Dès avant 1771, la maison avait commencé à publier avec la collaboration de Duchesne, professeur d'histoire naturelle, des catalogues raisonnés de graines, de plantes et d'arbres. Ces catalogues, les premiers de ce genre qu'on vit en France, sont intéressants à consulter. Celui que la maison Andrieux et Vilmorin publia en 1778 comprend 148 pages in-12; les noms des plantes et des arbres y figurent en français et en latin. Ce petit volume renferme, en outre, des notions : sur la culture des plantes fourragères et des plantes industrielles qui,

----

(1) *Les Vilmorin*, 1746-1899, par Gustave Heuzé, inspecteur général honoraire de l'agriculture ; 1 br. avec portraits, Paris, lib. de la Maison Rustique, 1899.

à cette époque, n'étaient pas encore très répandues ; sur le chaulage des semences de blé ; sur la confection des couches nécessaires pour la culture des primeurs.

Les détails contenus dans les catalogues publiés par la maison, de 1780 à 1801, autorisent à dire que Philippe-Victoire Lévêque de Vilmorin a été, en France, le véritable créateur du commerce scientifique des graines potagères, agricoles et forestières. Par ses cultures expérimentales, ses écrits, son activité, son intelligence et ses nombreuses relations commerciales, il a beaucoup contribué à répandre le goût de l'agriculture. Ses importantes affaires avec l'étranger, facilitées par la connaissance de l'allemand et de l'anglais, lui permirent d'introduire et de propager en France un grand nombre de plantes utiles, dont les noms sont inscrits en tête du *Bon Jardinier*, ouvrage réimprimé chaque année, depuis 1755 et dans lequel la maison Vilmorin-Andrieux a toujours fait connaître les plantes nouvelles qu'elle met au commerce.

Dans ses recherches expérimentales, Philippe-Victoire Lévêque de Vilmorin a constaté que la transmigration des graines du Nord au Midi est plus avantageuse que celle du Midi au Nord.

En 1779, grâce à ses relations amicales avec le botaniste voyageur André Michaux, qui venait d'explorer l'Amérique septentrionale, et avec l'appui de l'illustre Malesherbes qui l'honorait d'une grande estime, il eut la satisfaction de propager en France de nombreux arbres exotiques : tulipier, chênes d'Amérique, cyprès de la Louisiane, etc.

Enfin, il vulgarisa les bonnes plantes cultivées dans les environs de Paris, et celles dont la culture était le partage presque exclusif de quelques cantons dans l'Anjou, la Provence, le Languedoc, etc.

Philippe-Victoire Lévêque de Vilmorin était studieux, éclairé, bienfaisant. En 1788, le 13 juillet, la grêle fut, on l'a vu, une calamité publique dans les environs de Paris, où elle dévasta une grande partie des cultures. Ph.-V. de Vilmorin distribua gratuitement des graines et des pommes de terre aux cultivateurs les plus maltraités. Ces dons lui valurent une médaille de la Société nationale d'Agriculture. Le gouvernement, reconnaissant que ces dons généreux étaient insuffisants à dissiper les vives préoccupations des cultivateurs, le chargea de faire venir des graines de l'étranger, et de les distribuer comme il l'avait fait pour son propre compte.

Philippe-Victoire de Vilmorin fit partie, avec Parmentier, Cels, etc., du Comité d'Agriculture et des Arts, institué par la loi du 22 germinal an III. On lui doit un grand nombre de notices sur la culture des navets, du trèfle violet, du colza, du pavot-œillette, etc.

En 1793, il fit de vains efforts pour que l'on conservât la célébre pépinière des Chartreux qui occupait 38 hectares. Lui-même possédait une pépinière à la barrière Saint-Jacques.

Le pin de Riga était regardé par la marine comme celui qui avait le plus de valeur à cause de sa légèreté, de sa flexibilité et de sa ténacité. Pour arriver à produire en France un pin de mâture ayant les mêmes qualités, P. Pierre-Philippe-André de Vilmorin s'est livré, dans le Gâtinais, à de nombreux essais de culture comparative entre les pins de Riga, de Laricio, d'Autriche, de Calabre, de Tauride, etc. Ces cultures, connues sous le nom d'École forestière des Barres, ont acquis une importance considérable. C'est en 1817 que Philippe-André s'était rendu acquéreur du domaine des Barres, près Nogent-sur-Vernisson, propriété de 400 hectares, sur lesquels il commença ses plantations qu'il ne cessa d'augmenter et de compléter jusqu'à sa mort. Cette grande École forestière, qui compte quatre-vingt-dix ans d'existence, est unique en Europe; elle comprend la plupart des essences forestières rustiques de l'Europe, de l'Asie et des États-Unis; elle occupe 76 hectares et possède 500 lots d'essences diverses.

L'utilité de cet *Arboretum* était si bien reconnue, que l'État en a fait l'acquisition pour y installer une École de Gardes et un Musée forestier. C'était, d'ailleurs, le désir du fondateur P. Philippe-André de Vilmorin, qui avait souhaité que l'Ecole forestière créée par lui fût continuée par l'Etat.

Le domaine des Barres, outre l'Ecole forestière, comprenait une véritable ferme expérimentale. C'est sur cette exploitation que P. Philippe-André Lévêque de Vilmorin fit de nombreux essais comparatifs de plantes fourragères et de céréales et qu'il cultiva sur une étendue importante, avant de les recommander aux agriculteurs, les nouvelles espèces ou variétés que ses études lui avaient permis d'obtenir et qu'il regardait comme très méritantes. C'est en 1853 que fut mise au commerce la « betterave jaune ovoïde des Barres », qui avait été pendant plusieurs années étudiée aux Barres.

Pour étudier la faculté germinatrice des graines, expérimenter les plantes nouvelles et procéder à l'épuration et à la conservation des graines, P. Philippe-André avait déjà un terrain rue de Reuilly, consacré à cet usage depuis plus d'un siècle. Mais bientôt il fut insuffisant et, dès 1815, Philippe-André acheta un domaine à Verrières-le-Buisson, près Paris.

Ayant été vivement frappé des observations de J. Sinclair, à Woburn, sur les graminées propres à créer des prairies naturelles, il comprit les avantages incontestables que présentait l'association de ces plantes, quand elles ont été cultivées isolément, sur les mélanges de graines provenant des fonds de

greniers qu'on utilisait alors dans la création des prairies et
des pâturages.

P. Philippe-André fut le collaborateur de Parmentier, de
Thouin, d'Yvart, de Bosc, de Poiteau, de Leclerc-Thouin, etc...
Avec le temps et à l'aide de ses nombreuses relations, il parvint
à former de très intéressantes collections de céréales, de plantes légumières, de plantes floréales, etc... C'est lui qui fut
chargé d'annoter la partie horticole du *Théâtre d'Agriculture*
d'Olivier de Serres, réimprimé dans le format in-4°, par les
soins de la Société Nationale d'Agriculture de France.

Les notices qu'il a écrites, de 1803 à 1835, sur les plantes
légumières, les végétaux agricoles et forestiers, sont intéressantes à étudier, parce qu'il était doué d'un esprit éminemment
pratique. En 1814, la Société d'horticulture de Londres lui
décerna la grande médaille pour les nombreuses et intéressante
communications qu'il lui avait adressées.

P. Philippe-André Lévèque de Vilmorin est mort le 21 mars 1862,
à 86 ans, laissant sa maison de commerce de graines à ses
descendants. Ceux-ci, justement fiers de leur nom, continuent à
diriger avec distinction cette importante entreprise qui occupe
plus de 550 employés, sans compter les journaliers préposés
aux cultures et aux récoltes, et qui a propagé plus de 450 espèces
utiles.

Les nombreux mémoires rédigés par les Vilmorin depuis 1780
ont été publiés dans les *Mémoires* et le *Bulletin des Séances de
la Société Nationale d'Agriculture*, dans la *Feuille du Cultivateur*, dans les *Annales de l'Agriculture*, la *Bibliothèque des
Propriétaires ruraux*, le *Cultivateur*, le *Bulletin Ferussac*, le
Journal d'Agriculture pratique, la *Revue Horticole*, les *Annales
de la Société Nationale d'Horticulture* et le *Bulletin de la
Société d'Acclimatation*.

Il est question en ce moment d'élever un monument aux
membres de la famille de Vilmorin qui, depuis plusieurs générations, ont rendu à l'agriculture des services signalés.

LHOPITEAU

ADMINISTRATEUR

1865-1883

M. LHOPITEAU (Gustave-Adrien-Ernest), né en 1830, appartenait
à une famille très nombreuse et très considérée de cultivateurs
de la Beauce.

Sa généalogie, qu'on a pu reconstituer jusqu'en 1620, montre,
à cette époque, son aïeul « laboureur » à Châtenay, petite commune d'Eure-et-Loir, et tous ses ancêtres qui, de père en fils,

jusqu'à lui, se sont consacrés à la culture de la terre, dans le même département.

Il a exploité pendant vingt et un ans, de 1860 à 1881, l'importante ferme de [Jonvillers, commune d'Écrosnes (Eure-et-Loir), d'une contenance d'environ 200 hectares, et dépendant du domaine de Jonvillers, propriété de la famille de Luynes.

Maire de la commune d'Ecrosnes, de 1867 à 1876, il eut à subir l'invasion, et à discuter chaque jour avec les Allemands, au milieu d'assez grands dangers. Avec les gardes nationaux de sa commune, et n'ayant pour toute arme que son fusil de chasse, il prit part au combat d'Epernon.

Il exerça pendant plusieurs années, les fonctions de délégué cantonal du canton de Maintenon.

Très attaché à son genre de vie modeste, il ne rechercha jamais aucune fonction publique, mais tint à exercer avec conscience et dévouement, celles qu'il avait acceptées après qu'on lui eût fait quelque peu violence.

Il mourut à Chartres, le 13 janvier 1900, entouré de l'estime de tous ceux qui l'avaient connu, et qui avaient eu quelques occasions d'entrer en rapports avec lui.

Cinq de ses frères et beaux-frères (il était d'une famille de 14 enfants) ont exploité, comme lui, d'importantes fermes en Beauce, dans le même département d'Eure-et-Loir. L'un d'eux, M. Albert Lhopiteau, cultivateur à Bisseau, près de Voves, adjoint au maire de la commune de Villeau, fut pendant de longues années, expert de la Société jusqu'à sa mort.

M. Lhopiteau, administrateur de l'Etoile, est le père de M. Lhopiteau, député d'Eure-et-Loir.

L'Etoile compte toujours les Lhopiteau parmi ses assurés.

LIONS (H.)

COMMISSAIRE DES COMPTES

1879-1904

La signature de M. Henri Lions paraît pour la première fois, en 1862, à la réunion du Conseil général de l'Etoile.

M. Lions, propriétaire, à Junay (Yonne), a été pendant 21 ans (1869-1890), directeur-associé de l'importante maison Hélain, Poulain et Cⁱᵉ, commerce de graines et de farines et usine de pulvérisation.

Antérieurement (1857 à 1869), M. Lions avait été directeur de la grande fabrique de sulfate de quinine de Nogent-sur-Marne, fonctions dans lesquelles il avait succédé à son père, qui pendant 20 ans, avait dirigé cette fabrique créée par un oncle de M. Lions, associé au célèbre chimiste Pelletier dont on voit la

statue boulevard Saint-Michel, à Paris. Cette fabrique avait en
Amérique, à Harlem, près New-York, une usine succursale que
M. Lions fut chargé de créer en 1857 et qu'il dirigea jusqu'en
1860, époque à laquelle il prit la direction de l'usine principale
de Nogent-sur-Marne (1). Propriétaire dans Seine-et-Oise,
M. Lions posséda notamment la belle maison qui forme aujour-
d'hui la mairie de la ville de Chatou. Cet édifice (ancien château
de Nicolaï), fut, avec la terre qui l'entourait, vendu par
M. Lions en 1878, à la ville de Chatou, qui morcela et vendit en
détail. En reconnaissance des avantages faits par M. Lions à la
municipalité en cette circonstance, il lui fut proposé de donner
son nom à l'une des nouvelles avenues percées dans l'ancien
parc. Tous ceux qui connaissent M. Lions, connaissent aussi
sa modestie extrême et ne seront pas surpris d'apprendre qu'il
refusa cet honneur.

Nommé en 1879, commissaire des comptes, M. Lions a été
constamment depuis réélu à ces mêmes fonctions. Après les
avoir exercées pendant un quart de siècle avec une ponctualité
parfaite, il les résigna en 1901, à la suite d'une grave maladie,
en faveur de son fils qui suit.

LIONS (H.)

COMMISSAIRE DES COMPTES

1904-

M. Lions (Henri), propriétaire à Junay, arrondissement de
Tonnerre, et à Villefargeau, arrondissement d'Auxerre, directeur du dépôt de Paris des importantes papeteries Barjon, de
Moirans. Administrateur de la Caisse d'Epargne de Paris, il a été
élu Commissaire des Comptes de la Société l'Etoile, en 1904, sur la
présentation et en remplacement de M. Lions, son père, assuré
à la Société depuis 1862, Commissaire des Comptes depuis 1879
et démissionnaire pour raisons de santé.

LOISEAU (A.)

ADMINISTRATEUR

1878-1902

Appelé souvent, par l'importance de son exploitation, à faire
partie du Conseil général des Sociétaires de l'Etoile, dont son

---

(1) Cf. *Journal de l'Yonne*, 8 février 1863.

père faisait partie dès 1846, 1862, 1863, 1867, 1868, M. Amable
Loiseau, adjoint au maire de Sainte-Escobille (Seine-et-Oise),
appartenant à une grande famille de la culture, fut appelé
en 1878, aux fonctions d'administrateur. Il les exerça avec
conscience pendant vingt-trois ans, et ne les résigna en 1902,
qu'à la suite de la cécité dont il était atteint et qui le força à
cesser sa culture et à la céder à son neveu M. Thevert, qu'il
présenta aussi pour lui succéder au Conseil d'Administration de
l'Etoile.

LOUBERS

ADMINISTRATEUR

1834-1836

M. Loubers (Raymond-Marie-Gabriel-Jules), qui figura parmi les
fondateurs de l'Etoile, en 1834, et qui appuya ses débuts de son
autorité, était commandeur de la Légion d'honneur depuis le
19 octobre 1831. Il avait antérieurement fait les campagnes du
premier empire, avait été fait chevalier le 16 août 1813, puis
officier de l'ordre le 21 février 1814, comme capitaine au 2ᵉ régiment des grenadiers à pied de la garde impériale. Plus tard, il
avait été nommé colonel de la garde nationale de Paris. Il
avait mis ses hautes relations au service de la Société pour
obtenir son autorisation.

LOUVET (P.)

ADMINISTRATEUR

1855-1865

M. Louvet (Pierre-Louis-François), agriculteur, conseiller
municipal de Flavacourt, lauréat des concours agricoles, est
né en 1803, à Trie-Château (Oise) où sa famille, une ancienne
et honorable famille attachée à la culture, remonte jusqu'en
1640. Après avoir épousé, en 1828, Mᴵᴵᵉ Maubert, des environs
de Méru (Oise), et avoir tout d'abord continué la culture de ses
parents, M. Pierre Louvet prit en 1835, la direction de la
ferme du Pré, commune de Flavacourt. Les terres étaient
d'anciens bois défrichés et en très mauvais état. La ferme,
d'une contenance de 150 hectares, était regardée au nombre
des terres sans produit. Elle devint une ferme modèle entre
les mains de M. Louvet qui, à une intelligence active et à une
volonté ferme joignait un travail opiniâtre et persévérant.
M. Louvet jouit bientôt d'une grande notoriété que vinrent
consacrer de nombreuses récompenses remportées dans les

concours et une médaille pour les béliers qui lui fut décernée
à Paris, en 1855. Appelé à faire partie des Comices agricoles
dès leur création, toujours nommé le premier au Conseil municipal de sa commune, M. Louvet était réputé pour la sagesse
de ses conseils. Sa modestie n'avait d'égale que la bonté de
son cœur et la douceur de son caractère, et jamais un malheureux ne s'est adressé à lui en vain. Nommé administrateur de
l'Etoile en 1855, M. Louvet en exerça les fonctions jusqu'au
moment où il céda son exploitation à son fils, qui la continua
jusqu'en 1878, en sorte que la ferme du Pré est restée pendant
près d'un demi-siècle cultivée par le père et le fils. Celui-ci,
M. Ernest Louvet, fut lui-même un agriculteur distingué :
digne continuateur de ses ancêtres, il se voua avec ardeur
aux études et travaux agricoles, travaillant au milieu des agriculteurs du pays, étudiant avec eux tous les systèmes, tous les
procédés d'amélioration du sol. Entouré de l'estime et de
l'amitié publiques, M. Ernest Louvet, maire d'Eragny, se
consacra complètement à la fondation de la Société d'Agriculture du canton de Chaumont. Il y dépensa sans compter tout
son zèle et toute son activité. Ses efforts furent couronnés de
succès et, aux concours de 1883, de 1888 et de 1894, la vitalité de
la Société se manifesta avec un éclat et un succès incompa-
rables. Aussi, une satisfaction unanime et enthousiaste
accueillit sa nomination comme chevalier du Mérite agricole,
distinction bien méritée par l'homme dévoué qui, d'une petite
Société locale, avait fait une Société dont étaient jalouses les
plus grandes associations départementales, et qui avait rendu
aux cultivateurs des services inappréciables. L'intégrité, le
dévouement, la bonté, la bienveillance, la modestie, la franchise se joignaient chez M. Ernest Louvet, comme chez son
père, à une intelligence ouverte et vive. Sa mort survenue
prématurément en juin 1897, fut un deuil public et ses funérailles furent imposantes par la foule émue qui y assista.
M. Chevallier, député, rappela sa vie, sa connaissance parfaite
des affaires administratives, sa compétence agricole de premier
ordre, ses améliorations foncières sagement hardies, sa création de troupeaux sélectionnés, et son esprit des progrès qui lui
avaient valu la prime d'honneur.

MM. Pierre et Ernest Louvet ne cessèrent jamais d'être assurés
à l'Etoile jusqu'à leur mort. Aussi a-t-on dû parler de tous les
deux dans cette notice. Du reste, lorsque M. Ernest Louvet
succéda à M. Pierre Louvet, son père, ce dernier qui n'avait
pu se décider à quitter cette exploitation qu'il aimait tant, y
demeura avec ses enfants et s'en occupa jusqu'à sa mort.

L'enterrement de M. Pierre Louvet avait été, en février 1869,
comme celui de son fils, une imposante manifestation de regrets
unanimes, et un des assistants prenant la parole sur la tombe,

aprés avoir retracé sa carrière si utile, terminait en le citant comme un modéle de toutes les vertus (1).

LUCE (M.-H.-T.)

ADMINISTRATEUR

1848-1869

M. Luce (Marie-Honoré-Timothée), dont la signature figure au Conseil général de l'Etoile dès 1844 et en 1846, était fils de M. Luce, agent de change près la Bourse de Paris, censeur de la Caisse d'Epargne de Paris. Il remplit avec un zèle particulier les fonctions d'administrateur de l'Etoile, depuis 1848 jusqu'à sa mort, survenue le 20 septembre 1869, soit pendant vingt-deux ans. Il était propriétaire du domaine de Maugué, commune de La Chapelle-Enchérie (Loir-et-Cher), l'un des plus beaux et des plus importants de l'arrondissement de Vendôme, contenant environ quatorze cents hectares, au milieu desquels il bâtit le château de Maugué et créa le parc qui l'entoure. M. Luce s'y adonnait avec le plus vif intérêt à la culture, et à ceux qui s'étonnaient des sommes qu'il y consacrait, il répondait volontiers que tel était son luxe et qu'il le préférait à une loge à l'Opéra. M. Luce fit le plus bel usage de sa grande fortune, et fut le bienfaiteur du pays. Maire de La Chapelle-Enchérie, il en construisit le pont de pierre et l'église presque à ses frais, et dans ce dernier monument, on peut lire l'inscription suivante gravée sur une plaque de marbre noir :

A la mémoire
de M. Marie-Honoré-Timothée Luce
L'un des fondateurs de cette église et bienfaiteur du pays
Endormi dans la paix du Seigneur, le 20 septembre 1869
Il a passé en faisant le bien
La commune et la fabrique reconnaissantes

MALGRAIN

ADMINISTRATEUR

1843-1872

M. Malgrain qui, pendant trente ans, fut Administrateur de l'Etoile, était agriculteur à Mézières (Eure). L'importance de

---

(1) Journal *Le Vexin*, 14 février 1869 ; *Le Moniteur de l'Oise*, 30 juin, et 2 juillet 1897.

sa culture l'appelait à faire partie du Conseil général des Sociétaires. Il fut un des Administrateurs les plus dévoués de la Société.

MARCILLE-HOUDAS

ADMINISTRATEUR

1848-1852

M. Marcille-Houdas, agriculteur, conseiller municipal et adjoint au maire, à Dambron (Eure-et-Loir), en 1848, fut en cette même année appelé aux fonctions d'Administrateur de l'Etoile, dont déjà antérieurement il avait fait partie du Conseil général. M. Marcille-Houdas était né à la ferme d'Ussanne, commune de Dambron et il y avait succédé à son père. Cette exploitation comportait 170 hectares. M. Marcille-Houdas appartenait à une famille connue de la culture beauceronne et dont plusieurs membres sont encore assurés à l'Etoile.

MARTEAU (J.)

ADMINISTRATEUR

1886-

M. Marteau (Joseph), né en 1822, est depuis près d'un demi-siècle, propriétaire dans la commune de La Ferté-Saint-Aubin. Il y a joué un rôle personnel fort intéressant dans la renaissance de la Sologne (1).

Habitant de Paris, mais issu d'une famille d'agriculteurs de Beauce (2), M. Marteau, quand il eut acheté la ferme des Boistards, en 1862, sentit se réveiller en lui les souvenirs du jeune âge et prit, à faire de la culture, un plaisir dont il ne s'est jamais lassé. Les Boistards, jadis propriété des moines de Saint-Aignan, dénommée Grand-Lieu-Saint-Aignan, consistaient en vieilles constructions avec 85 hectares de terre, dont la moitié en bruyères. Les anciens bâtiments d'exploitation furent démolis et remplacés par des neufs, plus vastes et plus commo-

---

(1) Voir sur la renaissance de la Sologne, les *Annales du Comité central de la Sologne*, notamment les articles publiés, en 1892, par M. Boucart, ancien inspecteur général des forêts, membre du Consei supérieur de l'agriculture.

(2) Le nom de Marteau figure sur les livres de la Société dès son origine. On voit parmi les indemnitaires, en 1838, 1841 et 1843, M. Marteau-Lecomte, à Bricy ; en 1839, M. J.-B. Marteau, à Huisseau ; et en 1844, 1845, 1851 et 1852, M. Marteau-Lointier, à Bricy.

des, et une maison d'habitation y fut adjointe. Il y a quelques années, un puits artésien fut foré à 63 mètres du sol. Les bruyères furent défrichées. Plus tard, la propriété, par suite d'acquisitions diverses, augmenta d'importance. Elle comprend aujourd'hui, 280 hectares, répartis en trois fermes, mais M. Marteau fait toujours valoir les Boistards, sa création. Il en a porté la superficie à 150 hectares et a constitué huit hectares de vignes et dix de prairies. Vingt-huit sont plantés en bois. Le reste, consacré à la culture proprement dite, a servi de champ à des expériences qu'ont plus d'une fois appréciées les commissions de visites agricoles. Des médailles décernées à M. Marteau en témoignent :

1881. Comice agricole de l'arrondissement d'Orléans, médaille de vermeil pour les récoltes.

1881. Médaille d'argent (prix de bande), pour la vacherie.

1884. Ministère de l'Agriculture, concours régional, à Orléans, médaille d'argent.

1884. Médaille de bronze pour les produits.

1892. Comité central de la Sologne au concours du Prix d'honneur, l'objet d'art du Comité, soit la Prime d'honneur d'agriculture.

Il faut noter, au sujet des distinctions accordées pour le prix de bande et les produits, que M. Marteau a été l'importateur en Sologne, des petites vaches bretonnes du Morbihan d'abord, puis du Finistère.

Mais ce qu'il a surtout importé dans le pays, ce qui constitue son rôle de créateur, c'est la vigne. Malgré les avis des anciens du pays, attestant que la vigne était gélive, que le raisin ne mûrirait pas, qu'en tout cas le vin ne se conserverait pas, M. Marteau en 1865, plantait un hectare de vignes. Puis, il faisait des essais successifs de cépages, modifiait à diverses reprises leur taille, la distance des pieds, la disposition sur fil de fer, et arrivait enfin à établir sept hectares et demi de vignes en rapport qui lui ont donné jusqu'à 180 pièces de vin. Les installations nécessaires à sa fabrication furent l'objet des même recherches ; elles ont abouti à une simplification telle qu'actuellement toute la récolte, apportée dans des tombereaux étanches, est versée dans une pièce carrée de quelques mètres seulement de côté : au milieu, est une vis de pressoir ; autour, des cuves en ciment. Vignes et pressoirs étaient de complètes innovations dans le pays. Tous ceux qui, depuis lors, désirant planter de la vigne, vinrent voir ce qui avait été fait, et viennent encore, ne se comptent pas. Les Commissions de viticulture s'y rendirent aussi, et décernèrent à M. Marteau les récompenses suivantes :

1879. Comité central de la Sologne, médaille d'argent.

1879. Comice agricole de l'arrondissement d'Orléans, médaille de bronze.

1881. Comice agricole de l'arrondissement d'Orléans, médaillé de vermeil (1er prix).

1884. Ministère de l'Agriculture, Concours régional d'Orléans, médaille d'argent.

1892. Comice agricole d'Orléans, deux vases de Sèvres, offerts par le Président de la République.

1895. Comité central de la Sologne, médaille d'argent.

1897. Concours agricole à Paris, Palais de l'Industrie, médaille d'argent pour le vin provenant du cépage de Gris-Meunier.

Enfin, médaille d'or, pour le vin provenant du cépage de Cot.

Cette dernière était accompagnée de 500 francs. M. Marteau, les donnant à la commune et y ajoutant une autre somme de 500 francs, obtint l'établissement, à la place du mauvais chemin passant près de sa ferme, d'une route qui, venant de La Ferté, devait dans sa pensée, conduire à Saint-Cyr. Elle présentait une si grande utilité que, telle qu'elle est, elle devint aussitôt l'une des plus fréquentées du canton. Et pourtant M. Marteau en avait, pendant bien des années, vainement demandé l'adoption par le conseil municipal, dont aujourd'hui il est le doyen, car il y siège depuis plus de trente années.

En dernier lieu, en 1901, M. Marteau s'est vu décerner au concours agricole de la Sologne, une médaille d'argent et la médaille d'or (premier prix de grande culture).

MATHIEU (A.)

ADMINISTRATEUR

1892-

M. Mathieu (Armand), agriculteur à Bernon (Aube), chevalier du Mérite agricole, fait partie, chaque année, du Conseil général de la Société, grâce à l'importance du capital assuré des cinq fermes qu'il dirige. Dès 1891, M. Mathieu était classé hors concours pour sa race de boucherie au concours de Tonnerre. Depuis cette époque, M. Mathieu, dans différents concours, a obtenu environ 80 médailles et prix, parmi lesquels :

1893 : Auxerre (concours régional), 1 médaille de bronze et 2 médailles d'argent ; 1893 : Bar-sur-Seine (comice agricole), 1 médaille de bronze ; 1894 : Tonnerre (comice agricole), 1 médaille d'argent ; 1895 : Vienne (comice agricole), 1 médaille d'argent grand module ; 1895 : Troyes (comice agricole), 1er prix, médaille de vermeil et 100 francs (béliers mérinos), diplôme, 2 médailles de vermeil, 1 médaille d'argent et 250 francs (béliers, brebis, agnelles), diplôme, 1 médaille d'argent, 1 bronze et 110 francs (taureau et vaches), diplôme ; 1895 : Tonnerre (société des agriculteurs de l'Yonne), 1 médaille de bronze grand module ·

1896 : Bar-sur Aube (concours régional), 1er prix, médaille de vermeil et 100 francs, diplôme ; 1896 : Bar-sur-Seine (concours régional), 1 médaille de vermeil ; 1896 : Paris (concours agricole), grand prix (taureau) : 1897 : Vesoul (concours régional), 3 médailles d'argent grand module, 1 médaille d'argent, 1 médaille de bronze : 1898 : Tonnerre (Société d'agriculture de l'Yonne), 1 médaille de bronze et 1 médaille d'argent, 2e prix, 1 médaille d'argent et 150 francs (espèce bovine), 1er prix, médaille d'argent et 40 francs (taureaux), 1er prix, médaille de bronze et 40 francs (espèce ovine), 2e prix, médaille de bronze et 20 francs (béliers) : 1898 : Mézières et Charleville (concours régional), 1 médaille d'argent grand module (prix unique) ; 1899 : Arcis-sur-Aube (concours régional), 3 médailles de bronze (brebis et agnelles), diplôme : 1899 : Chaource (concours agricole), 3 médailles d'argent, 1 médaille de vermeil : 1899 : Dijon (concours régional), 5 médailles d'argent grand module, 1 médaille d'argent et 2 médailles de bronze grand module : 1900 : Paris (concours international), 1 médaille d'argent (animaux reproducteurs) : 1903 : Chaumont (concours régional), 4 médailles de bronze et argent et 800 francs (race bovine), diplôme ; 1903 : Paris (concours agricole), 2e prix (taureau) : 1904 : Bar-sur-Seine (comice agricole), 3 premiers prix (médailles d'argent), 1 médaille de bronze : 1904 : Tonnerre (comice agricole), 2 médailles d'argent, 1 médaille de vermeil grand module (Société des agriculteurs de France), 1 petit module.

En outre, M. Mathieu a reçu : de la Société des agriculteurs de France, 1 médaille d'argent grand module ; de la Société d'agriculture de l'Yonne, 1 médaille de vermeil, 1 médaille d'or petit module, 4 médailles d'argent et 2 médailles de bronze ; du comice agricole de l'Aube, 3 médailles de vermeil, 3 médailles d'argent et 2 médailles de bronze : de la Société d'agriculture de Tonnerre, 1 médaille de bronze, et un certain nombre d'autres médailles d'argent et de bronze.

Ne se contentant pas de s'adonner à la culture et à l'élevage, M. Mathieu a créé un joli vignoble dans des terres en partie sans valeur. Déjà M. Mathieu avait créé une vigne en Beaunoirs fins, en treille, qui était une nouveauté dans sa contrée et dont les produits, pour le pays, sont très appréciés.

MÉNARD

ADMINISTRATEUR

1852–1860

M. MÉNARD, agriculteur des plus distingués, à Huppemeau, com^{ne} de La Ferté-Saint-Aignan, fut lauréat de la prime d'honneur au concours de Blois, en 1858, et nommé chevalier de la Légion d'honneur à la suite de ce concours. Cette dernière distinction, si rarement accordée alors à l'agriculture, et qui l'est encore si rarement aujourd'hui, indique l'importance et l'intérêt des travaux exécutés par M. Ménard, dont la présence au Conseil d'administration de l'Etoile, a été un honneur pour la Société.

MERMILLIOD (G.-J.)

ADMINISTRATEUR

1841-1844

M. MERMILLIOD (Guillaume-Jules), propriétaire député de la Seine-Inférieure de 1837 à 1844, né à Paris le 13 juillet 1802, mort à Paris le 24 juin 1844, fils d'un officier supérieur, préféra le barreau à la vie militaire, et se fixa comme avocat dans sa ville natale en 1823. Une plaidoirie au sujet du mariage des prêtres, sa collaboration à la « *Gazette constitutionnelle des cultes* » le mirent en vue, et il fut successivement élu député du quatrième collège de la Seine-Inférieure (Le Havre), le 4 novembre 1837, par 309 voix (606 votants), le 2 mars 1839, par 433 voix (644 votants); et le 9 juillet 1842, par 362 voix (502 votants). Il parla sur les questions maritimes, sur la loi des faillites, les chemins de fer, vota l'adresse de 1839, fut l'un des 221 qui approuvèrent la politique de M. Molé, et se prononça pour la dotation du duc de Nemours, pour les fortifications de Paris, pour le recensement, contre les incompatibilités. Il mourut en juin 1844, et fut remplacé, le 7 juillet suivant, par M. Dubois. Copropriétaire de la *Gazette des Tribunaux*, il en fut un des rédacteurs. On a de lui : « Précis des résultats de l'instruction relative à la mort du duc de Bourbon. » Nommé administrateur de l'*Étoile* en 1841 il en remplit les fonctions jusqu'à sa mort. (1)

MEURVILLE (J.)

ADMINISTRATEUR

1875-1890

M. MEURVILLE (Jacques), propriétaire à Saint-Léonard et à Suèvres (Loir-et-Cher), Conseiller général de ce département, notaire et président de la Chambre des notaires, administrateur et membre du comité de direction de la Caisse d'épargne de Blois, administrateur et membre du Comité de surveillance de l'Asile départemental, président du

---

(1) Cf. ROBERT, BOURLOTON et COUGNY, *Dict. des parlementaires français*.

Comité départemental de secours aux blessés, délégué cantonal pour la surveillance des écoles de la ville de Blois, chevalier de la Légion d'honneur, figure sur les registres de l'*Étoile* depuis 1846 où sa signature apparait au conseil général de cette année 1846 et en 1854, 1857. Il en a été nommé administrateur en 1875 et en a exercé les fonctions jusqu'à sa mort.

Pendant les dix ans que M. Meurville est resté conseiller général de Loir-et-Cher, il s'est occupé principalement des questions se rattachant à la culture, et, « chacun sait, écrit le 13 octobre 1871, M. Besnard, président du tribunal de Blois, avec quel zèle et quelle intelligence M. Meurville honnête, modéré, pratique, s'est consacré aux affaires du département et de son canton ». Persuadé que les bonnes voies de communication étaient les moyens les plus efficaces de favoriser et de développer les exploitations, M. Meurville porta tous ses efforts sur l'étude et la création de nouveaux chemins dans le canton agricole de Marchenoir qu'il représentait. Il obtint ainsi le classement d'une route allant de Blois à Pezou, et d'une autre allant de Conan à Mer par Pontijou. Il fit rectifier celle qui traverse Villeneuve-Frouville. A lui sont dues les deux routes d'Autainville à Vallières en s'embranchant sur la route de Saint-Laurent, et d'Autainville à Lorges traversant Saint-Laurent, Marchenoir, Talcy, Concriers, Roches, celle de la Chapelle-Enchérie à Ecoman passant par Beauvilliers, celle de Seris à Lussay. En résumé, avant 1861, époque à laquelle M. Meurville fut nommé, le canton de Marchenoir ne possédait que *deux* chemins d'intérêt commun (nos 42 et 50) ayant ensemble une étendue de vingt-deux kilomètres dont huit seulement étaient terminés. Dix ans après, lorsqu'il cessa d'être Conseiller général, le canton possédait *huit* chemins d'intérêt commun d'une étendue totale de quarante-neuf kilomètres dont trente-neuf terminés ; vingt-sept kilomètres avaient été classés et trente et un construits en ce laps de temps. Toutes les communes, dont plusieurs ne pouvaient sortir de leurs boues, étaient désormais dotées de bons chemins, et de déshérité qu'était le canton de Marchenoir, il était devenu un des mieux desservis. Pour ces différents travaux, M. Meurville avait fait voter des subventions importantes, de même qu'il en avait obtenu pour construire les maisons d'école de Oucques, de Saint-Léonard, de Marchenoir, de Beauvilliers, les mairies de Villeneuve-Frouville, de Saint-Léonard, le nouveau cimetière d'Oucques, etc., et pour réparer les maisons d'école de Boisseau, de Saint-Laurent, de Briou, du Plessis l'Échelle, de Talcy, de Concriers, les églises de Lorges, de Marchenoir, etc., les mairies de Saint-Laurent, de Briou, du Plessis l'Échelle, de Concriers, etc.

M. Meurville était constamment désigné pour siéger au Conseil de Préfecture en remplacement de conseillers absents. Les

préfets le qualifiaient de « providence du Conseil ». Il était également désigné pour faire partie d'une quantité de commissions
importantes, parmi lesquelles on peut citer celle qui étudia les
travaux de défense de Blois contre les inondations de la Loire,
celle qui s'occupa des certificats d'études primaires du département, etc.

Le 12 août 1870, M. Meurville fut nommé président du Comité
départemental de secours aux blessés. Il se consacra complètement à l'organisation de ce comité, qu'il réussit à faire fonctionner sans interruption pendant les trois mois d'occupation et
de bombardement de Blois par les Prussiens. Pendant ce laps de
temps, il délivra 3.072 mandats de secours et permit de vivre à
plus de 1500 familles (1). Sans entrer dans le détail des services
rendus, des ambulances organisées, on citera, pour terminer, ces
lignes extraites du journal de Loir-et-Cher, l'*Avenir* (nᵒ du
6 octobre 1871) : « Pendant nos jours de danger, M. Meurville,
investi, à l'unanimité des voix de ses collègues, des laborieuses
fonctions de président du Comité départemental de secours, n'a
pas déserté son poste, lui! Il est resté à Blois redoublant de
zèle et d'énergie pour suffire à sa lourde tâche. On le trouvai
partout où une souffrance était à soulager, une misère
secourir. »

M. Meurville mourut le 24 août 1890. Il était chevalier de la
Légion d'honneur depuis 1872.

MOQUET

ADMINISTRATEUR

1840-1854

M. Moquet, agriculteur, à Russy et à Vaumoise (Oise) chevalier de la Légion d'honneur, appartenait à une des familles les
plus considérables et les plus connues de la culture dans l'Oise,
où elle a formé de nombreux rameaux et est apparentée avec les
principaux agriculteurs du pays. Le nom des Moquet apparaît à
l'*Étoile* dès 1839.

MOQUET

ADMINISTRATEUR

1851-1856

M. Moquet, de la même famille que le précédent, était agri-

---

(1) Rapport au Conseil général, par M. Meigne, trésorier du département, 1872.

culteur à Brassoire-Morienval lorsqu'il fut nommé administrateur
de l'*Étoile*. Le nom des Moquet continue d'être des plus honorablement connus dans l'Oise où il existe toujours des représentants de la famille.

MOREAU (A.-F.)

ADMINISTRATEUR

1854-1859

M. Moreau (Adolphe-Ferdinand) né en 1800, chevalier de la
Légion d'honneur, nommé administrateur en 1854, en exerça
les fonctions jusqu'à sa mort. Il était fils de M. Ferdinand
Moreau, syndic honoraire des Bois Carrés, membre du Conseil
général du Commerce, censeur de la Banque de France, fonda
teur et membre du Conseil des directeurs de la Caisse d'épargne
de Paris, conseiller général de l'Aisne, qui, par sa haute situation et ses capacités universellement reconnues, fut, dès 1807,
le réorganisateur de la Communauté des marchands de bois à
œuvrer qui subsiste toujours après plus de quatre cent cinquante ans d'existence. Nul mieux que lui n'était en état de
défendre les intérêts de la communauté et les intérêts
généraux de l'approvisionnement de Paris. Aussi, fut-il
le premier en date parmi tous les délégués et syndics de
la Communauté depuis sa réorganisation, et il fut le plus
remarquable par ses brillantes qualités d'administrateur. Il
renoua les traditions d'autrefois, interrompues par la période
révolutionnaire et, en peu d'années, à la satisfaction de tous, il
sut organiser des garages, nommer des gardes-rivières pour la
surveillance et le repêchage, assurer dans les ports d'approvisionnement une protection efficace aux marchandises, garantir leur
flottage, reprendre sur les jurés compteurs et les gardes-ports
l'autorité d'autrefois, retrouver auprès des autres commerces
concourant à l'approvisionnement de Paris, l'influence que méri-
tait d'avoir celui du bois à œuvrer, et enfin créer l'important
syndicat des quatre commerces.

M. Moreau (Adolphe-Ferdinand) était associé de son frère
Ferdinand, agent de change près la Bourse de Paris, pendant
que son autre frère Frédéric succédait à son père comme délégué de la Communauté des marchands de bois. Sous la direction
de ce dernier, la Communauté prit un essor des plus vifs et put
obtenir que son budget fût consacré par la loi de finances du
20 juin 1840. On doit à M. Frédéric Moreau un ouvrage important : *le Code du Commerce du bois pour l'approvisionnement
de Paris (1840-1847), une Histoire du flottage des bois (1843) et
un Traité des bois de charpente.* Son autorité était telle que la

Communauté modifia son règlement pour le renommer syndic indéfiniment.

M. Moreau (Adolphe-Ferdinand) jouissait donc, tant par lui-même que par sa famille, d'une haute situation dans le monde des affaires à Paris. Celle dont il jouissait dans le département de l'Aisne, où son père s'était fixé par son mariage, n'était pas moindre. M. Moreau (Adolphe-Ferdinand) accrut bientôt progressivement, dans des proportions importantes, les propriétés venant de sa mère. Restant associé avec ses frères dans leurs intérêts, il achetait des terres en commun avec eux, si bien qu'il est difficile de parler de l'un sans parler des autres. Sept à huit cents hectares, terres, fermes, bois, vinrent ainsi fortifier l'influence morale dont MM. Moreau jouissaient dans le pays, et qui désigna l'un d'eux aux suffrages des administrateurs de l'*Étoile* pour le faire entrer dans leur Conseil.

Un côté remarquable du caractère des Moreau est que, tout en étant des hommes d'affaires consommés, ils s'intéressaient en même temps *particulièrement* aux questions artistiques et historiques qui sont en général le partage d'hommes moins absorbés par les occupations administratives et commerciales. M. Moreau (Adolphe Ferdinand), qui avait fait de très brillantes études, et avait été lauréat du Concours général en 1816, avait un esprit assez orné pour avoir pris une part très active au mouvement intellectuel et artistique de son époque. Il subit l'influence du *romantisme* au milieu duquel se passa sa jeunesse. Il pensa sérieusement en 1822 à partir combattre en faveur des Grecs et l'autorité de sa famille réussit seule à le retenir. Il se mêla sérieusement aux discussions esthétiques et prit fait et cause pour les novateurs. Son salon s'ouvrit à des artistes tels que Roqueplan, Couture, Eugène Delacroix, Decamps, etc. Il réunit une collection importante des œuvres de ces artistes, et d'autres non moins réputés, et qui a été conservée en partie dans sa famille. Ses vues éclairées le désignèrent plusieurs fois au choix de l'administration comme membre des jurys des salons de peinture à l'époque où des personnalités étrangères à la profession, étaient adjointes aux artistes eux-mêmes. De son côté, son frère, M. Frédéric Moreau, après avoir rempli, avec la compétence que l'on sait, les plus hautes fonctions dans la Communauté des marchands de bois, après avoir été un des membres les plus distingués du Conseil général de la Seine, et du Conseil général de l'Aisne, se révéla archéologue remarquable et employa les vingt-cinq dernières années de sa vie (il mourut à plus de 100 ans en 1898) à des fouilles qui obtinrent des résultats merveilleux. M. Moreau a ainsi exploré 25 nécropoles des environs de Fère-en-Tardenois, rendant chaque jour un compte minutieux, méthodique et sincère de ses découvertes dans son *Journal des Fouilles*. M. Moreau a mis ainsi à jour

15000 sépultures, 15000 objets antiques, armes bijoux, ustensiles, etc., 32600 silex hachettes, flèches et instruments divers, tirant de la terre, où ils dormaient depuis 20 siècles et plus, des trésors inconnus, perdus jusqu'à présent, et couronnant ses gigantesques travaux par la publication d'une œuvre capitale sans précédent, connue sous le titre générique d'*Album Caranda*, du nom de l'endroit où il avait opéré ses premières découvertes.

M. Moreau (Adolphe-Ferdinand) ne bornant pas son intelligente activité aux affaires de ses propriétés et à la protection des arts, fut enfin un des créateurs des Eaux-Bonnes. Il y fit établir la Promenade Horizontale et publia sur cette station thermale un intéressant guide du voyageur, orné de gravures.

La partie de l'avenue Ledru-Rollin, à Paris, sise entre la rue de Lyon et le pont d'Austerlitz, s'appelait anciennement rue Moreau, en souvenir de la famille de l'administrateur de *l'Étoile*.

M. Moreau mourut administrateur de *l'Étoile* en 1859 et, vingt ans plus tard, on retrouve son fils au Conseil général de la Société (1).

MORIN (E.)

ADMINISTRATEUR

1886-1894

Le nom des Morin, très anciennement et très honorablement connu dans le Pithiverais, et notamment depuis 1600 à Tignonville et à Guigneville, apparaît sur les registres de la Société dès son origine et, en 1837, M. Morin-Pothuau, père de M. E. Morin-Dupré, figure parmi les indemnitaires. M. Eugène Morin-Dupré, appelé en 1886 à faire partie du Conseil d'administration de *l'Étoile*, était maire de Césarville. Pendant la guerre de 1870, il avait sauvé la vie à un soldat français, et son dévouement avait failli lui coûter la vie à lui-même. Il cultivait la ferme de Bléville où il avait succédé à son oncle, M. Louis-Napoléon Dosne, qui tenait la ferme de ses ancêtres depuis 1772, et notamment de son grand-père, Dosne, qui était en même temps l'arrière-grand-père de la femme du premier Président de la République, M. Thiers.

Cette ferme, qui continue à être exploitée par la famille et est

---

(1) Cf. sur les *Moreau* ; *La Communauté des marchands de bois*, par M. F. Boneil ; 1 vol., Paris, 1899 ; Mémoires de la *Société archéologique de Soissons* ; *La Caisse d'épargne de Paris*, par Bayard ; Paris, 1892.

dirigée par M. Bannier, gendre de M. E. Morin-Dupré, continue
aussi à être assurée à l'*Etoile*. M. E. Morin-Dupré, qui chaque
année mettait sous la garantie de la Société une cinquantaine de
mille francs de céréales assurées, et faisait souvent de ce chef
partie du Conseil général des sociétaires, se vit décerner
diverses récompenses dans les expositions agricoles, et entre
autres une médaille de vermeil pour ses beurres au Concours
d'alimentation, à Paris, en 1889. Se trouvant très souffrant, et
dans l'impossibilité de continuer ses fonctions d'administrateur,
M. Morin-Dupré donna sa démission le 3 décembre 1894, en pro-
posant son fils, qui suit, comme son successeur au Conseil.

MORIN-GRENET (E.)

ADMINISTRATEUR

1894-

M. Eugène MORIN-GRENET, agriculteur, maire d'Audeville,
conseiller municipal de Césarville depuis l'âge de 25 ans, chevalier du Mérite agricole, fut nommé administrateur de l'*Etoile*
en remplacement et sur la présentation de son père qui précède.
M. E. Morin fait valoir une très importante exploitation à
Emerville, commune d'Audeville, où il a apporté de grands
perfectionnements, et qui donne chaque année de 80 à 100,000 fr.
de céréales assurées à l'*Etoile*. Outre sa vacherie qui est à citer,
M. E. Morin élève chaque année de 500 à 600 moutons. Le matériel de la ferme, successivement mis en rapport avec les découvertes nouvelles, comporte un moteur à essence actionnant une
dynamo qui fournit la force électrique pour le battage des grains
aux deux fermes d'Emerville, ainsi qu'aux meules situées aux
alentours, reliées à la machine par un câble volant. Dans la
ferme sont installés les ateliers nécessaires à la construction et
aux réparations de tout le matériel de la ferme. Cette installation, qui fonctionne depuis 1897, est la deuxième en son genre
en France (la première a été installée chez M. Menier, à Noi-
siel). C'est à elle que M. E. Morin a dû d'être nommé chevalier
du Mérite agricole le 15 janvier 1905.

En souvenir de sa parenté avec la famille Dosne (voir article
précédent), dont il est un des héritiers et dont les ancêtres sont
inhumés dans le cimetière d'Audeville, M. E. Morin a fait don
à cette commune de 25 ares de terre pour établir un nouveau
cimetière.

M. E. Morin, dont la compétence est reconnue, figure sur la
liste des experts désignés pour les jurys d'expropriation.

MURAT (Comte de)

ADMINISTRATEUR

1842-1847

Murat (Géraud-Antoine-Hippolyte, comte de), propriétaire, député de 1829 à 1830, et pair de France, né à Vic-le-Comte (Puy-de-Dôme), le 22 juin 1779, mort au château d'Enval (Puy-de-Dôme), le 23 janvier 1854, était le fils de haut et puissant seigneur François, vicomte de Murat, chevalier, seigneur d'Enval, chevalier de l'ordre royal et militaire de Saint-Louis, et de haute et puissante dame, Mme Josephe-Jeanne-Baptiste-Antoinette de Tinseau. Il entra dans la vie publique à la seconde Restauration. Successivement sous-préfet de Châtillon-sur-Seine, le 2 août 1815, préfet de l'Aveyron, le 8 juillet 1818; préfet des Côtes-du-Nord, le 9 juillet 1820, du Nord, le 9 janvier 1822, de la Seine-Inférieure, le 28 mars 1828, chevalier, puis officier de la Légion d'honneur, il fut élu député, le 14 mai 1829, dans le deuxième arrondissement électoral du Nord (Hazebrouck), en remplacement de M. de la Baseque, démissionnaire, par 157 voix (278 votants), contre 117, à M. Dequeny-Saint-Hilaire. Réélu, le 23 juin 1830, par 194 voix (213 votants), il vit son élection invalidée, et se représenta devant ses électeurs, le 21 octobre de la même année ; mais il échoua avec 74 voix, contre 146 à l'élu, M. Warein. Il disparut pendant quelques années de la vie politique, et fut nommé pair de France, le 15 décembre 1841. C'est à cette époque qu'il entra au Conseil d'administration de l'*Etoile* (1).

NOISETTE

ADMINISTRATEUR

1840-1845

M. Noisette (Louis-Claude), né à Châtillon (Seine), en 1772, mort en 1849, horticulteur et agronome, membre de la Société d'agriculture, chevalier de la Légion d'honneur, s'est fait connaître surtout par la création de pépinières, et par l'introduction, en France, de plantes exotiques rares. Il collabora au *Bon Jardinier* et à d'autres publications agricoles. On lui doit : Le *Jardinier fruitier* (1813-21, 2ᵉ éd., 1832-39), *Manuel complet*

---

(1) Cf. Robert, Bourloton et Cougny, *Dict. des parlementaires*.

du Jardinier (4 vol., 1825-27), *Manuel du Jardinier de primeurs* (1832), *L'Agriculteur praticien*, revue d'agriculture (1839-17, 8 vol.).

ODIER (A.)

ADMINISTRATEUR

1834-1841

M. ODIER (Antoine), député et pair de France, conseiller général, président du Tribunal de Commerce de Paris, censeur de la Banque de France, un des directeurs de la Caisse d'Épargne de Paris, figure au nombre des fondateurs et des premiers administrateurs de l'*Etoile*. Né, à Genève (Suisse), le 15 mai 1766, mort à Paris, le 19 août 1853, il était fils d'Antoine Odier, bourgeois, et de Louise Devillas. Il vint fort jeune en France, et devint l'associé d'une maison de commission. Établi à Lorient, il entra à l'époque de la Révolution, dans la municipalité de cette ville, sous le bénéfice de la loi de 1790, qui rendait la qualité de Français aux descendants des réfugiés. Partisan des Girondins, il fut arrêté en 1793, ne recouvra la liberté qu'au 9 thermidor, voyagea ensuite en Europe, fonda à Wasserling (Haut-Rhin), une fabrique de toiles peintes, et créa une maison de banque, à Paris. Membre, puis président du Tribunal de commerce de cette ville, censeur de la Banque de France, membre de la commission de surveillance de la Caisse d'amortissement et des Dépôts et Consignations, et du Conseil supérieur du Commerce, en 1819, il fut successivement élu député du collège du département de la Seine, le 21 novembre 1827, par 1,485 voix (1,940 votants), et le 19 juillet 1830, par 1,707 voix (2,158 votants), puis, dans le troisième arrondissement, à Paris, le 5 juillet 1831, par 680 voix (1,230 votants), et le 21 juin 1834, par 612 voix (931 votants). M. Odier était l'ami de Lafitte et de Casimir-Périer. Conseiller général de la Seine, en 1831, il fut nommé pair de France, le 3 octobre 1837. Désigné, en 1852, pour faire partie de la commission consultative, il refusa.

M. Odier avait été, en 1819, administrateur-fondateur de la Caisse d'Epargne de Paris. Peu après, il en avait été nommé directeur; puis, vice-président, en 1817. Il mourut le 2 août 1853, à 87 ans, et la Société l'*Etoile* put, comme la Caisse d'Épargne, dire qu'elle trouva en lui, un appui solide et un conseil éclairé.

---

(1) Cf. BAYARD, *Hist. de la Caisse d'épargne de Paris* ; Paris, Hachette, 1892.

PAGNERRE

ADMINISTRATEUR

1878-1879

Le nom de PAGNERRE est un de ceux qui figurent le plus
anciennement sur les livres de la Société et y figure encore.
Il apparaît souvent sur la liste des membres du Conseil général
des Sociétaires, depuis 1872. M. Pagnerre, agriculteur, à
Sancourt (Eure), qui entra au Conseil d'administration,
en 1878, était bien connu dans la culture et il fut en maintes
circonstances, demandé pour des expertises agricoles. La
considération dont il était entouré était telle, qu'il demeura
pendant quarante ans, maire de Sancourt et de Mainneville,
deux communes limitrophes, et pendant trente ans, conseiller
d'arrondissement. Au cours de cette longue carrière administrative, il fut fréquemment désigné pour prendre part à des
enquêtes d'intérêt général, où sa compétence était aussi appréciée que lorsqu'il s'agissait de questions purement agricoles.

PAILLARD

ADMINISTRATEUR

1865-1877

M. PAILLARD (Léon), agriculteur à Frenay (Seine-et-Marne et
Aube), était par le chiffre de son assurance, souvent appelé à
faire partie du Conseil général des sociétaires. Le nom de
Paillard figure à plusieurs reprises, en remontant assez haut
sur les registres de la Société et, notamment, au nombre des
plus fort indemnitaires de 1853. On a déjà vu, plus haut, M. Lepoivre, administrateur, épouser une demoiselle Paillard. M. Léon
Paillard demeura administrateur de l'*Etoile* jusqu'à sa mort et
le Conseil vota l'expression de ses unanimes regrets, au procés-
verbal de sa séance du 19 décembre 1877.

PAŸN (L.)

ADMINISTRATEUR

1848-1865

M. Louis PAŸN, agriculteur et propriétaire à Rubelles (Seine-
et-Marne), dont il possédait et habitait le château, appartenait
à une famille originaire du département de l'Aube où elle a
laissé un souvenir durable, grâce notamment à M. Paŷn, ancien
maire de Troyes, ancien député pendant les Cent jours qui,

par sa présence d'esprit, son courage et sa fermeté, rendit d'inappréciables services à son pays pendant les deux invasions et sauva la ville de Troyes du pillage.

M. Louis Paÿn, très au courant des affaires commerciales, était d'un très bon conseil. Il exerça les fonctions d'administrateur de l'*Etoile* jusqu'à sa mort.

PAŸN (R.)

ADMINISTRATEUR

1849-1875

M. Romain Paÿn, né en 1793, propriétaire à Lagny (Seine-et-Marne), officier de la Légion d'honneur, était depuis la fondation de l'*Etoile*, en rapport avec la Société. Son nom figure notamment au Conseil général des sociétaires, en 1846. Entré au Conseil d'Administration, ses hautes capacités l'y firent occuper une place prépondérante. Il fut un des organisateurs et fondateurs de la Compagnie parisienne du Gaz, et l'on ne saurait mieux faire que de reproduire ici les termes mêmes du rapport, lu le 23 mars 1876, à l'Assemblée générale de cette importante Compagnie : « Depuis un an, notre Conseil a été très cruellement éprouvé ; nous avons perdu M. Romain Paÿn. Ancien élève de l'Ecole Polytechnique, ancien directeur-gérant de l'usine de Belleville, M. Romain Paÿn était l'un des doyens de l'industrie du gaz en France. A l'époque de la fusion, en 1855, il contribua activement, en qualité de membre du Comité d'exécution et d'administrateur-directeur adjoint, à la formation et à l'organisation de la Compagnie parisienne actuelle. C'est en reconnaissance des services qu'il avait rendus dans cette situation que la Compagnie, désireuse de pouvoir toujours profiter du concours de ses lumières et de sa grande expérience, lui donna le titre d'administrateur honoraire qu'il conserva jusqu'à sa mort. Vous regretterez, comme nous, Messieurs, la perte de ce collègue éminent, que son esprit élevé et son caractère droit et bienveillant rendaient si sympathique. »

Sorti de l'Ecole polytechnique, en 1813, M. Romain Paÿn avait fait la campagne de France, comme officier de la 17e demi-brigade.

Entré au Conseil de l'*Etoile*, en 1849, il exerça pendant vingt-cinq ans, c'est-à-dire jusqu'à sa mort, les fonctions d'administrateur avec une intelligence et un dévouement, une régularité et une compétence éclairée auxquels le Conseil rendit un hommage reconnaissant, dans l'expression des regrets unanimes qui furent consignés au procès-verbal de ses séances du 20 octobre et du 15 décembre 1875.

PAŸN (H.)

ADMINISTRATEUR

1876-1882

M. Hippolyte PaŸn, propriétaire à Rubelles (Seine-et-Marne), dont il possédait et habitait le château, chevalier de la Légion d'honneur, administrateur de la Compagnie parisienne du Gaz, était entré après la mort de son père, M. Romain PaŸn, au Conseil d'administration de l'*Etoile*, où il figure également au conseil général en 1879 et 1882. Pour retracer les points saillants de l'honorable carrière de M. Hippolyte PaŸn, il suffit de lire le rapport fait, le 26 mars 1885, à l'Assemblée générale de la Compagnie parisienne du Gaz et ainsi conçu : « Le quatrième des administrateurs réélus, en 1878, était M. Hippolyte PaŸn, que nous avons eu la douleur de perdre. Ancien élève de l'Ecole polytechnique, ingénieur civil des Mines, directeur de l'usine de Belleville avant la fusion des Compagnies de gaz, M. PaŸn avait été appelé, dès l'origine de notre Société, à à faire partie du Conseil d'administration et du Comité d'exécution. Les fonctions de secrétaire du Conseil et du Comité qu'il a exercées, depuis 1868 jusqu'à sa mort, l'avaient d'ailleurs initié à tous les détails de l'administration de notre entreprise et nous perdons en lui un collègue dont les connaissances techniques, l'expérience des affaires et le dévouement à nos intérêts nous assuraient le plus précieux concours. »

PERRON

ADMINISTRATEUR

1835-1838

On a vu, aux articles consacrés à MM. Caillard et Darblay, l'influence et la notoriété dont jouissaient, avant l'établissement des voies ferrées, les maîtres de poste qui, en même temps, se livraient à l'agriculture et souvent à l'élevage. C'est à ces titres que M. Perron, maître de poste et cultivateur, à Villejuif (Seine), fut appelé, aux débuts de la Société, à faire partie de son Conseil d'administration.

POISSON

ADMINISTRATEUR

1872-1885

M. Poisson (Désiré), directeur de la Ferme-école du Cher, chevalier de la Légion d'honneur, administrateur de l'*Etoile*, depuis 1872 jusqu'à sa mort, se fit remarquer dans les Conseils de la Société, par son jugement sain et droit, la clarté de son esprit, la courtoisie et l'affabilité de ses manières, son enseignement, son exemple, ses succès et l'autorité dont il jouissait à juste titre dans les jurys, les commissions. Les associations agricoles, l'ont placé, écrit M. Chapelard (1), parmi les hommes qui ont été à la tête du mouvement agricole dans le département du Cher.

M. Poisson a été associé pendant un demi-siècle à ce mouvement, et on peut dire que sa vie entière appartient à l'agriculture. A un âge où beaucoup sont encore sur les bancs des écoles, il était déjà chef d'une exploitation importante. Il avait à peine dix-huit ans, qu'il dirigeait, pour le compte de son père, la ferme d'Aubussay.

Quelques années plus tard, il faisait, pour son compte personnel, la ferme d'Aubussay, et il y fixait le siége de la Ferme-école du département dont il venait, par décret du 2 février 1840, d'être nommé directeur.

On ne pouvait faire meilleur choix. M. Poisson a justifié la confiance du ministre et celle des familles, par son enseignement, ses conseils et une discipline ferme et paternelle. Il a réussi à développer chez ses élèves l'instruction et les qualités morales susceptibles d'en faire, comme il s'exprimait lui-même, de bons sous-officiers de l'agriculture. Et, pour rendre hommage à la vérité et à l'enseignement de M. Poisson, on doit ajouter que plusieurs de ces sous-officiers sont devenus des officiers remarquables.

Les débuts de M. Poisson furent pénibles. Il avait contre lui les difficultés d'un sol ingrat. Mais, par son courage, son travail et son talent, il parvint à surmonter tous les obstacles. En 1852, il avait déjà fait d'Aubussay une exploitation capable de figurer avec honneur dans les concours. Il avait amélioré le cheptel et fondé la porcherie qui devint, par la suite, si remarquable. Au premier concours régional d'Orléans, il obtenait un premier prix pour ses croisements anglais-craonnais et un premier et un deuxième prix pour deux vaches durham-charolaises.

Mais, si remarquables qu'aient été à Aubussay, les succès de M. Poisson, ils n'étaient que le prélude de succès bien plus brillants qu'il devait obtenir sur un terrain plus favorable. En 1863, il quittait Aubussay et transportait à Laumoy le siége de la Ferme-école.

M. Poisson trouva la propriété de Laumoy cultivée suivant

---

(1) Notice nécrologique sur M. Poisson, membre de la Société d'agriculture du Cher ; Bourges, Sire 1886.

les habitudes du pays à cette époque. Après deux récoltes successives de céréales, les terres abandonnées en jachères ou en herbages spontanés, nourrissaient mal un cheptel insuffisant; des haies énormes divisaient le terrain en une centaine de parcelles, en couvraient une partie considérable et rendaient l'exploitation difficile.

En six ans, M. Poisson transforma la propriété. Dix kilomètres de haies étaient défrichés.

La division était réduite à une quinzaine de grandes pièces, reliées par de bons chemins aux bâtiments d'exploitation. Ces bâtiments, eux-mêmes, étaient aménagés sans luxe, mais avec une entente parfaite des services auxquels ils étaient destinés.

En même temps que ces améliorations à la surface, M. Poisson en poursuivait d'autres dans la nature même du sol, dont il modifiait les qualités physiques et la composition, au moyen du drainage, du marnage et du chaulage. La chaux avait bien été employée avant lui, dans le pays, sur des terres argileuses ou siliceuses, mais, le premier, il fit voir qu'elle produit de bons effets, même sur des terres argilo-calcaires.

Sur un terrain si bien préparé, M. Poisson cultiva, en même temps que les céréales, des plantes fourragères et des racines qui lui permirent d'augmenter et d'améliorer rapidement son cheptel. Ce cheptel devint remarquable dans toutes les espèces, mais c'est surtout sa porcherie qui établit la réputation d'éleveur de M. Poisson.

Sur *trois cent vingt et un* prix qu'il remporta dans les différents concours, il comptait *quatre* prix d'honneur et, parmi eux, celui de Chartres, en 1869, à la suite duquel il fut décoré et celui du concours international de 1878, où il battit les Anglais avec les races anglaises.

En rappelant les succès de M. Poisson, on ne peut s'abstenir d'associer à l'honneur, comme elle l'a été à la peine, la digne compagne qui l'a si bien secondé. On ne saurait dire ici toute la part que Mᵐᵉ Poisson a eue dans l'œuvre agricole de son mari. On rappellera seulement que son concours si dévoué lui valut, à l'occasion du prix d'honneur des fermes-écoles, attribué à Laumoy en 1870, une lettre de félicitations du Ministre.

Dès 1853, la Société d'agriculture du Cher appelait M. Poisson dans son sein. C'était un des plus anciens de ses membres et l'un des plus actifs.

La plupart des Commissions sachant qu'elles y trouveraient honneur et profit, réclamaient le concours de ses lumières et de son expérience. La liste serait trop longue de tous les travaux auxquels il prit part. On se bornera à citer l'organisation des concours de boucherie et les modifications apportées aux statuts de la Société d'agriculture du Cher. M. Poisson était un homme de vrai progrès, adversaire de l'utopie qui prétend renouveler les Sociétés au moyen de principes abstraits et en dédaignant l'expérience et la tradition, adversaire aussi de la routine qui ne voit de stabilité que dans une immobilité stérile.

Depuis quelques années, M. Poisson ne dirigeait plus la Ferme-école du Cher. Son bail de Laumoy étant expiré, il aurait pu prendre un repos auquel lui donnait bien droit une vie aussi laborieuse que fut la sienne, mais il était trop attaché à l'agriculture pour se résigner à la retraite. Il prit la ferme de l'importante propriété de Chavannes.

C'est à Chavannes, alors que tous pouvaient compter profiter encore longtemps de ses lumières, que la mort est venue le frapper.

Quelques jours avant, il s'occupait encore activement de son exploitation. Aussi peut-on dire que, jusqu'au dernier moment, M. Poisson est resté sur la brèche et qu'il est tombé au champ d'honneur, le 20 septembre 1885, en soldat du travail et du progrès.

Le Conseil de l'*Etoile* consigna les regrets qu'il donnait à cet éminent collègue si aimé et si estimé, au procès-verbal de ses séances des 30 septembre et 2 décembre 1885.

POULET

ADMINISTRATEUR

1846-1855

M. POULET, qui pendant dix ans fut administrateur de l'*Etoile*, était un des principaux assurés, faisant partie du Conseil général de la Société. Son importante exploitation était sise à Survilliers (Seine-et-Oise). L'*Etoile* compte toujours des sociétaires de son nom.

POULLAIN-DELADREUE

ADMINISTRATEUR

1834-1854

M. POULLAIN-DELADREUE, propriétaire, membre du Tribunal de commerce, chevalier de la Légion d'honneur, est un des administrateurs-fondateurs de la Société. Il faisait partie en même temps de la Caisse d'épargne de Paris en qualité d'administrateur (1831), puis censeur (1840), et enfin de membre du Conseil des directeurs (1844). M. Poullain-Deladreue, qui était particulièrement attaché à l'*Etoile* à la formation et aux développements de laquelle il avait assisté et collaboré, a exercé les fonctions d'administrateur jusqu'à sa mort survenue le 1er mars 1854.

PRAQUIN

ADMINISTRATEUR

1837-1838

M Praquin, agriculteur à Rouvillers (Oise), porte un nom qui se rencontre dès le début de la Société à son Conseil général, où il est représenté dès 1837 et 1838 par MM. Praquin de Rouvillers, de Saintines et de Glaignes. Le nom de Praquin, de l'Oise, figure encore au Conseil général actuellement.

RIVIERRE

ADMINISTRATEUR

1852-1880

M. Rivierre, qui fut pendant près de trente ans un des administrateurs les plus attachés à l'*Etoile*, faisait partie de la Société depuis sa fondation, et dès 1838 il était membre du Conseil général des sociétaires. Il était agriculteur à Andonville. En 1865, il prit l'importante exploitation des fermes des hospices d'Orléans à Mamonville, exploitation qui fut ensuite dirigée par M. Ch. Lefebvre (voir ci-dessus), administrateur de l'*Etoile*. M. Rivierre demeura administrateur de l'*Etoile* jusqu'à sa mort, et fut remplacé au Conseil par son successeur dans sa culture, M. Ch. Lefebvre.

ROZE (Lieutenant-Colonel L.)

ADMINISTRATEUR

1869-1873

M. Roze, (Louis-Antoine-Nicolas), propriétaire et agriculteur, ancien lieutenant-colonel du génie, officier de la Légion d'honneur, né le 30 septembre 1807 à Sens, fut nommé administrateur de l'*Etoile* en 1839 et en exerça les fonctions jusqu'à sa mort. Par lui et par sa famille il était depuis de longues années assuré à l'*Etoile* où on relève sa signature à la séance du Conseil général des sociétaires de 1862 et de 1867. Avant de parler de ses travaux agricoles, il est bon de rappeler en quelques mots sa carrière militaire. Entré à l'Ecole polytechnique le 1er novembre 1827, il en sortit dans l'arme du génie et entra à l'Ecole d'application de l'artillerie et du génie le 1er octobre 1829. Nommé lieutenant le

20 mai 1832, il fut classé à l'état-major particulier du génie et désigné pour les travaux du Havre (10 février 1835). Il y trouva le grade de capitaine (11 février 1835) et fut employé à Caen (1839), puis au Havre (1840). Les projets qu'il rédigea pour cette dernière place en 1841 lui valurent, le 13 juillet, un témoignage particulier de satisfaction du Ministre de la guerre. Il fut alors attaché aux travaux des fortifications de Paris (11 février 1842) et classé à l'état-major particulier du génie (14 mai 1843). Le général d'Artois le prit pour aide de camp (7 mai 1845) et ses travaux lui firent décerner la croix de la Légion d'honneur le 22 avril 1847. En transmettant cette nouvelle au général d'Artois, le général Dode, président du comité des fortifications, écrivait : « Je partage d'autant plus volontiers la satisfaction que vous recevrez de ce témoignage mérité rendu à un officier qui vous est attaché, que j'ai eu moi-même l'occasion d'apprécier le mérite de ses services, pendant le temps qu'il a été employé aux travaux des fortifications de Paris. Je vous prie de lui en exprimer mes bien sincères félicitations. » « Signé; le lieutenant-général, président le comité de fortifications, vicomte DODE. »

Nommé chef de bataillon le 4 juin 1852, le commandant Roze fit campagne en Algérie (1852), puis à Rome (1853). A la fin de cette dernière année il fut autorisé à accepter et à porter la décoration de chevalier de l'Ordre de Pie IX. Attaché au ministère de la guerre (matériel du génie) le 29 mars 1855, il fut nommé officier de la Légion d'honneur (8 septembre 1859) et promu lieutenant-colonel le 26 décembre 1860. Entre temps, il avait été adjoint à M. Babinet, membre de l'Institut, en qualité d'examinateur de sortie des élèves de l'École polytechnique. Il prit sa retraite le 23 décembre 1865, mais cependant conserva jusqu'à sa mort la position qu'il avait au ministère de la guerre. Telle fut, dans sa brève énumération d'état de services, la carrière militaire du lieutenant-colonel Roze, carrière digne et honorable s'il en fût, car il ne dût rien qu'à son mérite. Ceux qui l'ont connu savent combien son caractère droit, loyal et modeste l'éloignait de toute intrigue et de toute ambition.

Le bonheur du lieutenant-colonel Roze était, tout en remplissant avec sa conscience habituelle ses fonctions militaires, de s'occuper d'agriculture. Il tenait de sa famille une propriété près de Sens qu'il transforma en champ d'expériences. Il étudia même avec le maréchal Vaillant des questions d'horticulture, et à ce sujet reçut du maréchal, à plusieurs reprises, un certain nombre de lettres particulièrement intéressantes. On citera ici entr'autres un article paru sur les expériences du lieutenant-colonel Roze dans le *Magasin pittoresque* (1) :

____

(1) Avril 1874.

« Le lieutenant-colonel L. R. publia, il y a quelques années, sur la culture de la menthe, une brochure fort intéressante à laquelle sont empruntés les détails qui vont suivre... M. R., dans sa brochure, ne parle nullement par ouï dire. Ses réflexions sont le résultat de plusieurs années d'expériences personnelles... Il exploitait, disait-il, un peu pour sa satisfaction personnelle, un peu par amour de l'art, beaucoup dans l'espoir de tirer meilleur parti qu'en affermant.

« En homme intelligent et pratique, il commença par essayer toutes sortes de cultures, auxquelles il sut très habilement appliquer l'industrie. C'est ainsi qu'il fut conduit à s'occuper de la culture et de la distillation de la menthe poivrée auxquelles, avant lui, personne en France n'avait encore songé.

« Mais écoutons, sur cette culture et sur cette industrie, ce qu'en dit le lieutenant-colonel lui-même dans son excellente brochure : La menthe et ses produits, écrit-il, n'occupent qu'une modeste place dans l'ensemble des industries et du commerce français, et le tribut que nous payons à l'étranger sous ce rapport est relativement assez léger, cependant la valeur de l'essence de menthe importée en France, peut être estimée, sans exagération, à plusieurs millions. Il ne serait donc pas absolument sans intérêt, à ce point de vue, de nous affranchir de l'espèce de monopole dont l'Angleterre est en possession pour cette industrie spéciale et qui ne motive point, suivant nous, une supériorité réelle de l'essence anglaise sur celle de notre propre pays.

« Nous essaierons de prouver que nous pouvons rivaliser sous ce rapport avec nos voisins, et nous osons croire que la qualité de nos propres produits justifie cette prétention.

« L'extension de la culture de la menthe en France présenterait un autre avantage, celui de fournir un moyen d'utiliser plus fructueusement que par les cultures ordinaires certains sols d'une nature particulière. Elle permettrait de varier les assolements et contribuerait au développement de l'agriculture dont l'état d'avancement laisse tant à désirer.

« Il existe à Sens, au confluent de l'Yonne et de la Vanne, d'assez vastes terrains nommés Courtils consacrés de temps immémorial à la culture maraîchère. Ces terrains riches en humus, légers, noirs et même un peu tourbeux sont maintenus frais et humides par des infiltrations des eaux de la Vanne à travers les sous-sols. Les courtillers (propriétaires ou fermiers de ces terres) ont eu longtemps le monopole de la production et de la vente des légumes à Sens et dans un rayon étendu autour de cette ville. Ces terrains avaient acquis une grande valeur (6 à 8,000 francs l'hectare). Diverses circonstances locales, qu'il est inutile de mentionner ici, en ont depuis 15 ans occasionné les dépréciations dans une forte mesure. Propriétaire de plusieurs hectares de ces terrains, nous avons pensé qu'il ne serait pas impossible d'en relever le prix au niveau que leur richesse exceptionnelle doit leur faire atteindre, en substituant à la culture maraîchère des cultures industrielles, et nous avons fait choix de la menthe en raison de l'analogie qui existe entre la nature de notre sol et celle des terrains où on la cultive en Angleterre.

« Après avoir indiqué les procédés de culture et de distillation, M. L. R. établit parfaitement que le produit de cette culture s'élève chaque année au minimum à 600 francs l'hectare.

« Mais l'habile expérimentateur ne s'en est pas tenu à cette culture de la menthe, car il est de ceux qui savent tout ce qu'on peut demander au sol et tout ce qu'on peut en obtenir par une culture intelligente.

« Sur la portion de mes terres où je n'ai pas de menthe, écrivait-il, j'essaie un peu de tout, boutures de peupliers, céréales, fourrages, etc., je ne recule pas devant les innovations.

« Ses pièces de terre d'expérimentation étaient coupées de fossés pleins d'eau où il cultivait du poisson... etc... »

Les résultats obtenus par le lieutenant-colonel Roze furent remarqués aux diverses expositions. L'Exposition universelle de Paris, 1867, groupe V, agriculture et industrie, lui décerna une médaille de bronze. La Société impériale et centrale d'horticulture de France lui accorda, le 23 juillet 1868, un rappel de médaille d'argent grand module. L'Exposition universelle d'Economie domestique de Paris, 1872, lui vota un rappel de médaille d'argent...

Le lieutenant-colonel Roze avait le jugement éminemment juste et le sens pratique, ce qui donnait beaucoup de poids à ses avis et à ses utiles observations. Il s'exprimait avec finesse, netteté et affabilité. Ses collègues du Conseil d'administration de l'*Etoile* témoignèrent à sa mort de l'estime dans laquelle ils le tenaient et des regrets unanimes qu'ils lui donnaient.

Plusieurs articles nécrologiques ont paru dans les journaux et notamment dans le *Journal de Paris*, sur le lieutenant-colonel Roze qui inspirait à tous ceux qui le connaissaient l'affection et le respect.

ROZE (I.)

ADMINISTRATEUR

1883–

Fils de M. L.-S.-A.-I. Roze, dont le nom apparaît aux réunions du Conseil général de l'*Etoile* dès 1843 (voir chapitre XII), neveu du colonel Roze, officier de la Légion d'honneur et administrateur de l'*Etoile* (1870-1873). M. Isidore Roze a été élevé dans son domaine patrimonial de Maison-Rouge, près Tonnerre (Yonne).

Il n'a interrompu ses travaux agricoles que pour faire, comme officier de mobiles, la campagne 1870-71 à l'armée de la Loire, et suivre ensuite divers stages d'instruction militaire comme capitaine de réserve. Très connu et apprécié dans sa contrée, M. Roze a été, en 1886, un des fondateurs du Syndicat agricole et viticole de l'arrondissement de Tonnerre dont il est le vice-président. En 1890, il contribua, pour une large part, à la fondation de la Société coopérative de production et de consommation du Tonnerrois. Il en fut nommé président, toujours réélu depuis. Il est également, depuis 1890, vice-président de la Société d'agriculture et d'industrie de l'arrondissement de Tonnerre fondée en 1802 en partie par ses ancêtres. Cette Société le délègue chaque année auprès de la Société des agriculteurs de France et au concours général agricole de Paris. Tout en se consacrant à ces trois œuvres d'un si haut intérêt, M. Roze s'occupe sans relâche de son exploitation qu'il a dû complètement transformer depuis 25 ans. De vinicole qu'il était autrefois, principalement, le domaine de Maison-Rouge est devenu presque totalement agricole, par suite des maladies qui ont détruit la vigne et des difficultés de reconstitution dans certains terrains.

Progressivement, les bâtiments de la ferme ont été triplés pour être en rapport avec l'extension de la culture, une vacherie nombreuse et choisie, dont le lait est porté chaque matin à la ville, a été constituée, des terrains trop abrupts ont été plantés en bois, des terres humides ont été remblayées et transformées en prairies, des côteaux, autrefois en vignes, ruinés et ravinés, ont été rendus à la culture par un travail opiniâtre, tant en enlevant des pierres qu'en remontant des terres éboulées dans la vallée, et M. Roze peut montrer aujourd'hui, avec une légitime fierté, l'œuvre qu'il a menée à bien avec les moyens pécuniaires les plus restreints, mais avec une inlassable persévérance. Il suffit, du reste, pour juger M. Roze, de jeter un rapide coup d'œil sur les procès-verbaux de la Société d'agriculture de Tonnerre. Dès 1886, il crée et dirige un champ d'expérience et de démonstration à Maison-Rouge, et les journaux publient les intéressants résultats qu'il a obtenus dans ses essais comparatifs d'engrais ur les betteraves (1). En 1887, M. Roze entreprend, dans ses champs d'expériences, l'essai des engrais complets et de leurs éléments séparés appliqués au froment, à l'avoine, à la betterave et aux prairies naturelles.

En 1892, la Société d'agriculture lui demande de créer un second champ d'expériences à Maison-Rouge afin d'y étudier les rendements des nouvelles espèces de blés et d'avoines; les effets de la sidération, des superphosphates d'os verts, des superphosphates d'os

---

(1) Cf. *Le Bourguignon*, 15 décembre 1886.

dégélatinés, des superphosphates minéraux, du nitrate de soude, etc., employés à des époques et à des doses différentes. Sur toutes ces questions, il fait de lumineux rapports, et souvent, la Société d'agriculture, en en votant l'impression et l'insertion dans les journaux, lui vote à l'unanimité de chaleureux remerciements pour « le dévouement absolu, le zèle particulier, le désintéressement et la haute compétence qu'il déploie dans ses expériences approfondies ». (Séances générales des 5 octobre 1890, 27 décembre 1891, 13 mars 1892, 19 décembre 1897.) En 1890, M. Roze fonde un syndicat de greffage pratique. Il est nommé président du premier concours de greffage pratique qui a lieu dans le pays en 1891, fait des rapports sur la suppression du principal de l'impôt foncier et le tarif des douanes (13 mars 1892), sur les droits à imposer aux suifs et aux laines venant de l'étranger (28 novembre 1892), sur la misère des vignerons du Tonnerrois et les moyens de leur venir en aide (20 janvier 1893), sur le concours régional de Paris, les nouveaux appareils de traitement des vignes, les perfectionnements introduits dans les moissonneuses-lieuses et les faucheuses, sur les appareils à cuisson des légumes, sur la charrue-cabriolet, sur les cultures qu'il a observées dans divers départements (7 juin 1895), sur les moyens d'amélioration des chemins vicinaux (19 décembre 1897)

M. Roze est l'un des promoteurs des concours à Tonnerre et il y joue un rôle actif. En 1887, il fait partie de la commission spéciale des terres, de la commission de visite des fermes, de la commission pour les espèces bovine et chevaline, de la commission chargée de s'entendre avec la Société centrale d'Auxerre pour exposer conjointement avec elle à l'Exposition universelle de 1889. En 1888, il est membre de la commission des expériences agricoles, délégué à Auxerre pour y discuter auprès de la Société centrale les intérêts de la Société de Tonnerre. En 1889, M. Roze est membre de la commission de la prime d'honneur, membre des diverses commissions des terres, d'agriculture, de labourage, des espèces ovine, bovine, chevaline, porcine et de basse-cour, des machines et outillages agricoles, de la dégustation des vins. En 1890, il est nommé président de la commission des champs d'expériences et de démonstration pour l'agriculture, et le 28 juin de la même année il préside le concours des pulvérisateurs. En 1891, M. Roze n'est pas membre du jury et il expose sa vacherie. Il est primé (2 médailles d'argent) pour ses vaches suitées et son taureau et il remporte le premier prix (médaille de grand module) pour l'ensemble de sa vacherie. En 1892, M. Roze est membre de la commission pour les vignes américaines, etc.

En 1902, la Société d'agriculture célèbre son centenaire et l'on ne peut mieux terminer cette note qu'en reproduisant les paroles qui furent prononcées en cette occasion mémorable, en séance publique et solennelle, dans la grande salle de l'hôtel de ville de

Tonnerre, en présence de tous les cultivateurs de la contrée. Parlant des épreuves que l'agriculture et la viticulture ont subi dans le Tonnerrois, le rapporteur ajoute : « C'est de l'héroïsme, messieurs, que de se relever après chaque défaite et de recommencer avec le même courage et sans défaillance un travail auquel on a déjà consacré de longs efforts et dont les résultats sont détruits en un instant. C'est un exemple admirable pour toute une nation, que celui qui est donné par le cultivateur, lorsque, dans le champ où les gelées d'hiver ont détruit le blé semé à l'automne, il va ouvrant de nouveaux sillons pour y jeter une nouvelle semence. C'est un enseignement moral de haute valeur que nous recevons des vignerons quand, malgré les maladies multiples qui s'abattent sur leurs vignes, malgré le phylloxera, ils se livrent avec ardeur à la reconstitution, ne voulant pas laisser périr une culture qui fait, depuis des siècles, la gloire et la richesse de notre région. La devise de l'agriculteur est : « *Nil desperandum*; ne jamais désespérer! »... Personne d'entre vous n'a oublié les rapports si documentés et si pleins d'intérêt, présentés par M. Roze pour marquer les renseignements recueillis par lui dans les champs d'expériences de Maison-Rouge. M. Roze, notre cher vice-président, est bien le modèle parfait de ces cultivateurs dont je viens de parler, énergique, persévérant, ne désespérant jamais. (1) »

SARRAZIN

ADMINISTRATEUR

1865-1888

M. Sarrazin, agriculteur, maire de Parnes, conseiller municipal de Magny-en-Vexin, suppléant du juge de paix, administrateur de l'hospice de Magny, fit fréquemment partie du conseil général des sociétaires de l'*Étoile*, où l'appelait l'importance de sa culture. Le nom de Sarrazin se retrouve dès 1848 au Conseil général. L'habile direction que M. Sarrazin donnait à son exploitation à Parnes était bien connue ; aussi, quoiqu'il n'eut jamais songé à prendre part à des concours, vit-il, en 1868, à sa très grande surprise, la commission d'arrondissement nommée pour statuer sur la bonne tenue des fermes de l'arrondissement de Beauvais, séant au concours de Chaumont-en-Vexin, se rendre d'office à sa ferme de Parnes, la veille du concours, et lui décerner le deuxième prix d'honneur. M. Sarrazin, entouré de l'estime et de la considération publiques, est depuis cinquante-quatre ans consécutifs

---

(1) *Echo du Tonnerrois*, 18 au 27 mars 1902.

maire de Parnes, puis conseiller municipal de Magny-en-Vexin,
36 ans à Parnes et 18 ans à Magny sans interruption. Depuis
18 ans il est suppléant du juge de paix, et depuis 15 ans administrateur de l'hospice. Il exerça les fonctions d'administrateur
de l'*Étoile* pendant vingt-trois ans, fonctions qu'il résigna en
faveur de son fils qui lui succédait dans sa culture.

SARRAZIN (C.)

ADMINISTRATEUR

1889-1891

Fils du précédent, M. Camille SARRAZIN qui succédait à son
père dans son exploitation de Parnes, avait été nommé administrateur de l'Étoile sur la présentation et en remplacement de
son estimé père. Il en exerça les fonctions jusqu'à sa mort survenue prématurément en 1890, alors qu'une belle carrière, com-
mencée sous les plus heureux auspices, s'ouvrait devant lui. Le
nom si honorable de Sarrazin figure encore sur la liste des
assurés de la Société l'*Étoile*.

SÉBILLOTTE (R.)

ADMINISTRATEUR

1904-

M. SÉBILLOTTE (Richard) agriculteur, à Grignon (Côte-d'Or),
administrateur de la Société Nationale d'Acclimatation, chevalier
du Mérite agricole, docteur en médecine, membre du Conseil
de la Caisse des écoles, administrateur de la Caisse d'épargne,
officier d'Académie, etc., cultive sa propriété patrimoniale de
Grignon qui a été antérieurement exploitée par son père et ses
ancêtres en remontant jusqu'à six générations. Par son parent
M. Jacques-Palotte, qui fut un des administrateurs les plus éminents
de la Société de 1844 à 1859, par sa famille et notamment par son
grand'père maternel, agriculteur renommé et souvent primé dans
les concours agricoles, M. Sébillotte est attaché depuis plus de
soixante ans à la société l'*Étoile*. Outre les récompenses ci-dessus
qui lui ont été décernées, M. Sébillotte est titulaire de différentes médailles : médaille de bronze de l'Assistance publique
(1890), médaille du ministre de l'instruction publique (1890),
mention honorable du ministère de l'intérieur pour les sociétés
de secours mutuels dont il s'occupe avec activité (1895), etc. La
Société Nationale d'Acclimatation a décerné une plaquette d'argent à M. Sébillotte, le 11 janvier 1900, pour la conférence
publique qu'il fit sur les couveuses artificielles, leur origine,
leur mécanisme, leurs applications et leurs résultats.

TAILLANDIER

ADMINISTRATEUR

1848-1864

M. TAILLANDIER, avocat très estimé au Palais, membre du Conseil de l'ordre, se consacrait spécialement aux affaires de droit qu'il étudiait et plaidait consciencieusement. Sa présence au Conseil général des sociétaires en 1846 et diverses questions contentieuses dont il s'était occupé avec succès pour l'*Etoile* mirent en relief sa compétence en matière d'assurances et décidèrent de sa nomination comme administrateur de la Société, à une époque où les projets d'assurances par l'Etat étaient très menaçants et nécessitaient des études et des réfutations juridiques.

THEVERT (J.)

ADMINISTRATEUR

1902-

M. THEVERT (Joseph), agriculteur à Guillerville, commune de Sainte-Escobile (Seine-et-Oise), est le neveu et le successeur, dans sa culture, de M. Loiseau (Amable), qui fut administrateur pendant vingt-trois ans, de 1878 à 1902. Membre du Conseil général des sociétaires, M. Thevert fut appelé à entrer au Conseil d'administration en remplacement de son oncle, démissionnaire pour cause de cécité. M. Thevert appartient par ses origines paternelles et maternelles à d'anciennes familles d'agriculteurs de la Beauce. Déjà, avant lui, son père, M. Thevert-Loiseau, avait été assuré pendant plus de vingt ans à l'*Etoile*.

TOURNE-FOURRÉ

ADMINISTRATEUR

1878-1885

M. TOURNE-FOURRÉ, appartenant à une grande famille de cultivateurs beaucerons, depuis longtemps assurée à l'*Etoile* (en tout cas antérieurement à 1840), était lui-même un cultivateur important et très estimé, que le chiffre de son assurance désignait pour faire partie du Conseil général des sociétaires de l'*Etoile*. Le nom de Tourne figure au Conseil général quatorze fois depuis 1840 jusqu'à 1874. M. Tourne-Fourré, qui faisait valoir la ferme de Goury, commune de Loigny (Eure-et-Loir), n'a jamais pris part à aucun concours agricole. Après avoir cessé la culture, il se retira à Terminiers, où il est mort en 1900. La famille de M. Tourne-Fourré est restée fidèle à l'*Etoile* et son beau-frère, M. Gibier-Fourré, ancien cultivateur à Outronville, commune d'Allaines, actuellement retiré à Janville, prête son concours à la Société pour les expertises.

WALLET (N.)

ADMINISTRATEUR

1842-1852

M. Narcisse WALLET, né à Gannes (Oise), le 7 mai 1800, décédé le 18 août 1871, membre du Conseil d'arrondissement depuis 1845, président de ce Conseil depuis 1855, membre du Comité d'agriculture pendant plus de 40 ans, vice-président de la Société d'agriculture de l'Oise, maire de Gannes depuis 1827, jusqu'en 1835, avait quitté à cette époque la ferme qu'il exploitait dans cette commune pour en prendre une autre très importante, celle de Tremonvillers, commune de Saint-Just-en-Chaussée. Puis, à son retour à Gannes, en 1853, il avait repris ses fonctions de maire, qu'il remplit jusqu'à sa mort.

Dans sa longue carrière politique, M. Wallet, par la droiture de son caractère, par la fermeté et la rectitude de son jugement, par son dévouement si connu, se concilia les sympathies de ses administrés et l'estime de tous.

Agriculteur émérite, lauréat de plusieurs concours, M. Wallet, par des études et des observations continues, par de nombreuses expériences, rendit d'éminents services à ses concitoyens en propageant les meilleures méthodes de culture. Au reste, les connaissances et l'expérience agricoles de M. Wallet étaient si bien appréciées, qu'il n'était pas de concours dans la région du Nord, pas d'enquête dans le département, où il ne fût appelé à prendre part au travail des commissions.

Nommé administrateur de l'*Etoile* en 1842, il en exerça le mandat jusqu'en 1852, époque à laquelle il quitta sa ferme de Tremonvillers.

Le nom de M. Wallet a été et est encore continué au Conseil d'administration de l'*Etoile*, par M. Chatriot-Wallet, son cousin, qui, lui aussi, a cultivé la ferme de Tremonvillers.

CHAPITRE XIV

Direction de l'« Etoile ». — Notes biographiques.

Le premier Directeur, fondateur de la Société a été, on l'a vu, M. Chereau (Désiré-Floréal), né en 1794, propriétaire, chevalier de la Légion d'honneur, et qui, antérieurement, avait exercé la profession de jurisconsulte. Le rôle qu'il a joué pour mener à bonne fin son entreprise est relaté dans les chapitres III et IV. On a vu comment, de ses deniers, il avait pourvu à l'organisation de la Société, et au paiement des sinistres de 1834, la Société n'ayant pas encore réuni les cinq millions d'assurances exigés pour son fonctionnement. On ajoute ici qu'il en fut de même pour le paiement des sinistres afférents à la 2e classe de récoltes pendant les années 1835, 1836, 1837 et 1838. Pour faire fonctionner régulièrement la seconde classe il fallait y avoir réuni 500.000 fr. d'assurances, chiffre qui ne put être atteint au cours de ces quatre années. M. Chereau paya de ses deniers les sinistres afférents à la 2e classe. C'est ce que constate le Conseil général dans sa séance du 29 décembre 1838, en décidant de présenter requête au ministre du commerce et de l'agriculture pour obtenir modification des statuts sur ce point. En même temps, le conseil vote à l'unanimité des remerciements et félicitations au Directeur « pour les bons effets produits par la sollicitude éclairée et désintéressée qui domine tous ses actes. » Le 21 décembre 1839, le Conseil général renouvelle et confirme ces constatations et félicitations.

Mais l'état de santé de M. Chereau ne lui permet pas d'exercer longtemps ses fonctions. En 1841, le Conseil constate « que l'exercice fatigant de ses fonctions fait notamment un obstacle dirimant à tous les traitements qui lui sont ordonnés ; que la Société a eu pour fondateur M. Chereau qui a pourvu de ses deniers à son organisation, à ses premiers besoins et à ses utiles développements. Que les services rendus par lui sont nombreux et incontestables et qu'il est donc équitable de lui accorder le droit de présenter un successeur ».

A cette époque, l'*Étoile* était encore complètement dans sa période de formation, et la plupart des assurances n'étaient souscrites que pour un an, par suite de la légitime hésitation des cultivateurs à s'engager avec une institution nouvelle insuffisamment connue, et qui n'avait pas encore fait ses preuves.

Pour succéder à M. Chereau, consolider et augmenter le portefeuille, en inspirant toute confiance, il fallait de toute nécessité, trouver quelqu'un portant un nom honorablement connu, de préférence en province, et possédant, sans être étranger à l'agriculture, les connaissances juridiques et administratives indispensables à la gestion de la Société. M. Chereau entra donc en relations avec M. Regnault.

REGNAULT DE BEAUCARON (E.-N.)

SOUS-DIRECTEUR, PUIS DIRECTEUR

1841-1856

M. Edme-Nicolas Regnault, propriétaire rural, avocat, ancien magistrat, ancien adjoint au maire de Sens, chevalier de la Légion d'honneur, remplissait, en effet, toutes ces conditions, comme le constataient le Conseil d'administration et le Conseil général. Né en 1791, il appartenait tant par lui que par sa femme, à ces anciennes familles provinciales de robe qui, aux modestes revenus de leurs fonctions de judicature, joignaient ceux plus importants des nombreuses propriétés qu'elles possédaient et faisaient valoir elles-mêmes, de père en fils, sur les confins de la Champagne et de la Bourgogne, ainsi qu'il résulte des titres de propriété conservés dans leurs archives, depuis le xvie siècle. Vivant à la campagne, les parents de M. Regnault étaient bien connus dans le pays pour l'intérêt qu'ils portaient aux choses agricoles. Pour n'en citer que quelques faits, en 1783, dans une épitre au roi Louis XVI, à son avènement, épitre qui fut lue à l'Académie française et eut un certain retentissement, l'un d'eux, J.-E. Regnault de Beaucaron, insistait sur la protection à accorder à l'agriculture et sur les encouragements à donner « au plus noble des arts ». Dans des articles intitulés : « La Veillée bourgeoise » et publiés, en 1786, dans le *Journal de Nancy*, il cherchait à faire « aimer le paysan ». Lors des Etats généraux de 1789, J.-E. Regnault, chargé de rédiger le cahier de ses justiciables, demandait « l'institution, dans chaque village, *de fêtes céréales* où le meilleur agriculteur serait couronné annuellement » (art. 27), idée pratiquée ultérieurement par les concours agricoles; « la rédaction d'un code rural fait avec clarté et simplicité pour les habitants des campagnes » (art. 20); « l'emploi de l'argent des corvées à l'entretien et à la construction de routes agricoles » (art. 18), etc... et, dans une note spéciale, il indiquait une plus équitable répartition des impôts qui grevaient la terre. Le 26 mars 1789, J.-E. Regnault contribuait activement à fusionner les cahiers des trois ordres en un seul. Il relatait ce fait important dans les journaux, en rendant hommage « à la « respectable élite des utiles cultivateurs dont il avait apprécié « les mœurs et le patriotisme », et aux applaudissements enthousiastes des trois ordres réunis à Troyes, il célébrait l'espoir d'une ère nouvelle de prospérité pour la culture. Nommé député, à l'Assemblée législative, J.-E. Regnault se faisait remarquer par ses judicieux rapports sur les questions intéressant les campagnes, sur les droits de pêche, sur l'achèvement du canal de Bourgogne, etc. Son mémoire sur les biens de mainmorte, dont l'Assemblée vota l'impression, a été qualifié « œuvre de jurisconsulte distingué, érudit et des plus éclairés ». Après la tourmente révolutionnaire, en 1795, J.-E. Regnault de Beaucaron fondait l'Ecole centrale de l'Aube, et, en prononçant le discours d'ouverture, il démontrait la nécessité de porter les études sur les sciences naturelles. Le 7 prairial an IV, il clôturait le concours de l'Ecole par une épitre où dans le style de l'époque, il vantait « les trésors que l'on « rencontre dans le sein de Cybèle ». En l'an VI, il fondait la Société libre d'agriculture de l'Aube, origine de la Société académique d'agriculture et des arts actuelle. En 1798, son ami François de Neufchâteau, membre du Directoire, ministre de l'intérieur, l'appelait auprès de lui, mais J.-E. Regnault lui répondait par une épitre sur les avantages de la vie champètre, œuvre qui fut imprimée dans les recueils de l'époque et où, décrivant les travaux agricoles, il refusait de quitter ses champs. En l'an VI, il publiait les *Tableaux champêtres* : en 1818, les *Fleurs*, etc... Partisan convaincu de la mutualité, il était, en 1819, au nombre des fondateurs d'une Ecole d'enseignement mutuel qui donna les plus heureux résultats.

A un nom connu par ces antécédents de famille, M. E.-N. Regnault joignait une déjà longue expérience des affaires. « De « 1820 à 1845, il avait tenu, d'une part, la tète du barreau de « Sens avec de nobles et habiles rivaux, et de l'autre, celle de « l'Administration municipale avec M. Vuitry, alors député (1). » A cette même époque, M. E.-N. Regnault était au nombre des

-----

(1) *Journal de l'Yonne*, 6 janvier 1861.

fondateurs de la Caisse d'épargne de Sens, où son nom est à ce titre gravé sur une table de marbre dans la salle des déposants. La manière dont M. E.-N. Regnault s'était acquitté de ces diverses fonctions, son dévouement pendant l'épidémie de choléra de 1832, lui avaient fait décerner la croix de la Légion d'honneur.

Nommé à l'unanimité sous-directeur puis directeur de l'*Étoile*, M. Regnault se rendit digne de la confiance qui lui était témoignée. Sous sa direction, diverses modifications heureuses des statuts furent obtenues du gouvernement. Il avait commencé la formation d'un fonds de réserve, ce qui fut malheureusement interdit en 1847. Mais alors, M. Regnault, suivant l'exemple désintéressé de son prédécesseur, s'arrangea de manière à avancer par ses propres moyens et sans intérêts, l'argent nécessaire à la marche de la Société et au paiement rapide des sinistres.

Dans la séance du Conseil d'administration du 6 octobre 1847, M. Regnault, rappelant que l'on avait voulu la création d'un fonds de réserve dans un double but : celui de donner au directeur le moyen de subvenir aux avances à faire et celui de fournir une réserve pour les années calamiteuses, annonça et déplora la décision gouvernementale dont le résultat était d'entraver la marche des sociétés et de priver les assurés de garanties précieuses.

Pour assurer sa marche, la Société était bien autorisée à faire appel, au commencement de l'année, d'une partie des cotisations, mais c'était là une condition absolument inexécutable et impossible : « Comment, disait le Directeur, faire aux sociétaires deux appels de fonds par année, comment leur demander un versement au moment où ils souscrivent leur police, comment organiser une comptabilité aussi compliquée, comment faire face, soit à l'égard des agents, soit à l'égard de la Direction, aux frais qu'elle entraînerait ?

« Heureusement, messieurs, les conséquences de la disposition que nous avons dû accepter, ne seront pas aussi fâcheuses que vous pourriez le craindre.

« En effet, en ce qui touche la répugnance que pourraient avoir les cultivateurs à faire des versements avant l'époque ordinaire et pour les rassurer à cet égard, non seulement je ne leur demanderai pas de cotisation anticipée, mais je continue-

rai, comme par le passé, à faire, sans intérêts, l'avance des indemnités, à quelque chiffre qu'elles puissent s'élever, aussitôt
que la liquidation de chaque exercice me permettera de connaître les droits et les charges de chacun. »

Le 7 décembre 1853, le Directeur, rappelant les inconvénients
qu'auraient eus deux appels de fonds par an, ajoutait : « Quelque avantage personnel que m'offrît cette mesure, je n'ai jamais voulu user de cette arme dangereuse et jamais les sociétaires de l'*Étoile* n'ont eu aucune avance à faire sur leurs charges. Mais aujourd'hui que le conseil d'Etat, adoptant une autre
jurisprudence, autorise la création de fonds de réserve, je
vous propose le rétablissement de cette précieuse institution (1),
etc. »

Au surplus, les chiffres suivants suffisent à montrer l'impulsion donnée par M. E.-N. Regnault à la Société. Lors de sa
nomination, le capital assuré était de vingt millions. Il était
doublé et porté à 40 millions lorsque, en 1856, il démissionna
pour raison de santé, en faveur de M. Charles Regnault son fils.
Aussi le Conseil, en exprimant les regrets que lui causa le
départ de M. Regnault, décida de consigner au procès-verbal
« l'hommage de sa vive reconnaissance » et « ces sentiments
étant partagés par tous les membres de l'assemblée, les expres-
sions ont été votées à l'unanimité ». De plus, « comme preuve
d'estime toute particulière et pour rattacher toujours M. E.-N.
Regnault à la Société, » le Conseil décida « avec le plus grand
empressement et à l'unanimité de le nommer Directeur honoraire. » (2).

- -

(1) Cette autorisation ne fut obtenue qu'en 1856. En attendant, et jusqu'à ce que la réserve pût être constituée, le Directeur continua à faire
les avances nécessaires, sans intérêts et quitte à se faire rembourser à la
fin de l'année sur les recouvrements. Aussi, dans sa séance du 5 mai 1862,
le Conseil « exprime tout entière sa gratitude pour la manière désintéressée dont opère le Directeur, et qui conserve à la Société la bonne réputation dont elle jouit. » Cette situation ne prit fin qu'en 1864.

(2) En annonçant la mort de M. E.-N. Regnault, le *Journal de l'Yonne*
du 6 janvier 1861 s'exprimait ainsi : « Généreux et désintéressé, nul n'en-
trait chez lui sans satisfaction. Une personne qu'entre autres il avait tirée
de peine disait : Qu'on serait heureux si tout le monde ressemblait à
M. Regnault ! »

REGNAULT DE BEAUCARON (Ch.)

SOUS-DIRECTEUR, PUIS DIRECTEUR

1853-1890

M. Charles REGNAULT, né en 1828, avocat, membre du Conseil des directeurs de la Caisse d'Epargne de Paris, membre du Comité de la Réunion des directeurs mutualistes, fondé en 1855 (1), ancien maire de Neung-sur-Beuvron, chevalier de la Légion d'honneur, fut nommé sous-directeur de la Société l'*Etoile*, en 1853, puis directeur en 1856, et il en exerça les fonctions jusqu'en 1890, époque à laquelle il démissionna en faveur de son fils. En 1870, chacun dut abandonner ses occupations pour la défense du pays. Au moment du siège de Paris, M. Regnault, déjà sous-intendant de la garde nationale, fut promu intendant militaire et, en cette qualité, il dut pourvoir à l'équipement et au ravitaillement de toute la garnison de Paris. Son quartier général, tout d'abord situé place Vendôme, fut transféré au mois de novembre, au Palais de l'Industrie où, pour arriver à équiper 3,000 hommes par jour, il établit des magasins, un personnel de 200 personnes et 50 voitures. Son dévouement et son activité le firent placer d'office, en tête de la première promotion des croix de la Légion d'honneur décernées à l'occasion du siège. M. Regnault remplit ses fonctions gratuitement; il fit remise à l'Etat de la solde de général de brigade, à laquelle il avait droit. Le musée Carnavalet conserve la photographie de l'état-major de Paris, fait en groupe devant le Palais de l'Elysée, pendant le siège. M. Regnault est assis au centre. Sur la gauche, on voit le général Clément Thomas, debout. Ce groupe a été reproduit, par Dayot, dans son ouvrage : L'*Invasion*, le *Siège*, la *Commune* (2).

Nommé en 1876 administrateur de la Caisse d'Epargne de Paris, M. Regnault en fut élu censeur en 1885, puis membre du Conseil des Directeurs, en 1888. Il en est maintenant secrétaire.

Nommé maire de Neung-sur-Beuvron (Loir-et-Cher), M. Regnault donna sa démission au bout de dix-huit mois, en 1889.

Directeur d'une Société agricole, M. Regnault ne pouvait pas

---

(1) En 1876, M. Charles Regnault déclina l'honneur d'être porté à la Présidence de la Réunion, estimant que cette fonction revenait de préférence à un directeur Incendie, la plupart des membres de la Réunion étant des directeurs Incendie. Il fut alors élu membre permanent du comité, comme représentant la branche Grêle.

(2) Paris, FLAMMARION, fascicule n° 7, 1901.

être indifférent aux choses de la culture. Acquéreur, en 1861, du domaine du Gué-Mulon, au moment où la Sologne commençait à sortir de l'état d'abandon et de ruine, M. Regnault prit sa part aux travaux de régénération de ce pays. Le domaine fut transformé par des plantations, des assainissements, des défrichements, etc., et la ferme, reconstruite et remise en état, obtint aux divers concours, avec MM. Villette et Pineau, fermiers, les prix suivants :

1885. 1er prix d'agriculture ; 2e prix de vaches laitières ; 2e prix de brebis : 2e prix de taureaux ; 3e prix de génisses (concours agricole de Neung.)

1886. 2e prix de taureaux (concours de Salbris).

1891. Rappel de 1er prix. Hors concours. 1er prix de vaches laitières : 2e prix de taureaux, de deux à trois ans; et la médaille d'argent, pour la tenue de la basse-cour (concours de Dhuizon).

1892. La médaille d'or du ministre de l'agriculture. Prix cultural (concours agricole de La Motte-Beuvron).

1897. 1er prix pour les taureaux de deux ans : médaille de vermeil et 1er prix pour les vaches laitières : médaille de vermeil (concours de Neung).

1903. 1er prix : médaille de vermeil, pour taureaux de un à trois ans; 1er prix pour les vaches laitières : médaille de vermeil. Puis, la médaille d'argent pour la basse-cour.

Pendant le temps que M. Ch. Regnault a été directeur, il a eu notamment à intervenir dans le projet d'assurances par l'Etat en 1857. (Voir chapitre IX).

En 1880, il intervint encore dans les discussions relatives au projet de loi sur le timbre des polices d'assurances, par un rapport rédigé en commun avec M. Lanne, directeur de l'ancienne *Mutuelle de Rouen* et Cottin-Angar, directeur de la *Mutuelle de Seine et Seine-et-Oise*, adressé à la commission législative de la Chambre des députés et dont ces trois messieurs vinrent défendre la conclusion, en personne, devant cette même commission. On peut citer aussi, pendant son administration, un succès assez remarquable, le procès gagné par l'*Etoile* contre l'administration de l'Enregistrement, le 13 décembre 1873, au sujet des pièces à communiquer à cette administration, procès à la suite duquel l'administration de l'Enregistrement s'efforça de faire modifier la loi.

En cessant ses fonctions, M. Ch. Regnault a été nommé directeur honoraire et administrateur de la Société.

REGNAULT DE BEAUCARON (Ch.-E.)

SOUS-DIRECTEUR, PUIS DIRECTEUR

1883-

M. Edmond Regnault, avocat, secrétaire de la Réunion des Directeurs mutualistes, administrateur de la Caisse d'Epargne de Paris, a été nommé sous-directeur de la Société l'*Etoile*, en 1883, puis Directeur en 1890. Si, par ses fonctions, comme par ses parents paternels, M. E. Regnault se rattache à la culture, il en est de même par ses origines maternelles qui le font descendre d'importants agriculteurs de l'Aisne, de l'Oise et de la Bourgogne, et des premiers colons de l'Ile de la Réunion, où ils établirent les premières sucreries, inventèrent de nouveaux procédés de fabrication, importèrent de nombreuses plantes, notamment, les girofliers, perfectionnèrent la culture et pratiquèrent les premiers, dans l'île, la sidération bien avant que ce procédé fût connu et employé en France.

Nommé administrateur de la Caisse d'Epargne de Paris, en 1886, M. E. Regnault fait partie, chaque année, du Comité de direction. Il est titulaire de la médaille de la Caisse d'Epargne, comme de diverses autres médailles, notamment d'une médaille d'argent de la Société académique d'agriculture de l'Aube. M. E. Regnault a publié divers articles dans des mémoires locaux (1).

Membre du Comité de la Réunion des Directeurs mutualistes, depuis 1891, M. E. Regnault en a été élu secrétaire depuis 1902.

Comme son père, on l'a vu au chapitre X, M. Ed. Regnault eut notamment à lutter contre les projets de l'assurance par l'Etat et dans une question qui se souleva entre l'administration de l'Enregistrement et l'*Etoile*, il obtint aussi une solution de l'administration en faveur de la Société.

On cite enfin, avec l'agrément du Conseil,

REGNAULT DE BEAUCARON (J.-E.-A.)

qui, suivant la carrière de son père, de son grand-père et de

---

(1) *Annuaire de l'Yonne*, 1886, 1887, 1888, 1892; *Mémoires de la Société académique d'Agriculture et des Arts de l'Aube*, 1889, 1893, 1904; *Revue de Loir-et-Cher*, 1896, 1902, 1903, 1904; *Echo du Tonnerrois*, passim.

son arrière grand-père, est, depuis 1904, attaché à l'administration de l'*Étoile* comme secrétaire du Directeur.

On vient de voir les Directeurs successifs de l'*Etoile*, fondateurs et administrateurs des Caisses d'épargne de Paris et de province. Parmi les fondateurs et administrateurs des Caisses d'épargne, figurent aussi les noms de beaucoup d'administrateurs et fondateurs de l'*Etoile* : les Cottier, Odier, Lebobe, Poullain Deladreue, Denormandie, Meurville, Luce, Cochin, Moreau, Lions, Sebillotte, etc... Les sociétés d'assurances sont, en effet, comme les Caisses d'épargne, des institutions de sage prévoyance, éminemment utiles et recommandables, partant de principes analogues, et les hommes qui s'occupèrent de créer et d'administrer les unes, ne pouvaient manquer de porter le plus vif intérêt aux autres. Ces établissements ont une grande affinité, mais diffèrent cependant sur plusieurs points. Alors que de longues économies sont nécessaires pour mettre à l'abri du besoin, une seule cotisation suffit pour garantir contre des chances désastreuses. L'assurance permet d'envisager de suite l'avenir avec sécurité. L'assurance mutuelle réunit les hommes, confond leurs intérêts, forme une confraternité qui joint aux combinaisons de la prudence le mérite d'une bonne action, car la portion d'épargne qui n'est pas recueillie par le sociétaire profite à ses associés. Le sociétaire est heureux, grâce à la garantie qu'il obtient immédiatement, de ne point être exposé à invoquer la pitié d'autrui, il en éprouve un sentiment d'indépendance qui relève son courage. Aussi, comme les événements inopinés peuvent déjouer les calculs du travailleur économe, arrêter la formation lente de son patrimoine, est-ce une nécessité et un devoir pour lui de ne pas s'en tenir à l'épargne pure et simple, mais de la compléter en recourant en même temps à l'assurance pour sauvegarder son bien et celui de sa famille.

CHAPITRE XV

Agents ou Inspecteurs, Experts et Chefs de services de la Société.

La circonscription de la Société comprend 19 départements, 84 arrondissements, 620 cantons et 9,908 communes. Ce champ d'action pourrait presque être doublé avec les départements limitrophes où la Société a le droit d'étendre ses affaires.

Pour ses rapports avec les cultivateurs et réciproquement, la Société compte environ 130 agents généraux, lesquels ont en moyenne un ou deux sous-agents sous leurs ordres. En ajoutant à ces utiles auxiliaires les employés des bureaux et une trentaine d'experts, on peut dire qu'un personnel, à des titres divers, de 4 à 500 personnes gravite autour de la direction de l'*Etoile*.

On signale en passant que la qualification d'agent est ici employée pour se conformer à un usage généralement répandu, mais que, vu leurs fonctions et leurs attributions, les agents de l'*Etoile* sont en réalité des inspecteurs.

On a vu au chapitre IV comment, dès la formation de la Société, les agences avaient été organisées. Il convient de placer ici les noms des 192 agents généraux installés en l'année 1834 et qui, gagnés aux principes de la mutualité, ont été les premiers à patronner la Société naissante.

MM. Cheneau-Dubreuil, à Orléans ; Schmitz, huissier, à Châtillon-sur-Loing ; Pingard, huissier, à Château-Thierry ; Gauthier, commissaire-priseur, à Coulommiers ; Piguois, huissier, à Ferrières (Loiret) ; Pouplin, agent de la Compagnie royale la *Nationale*, au Mans ; Esson, à Ouzouer-le-Marché ; Potier, receveur de rentes, à Compiègne ; Lary, arpenteur, à Braisne ; Danton, agent du *Phénix*, à Reims ; Villette, agent de la Compagnie royale la *Nationale*, à Saint-Quentin ; Cottreau-Hureau, à Romorantin ; Lionnel-Clémendot, à Saulieu ; Graindor, directeur de la *Mutuelle d'Indre-et-Loire*, à Tours ; Janicot, agent à la *Compagnie royale*, à Pithiviers ; Mallet, ancien notaire, à Varennes-aux-Loges (Loiret) ; Prieur, agent à la *Compagnie royale*, à Vitry-le-François ; Lecomble, à Yvetot ; Bossu, à Arras ; Lambert, à Corbeil ; Desprez, huissier, à Liancourt ; Derebergue, huissier, à Maignelay ; Chapron, huissier, à Mouy ; Trouvain, greffier, à Saint-Just ; Girault, à Nemours ; Lefèvre, percepteur, à Sucy (Seine-et-Oise) ; Moussard, à Coulommiers ; Fournier, notaire, à Senlis ; Crépin, ancien huissier, à Attichy ; Dumoutier, huissier, à Estrées-Saint-Denis ; François, agent de l'*Union*, à Guiscard ; Pillot, géomètre, à Plessier-le-Roi ; Dumars, huissier, à Noyon ; Olivier, directeur de la poste aux lettres, à Ressons-sur-Matz ; Maress, huissier et géomètre, à Ribecourt ; Girard, greffier, à Betz ; Vaillant, huissier, à Creil ; Leguillon, huissier, à Crépy ; Legrand, huissier, à Nanteuil-le-Haudouin ; Delavallée, huissier, à Neuilly ; Palin, huissier, à Pont-Saint-Maxence ; Vigneron, huissier, à Gonesse ; Desprez, à Vervins ; Dapremont, huissier, à Aubanton ; La Capelle, huissier, à Carrière ; Marcaigne-Jaurand, à Guise ; Chardon, à Hirson ; Froment, huissier, à Nouvion ; Bailly, huissier, à Sains ; Hiolin, à Wassigny ; Gouabin, arpenteur, à Saint-Eliph ; Lemaire, à Courville ; Foin, caissier de Poulet, notaire, à Chaumont ; Dufresne, ancien notaire, à Beauvais ; Fégneux, ancien huissier, à Auneuil ; Dubos, huissier, à Coudray-Saint-Germer ; Beaurin, huissier, à Granvilliers ; Roisin, ancien huissier, à Marseille ; Villain, géomètre, à Méru ; Michel, percepteur, à Laversine ; Gillée, huissier, à Noailles ; Devembez, à Songeons ; Baroyer, commissaire-priseur, à Clermont ; Ranson, à Breteuil ; Caron, géomètre-arpenteur, à Crèvecœur ; Guesnier, à Saint-Clair-sur-Epte ; Fez, agent d'affaires, à Houdan ; Vassor-Hurpir, à Châteaudun ; Mofras, à Caen ; Masse-Billin, à Saint-Omer ; Cavé-Hardouin, à Montdidier ; Cailleré, à Béthune ; Gaucel, à Louviers ; Cordier, géomètre, à Pavilly ; Veret, agent de l'*Union*, à Doullens ; Gallien, huissier, à Château-Renard ; Lemire, à Evreux ; Chapelain, à Saint-Germain-en-Laye ; Penelle, à Poissy ; Porlier, à Meulan ; Benoiton, huissier, à Mantes ; Veret, agent du *Soleil*, à Doullens ; Lepère, à Falaise ; Petit, à Bernay ; Petitfils, à Pont-Audemer ; Chomel, à Montreuil ; Caffier, à Nesle ; Moussard, à Coulommiers ; Dauguin, à Meaux ; Bouilliat, huissier, à Arpajon ; Vétillard, huissier, à Longjumeau ; Sommé, huissier, à Nangis ; Benoît, agent de l'*Union*, à Provins ; Haguin, greffier de paix, à Villiers-Saint-Georges ; Lecoq, huissier, à Dannemarie ; Boucher, huissier, à Bray-sur-Seine ; Robin, à Sergines ; Siloy, à Pont-sur-Yonne ; Mirot, à Villeneuve-l'Archevêque ; Mossot, à Sens ; Bernier, homme de loi, à Cheroy ; Dumont, notaire, à Bléneau ; Jacquemier, notaire, à Saint-Fargeau ; Jarry, à Saint-Sauveur ; Morel, à Fontainebleau ; Vincent, à Château-Landon ; Girault, à Nemours ; Larry, arpenteur, à Braisne ; Marcoin, vérificateur des poids et mesures, à Soissons ; Blondel, huissier, à Villers-Cotterets ; Roblin, huissier, à Formerie ; Detranchant, géomètre-arpenteur, à Chauny ; Wargnier, à Coucy-le-Château ; Brugnon, directeur des postes, à La Fère ; Foncon, huissier, à Vic-sur-Aisne ; Rondel, huissier, à Oulchy-le-Château ; Chebeuf, huissier, à Vailly ; Huet, à Craonne ; Fleury, huissier, à Crécy-sur-Serre ; Caulette, huissier, à Marle ; Boistay, à Neufchâtel ; Roger, huissier, à Rosoy-sur-Serre ; Bailly-Gaulet, à Liesse-Notre-Dame ; Lhomme, à Bohain ; Robert, à Catelet ; Payelle, à Mouy ; Missonnier, à Ribemont ; Hénocque, à Saint-Simon ; Faglain, à Vermand ; Gourdon, employé à la Préfecture et agent à la Compagnie générale, à Pithiviers ; Sambon, à Montargis ; Colette-Quenouille, à Dieppe ; Delessard, à Chartres ; Lepoix, à Melun ; Pichou, à Issoudun ; Landais, greffier du tribunal, à Pontoise ; Grison, huissier, à Luzarches ; Desfossés, à Gien ; Berel, à Fontainebleau ; Fontaine, huissier, à Bolbec ; Genard, agent de la *Compagnie d'assurances générales*, à Meaux ; Giouquy, huissier, à Écouen ; Feuquère, à Beaumont ; Berry, à Lorris (Loiret) ; Caudon, à Lisieux ; Savy, arpenteur-géomètre, à Orsay (Seine-et-Oise) ; Grancel, à Louviers ; Baroger, commissaire-priseur, à Clermont ; Brault, huissier, à Chartres ; Corbières, notaire, à Auneau ; Nyon, huissier, à Illiers ; Lesourd, huissier, à Janville ; Vassor, à Châteaudun ; Lucas, greffier, à Cloyes ; Gasnier, notaire, à Orgères ; Hallot, notaire, à Senonches ; Dubois, huissier, à Dreux ; Lefebvre, notaire, à Nogent-le-Rotrou ; Brault, notaire, à Châteauneuf-en-Thimerais ; Brault, notaire, à Thiron-Gardais ; Haxain, à Bourg-la-Reine ; Jozon, notaire, à Corbeil ; Guérard, huissier, à Dourdan ; Dubois, huissier, à Maintenon ; Blot, huissier, à Sainville ; Rocheron, percepteur, à Dampierre

(Seine-et-Oise) ; Brenus, notaire, à Brüs-sous-Forges ; Morisot, à Rambouillet ; Vrard, à Troarn (Calvados) ; Daminois, ancien contrôleur des contributions directes, à Pontoise ; Defrance, à Anizy ; Deprez, à Laon ; Deprez frères, à Vervins ; Sedillot, à Bellegarde ; Lamy, à Château-Renard ; Ablon, à Courtenay ; Foin, à Chaumont ; Dufresne, à Beauvais ; Fournier, à Senlis ; Desrotours, à Alençon ; Durand, à Vrégny ; Charpentier, à Mortagne ; Didier-Cavenel, à Saint-Pol ; Letuillier, à Rouen ; Treulé, à Neufchâtel ; Lecomble, à Yvetot ; Madeleine, à Etampes ; Herbet-Picard, à Amiens ; Paul Lefebvre, à Abbeville ; Marminia, à Doullens ; Cuvellier, à Péronne.

De cette organisation première, il ne subsiste plus guère qu'un dixième actuellement. Des remaniements nombreux ont dû être apportés par suite des difficultés du début et des circonstances. Il a fallu plusieurs années pour que la Société prenne son assiette et constitue ses agences d'une manière durable. Mais après cette période de tâtonnement, les agences acquirent une stabilité qui fait à la fois l'éloge des assurés, des agents et de la Société. Les détails suivants vont en être la démonstration :

Depuis plus d'un demi-siècle, et de père en fils, est tenue l'agence de M. Georges Bleau, qui a succédé à son père, à la mort de ce dernier, qui avait lui-même succédé à son beau-père, M. Poitou, décédé en exercice après avoir débuté en 1844.

Depuis plus d'un demi-siècle, et de père en fils, est dirigée l'importante agence de M. Henri Thélia, qui a succédé à son père, M. Eugène Thélia, lequel, en 1844, à l'âge de 14 ans, avait commencé à s'occuper de l'*Etoile*.

Depuis plus d'un demi-siècle, et de père en fils, on voit, comme agents généraux, d'abord M. Gibaudan, grand-père (1850), ensuite M. Gibaudan, son fils, et enfin, aujourd'hui, M. Charles Gibaudan, fils de ce dernier.

Depuis plus d'un demi-siècle, et de père en fils, l'agence de M. Cléret a été dirigée, à partir de 1852, d'abord par M. Cléret, grand-père, auquel succéda son fils, M. Eugène Cléret ; ce dernier, à son décès, a été remplacé par son fils, M. Eugène Cléret, dont l'organisation comprend maintenant l'agence de M. Châtelain, qui avait représenté l'*Etoile* pendant 40 ans.

Pendant plus d'un demi-siècle, et de père en fils, l'agence de

M. François Laurent, toujours en exercice, a été tenue d'abord par M. Monoury (1852), son beau-père, auquel il a succédé en 1886.

Depuis plus d'un demi-siècle, et de père en fils, l'agence de M. Faveraux, dirigée par lui dès 1854 et pendant 48 ans, est continuée, après sa mort, par son gendre, M. Rabelle, en attendant que le petit-fils soit rentré du service militaire pour prendre l'affaire en main.

Pendant plus d'un demi-siècle (exactement 54 ans), et de père en fils, l'agence de La Ferté-Bernard qui, faute de grêle, n'a pas été maintenue, est restée entre les mains de M. Bordeau et de son gendre, M. Brier, jusqu'à leur mort.

Pendant plus d'un demi-siècle, et de père en fils, l'*Etoile* a été représentée d'abord par M. Beluet, pendant 40 ans, jusqu'à sa mort, et par son gendre, M. Touche, nommé agent en 1893.

Pendant plus d'un demi-siècle, et de père en fils, l'agence de M. Sevestre, établie en 1848 avec M. Tessier, resté en exercice pendant vingt ans, jusqu'à sa mort, est passée ensuite, en 1868, à son gendre, M. Pilté, resté en fonctions jusqu'à sa mort, puis au petit-fils, mort en 1900, soit pendant 32 ans.

Depuis plus d'un demi-siècle, et de père en fils, MM. Beaugendre sont agents dès 1854. Dans leur agence se confond celle de M. Surblé, décédé en 1887, après 41 ans d'exercice.

Egalement pendant 41 ans, l'agence de M. Barrier a eu à sa tête M. Vallaux (décédé en 1903), avec M. Plat d'Huisseau pendant 36 ans (1848-1884), et M. Félix, de la Chapelle-Enchérie, pendant 30 ans (1846-1876), tous trois n'ayant cessé leurs fonctions qu'à leur mort.

Depuis près d'un demi-siècle, et de père en fils, est dirigée l'agence de M. Georges Champagne, qui a succédé à son père.

De père en fils a été tenue (1852-1893) l'agence de M. Thibault, nommé agent en remplacement de M. Metivet décédé en exercice et qui avait succédé à son père, également décédé en exercice.

De père en fils, l'agence de M. Gingréau, nommé en 1893, a été antérieurement dirigée, depuis 1852, par M. Malon, puis, successivement, par ses deux fils.

Depuis près d'un demi-siècle, de père en fils, a été dirigée l'agence de M. Lebrun, qui a succédé à son père (1858), lequel avait pris la suite des affaires de M. Esson, premier titulaire de l'agence en 1834 et qui remplit ces fonctions pendant 25 ans (1834-1858).

Dans la même famille, depuis un quart de siècle, se trouve l'agence de M. Cassegrain, dont le nom apparaît sur les registres de la Société dès 1840 et au conseil général en 1843. Antérieurement, elle avait été dirigée par M. Leroy pendant 20 ans.

Dans la même famille, depuis 1862, est l'agence de M. Lemuet, qui a succédé, en 1876, à son oncle, M. Renon, décédé en exercice.

Pendant plus d'un demi-siècle, et de père en fils, l'importante agence de M. Georges Granveau, a eu à sa tête M. Corbière (1834), puis MM. Corbière, père et fils (1848-1891), qui ont représenté la Société, dans la contrée, en même temps que MM. Hélie, pendant 27 ans (1847-1874), et Porcherat, pendant 31 ans (1841-1872).

Dans la même famille, depuis 32 ans, est l'agence de M. Berton-Badini, qui a succédé, en 1902, à son oncle, M. Boulin-Badini, décédé après 30 ans d'exercice, ayant lui-même succédé à MM. Rousset et Fonteny, agents pendant 20 ans.

De père en fils, pendant 30 ans, l'agence de M. Goussé est restée entre les mains de M. Mulot père, qui décéda en exercice et fut remplacé par son fils, qu'une grave maladie obligea à se retirer.

De père en fils, pendant près de 40 ans (1860 à 1898), l'agence de M. Lejay a été tenue d'abord par M. Roy, puis par son gendre, M. Blanchot, décédé en exercice.

De père en fils est tenue l'agence de M. Max Dujardin, qui a succédé à son frère, Georges Dujardin, décédé en 1901, lequel avait succédé à leur père, agent depuis 1883, remplaçant MM. Philippet, agent pendant 16 ans, Thierry, agent pendant 26 ans, et M. Martel, premier titulaire à l'agence en 1836, qui exerça ses fonctions 31 ans.

De père en fils sont dirigées les agences de MM. Carouget, Chemâlé, etc., etc.

Et, dans les agences où les fils n'ont pas succédé aux pères, on voit la fonction exercée par le premier titulaire, continuée avec l'*Etoile* par ses successeurs.

Ainsi, dans l'agence de M. Delsart, les greffiers de la justice de paix ont été successivement les agents de l'*Etoile*, jusques et y compris M. Delsart, agent actuel, qui a vendu son greffe pour ne conserver que l'*Etoile*.

Les agents de l'*Etoile* à Cormery se sont tous succédé, comme huissiers, pendant 50 ans.

Le prédécesseur de M. Fontheneau était, comme lui, greffier de la justice de paix.

Les agents de la *Mutuelle de Seine et Seine-et-Oise*, Incendie, MM. Allart, Corson, Bruneau, Gautier, etc., etc., ont été successivement les mêmes agents que ceux de l'*Etoile*.

L'agence de M. Levêque est, depuis un quart de siècle, la même que celle de l'*Union*.

Ailleurs, les agents de la *Paternelle* se succèdent, comme agents de l'*Etoile*, depuis 30 ans.

De même, l'agence de M. Gagneux est, depuis sa fondation, unie à celle de la *France*, comme celle de M. Thibault et de M. Giraux.

Les agents de la *Mutuelle de Loir-et-Cher*, M. Hubleur, agent depuis 26 ans (1878), M. Rivière, agent depuis 15 ans, ayant succédé à M. Mestivier, agent depuis 25 ans, M. Granger, etc., sont, depuis 60 ans, les agents de l'*Etoile*.

Il en est de même de MM. Beaufils, Sevestre, Guérin, Lenormand, Boudin (dont le prédécesseur, M. Simon, est demeuré 30 ans en fonctions, jusqu'à sa mort), Moufflet, etc., agents de l'*Orléanaise ;* de MM. Royer, Obert, etc., de la *Nationale*, de M. François, etc., du *Soleil*, de M. Granveau et autres, du *Phénix*, de M. Michot, de la *Mutuelle d'Indre-et-Loire*, de M. Rabutté, etc., de la *Mutuelle de Rouen*, des agents de la *Marne*, etc.

Citera-t-on encore :

L'agence de M. Beauvallet, qui a été dirigée antérieurement, pendant 40 ans, depuis 1852, par M. Foussard ?

L'agence de M. Crochet, qui succéda à M. Barrault, agent pendant 41 ans (1856) ?

L'agence de M. Brissot, antérieurement dirigée, pendant près de 40 ans, par MM. Justes et Baudouin ?

L'agence de M. Detrez, qui a eu au nombre de ses prédécesseurs M. Candot, demeuré 20 ans en fonctions ?

L'agence de M. Gauthier-Clergaut, agent depuis 15 ans, et dont le prédécesseur est demeuré 22 ans en exercice?

L'agence de M. Gigot, dont le prédécesseur est demeuré 23 ans en exercice ?

L'agence de M. Magnan, agent depuis 25 ans, et qui, depuis un demi-siècle, n'a eu qu'un autre titulaire, M. Richard ?

L'agence de M. Moufflet, agent depuis 1891, et qui, antérieurement, a été dirigée par M. Krebs pendant 30 ans ?

L'agence de M. Obert qui, avant lui, a eu à sa tête, pendant 30 ans, MM. Bellard et Behurel, décédés tous deux en exercice ?

L'agence de M. Piécou, agent depuis 41 ans, depuis 1864, et qui, depuis sa création, en 1848, n'a eu qu'un seul autre titulaire, M. Duffié ?

L'agence de M. Prévost, dirigée par lui depuis un quart de siècle, après M. Loyonnec, qui fut agent pendant 22 ans, et M. Leroy, qui fut agent pendant 48 ans ?

L'agence de M. Rabutté, dirigée par lui depuis 33 ans, et qui, avant lui, n'a eu, depuis 1857, que deux titulaires décédés en exercice ?

L'agence de M. Giraud qui, avant lui, n'a eu, pendant 42 ans, que deux titulaires décédés en exercice ?

L'agence de M. Granger, agent depuis 1894, qui, précédemment, pendant 50 ans, n'a eu que deux prédécesseurs, dont M. Labbé-Marchais, pendant 36 ans, décédé en exercice ?

L'agence de M. Guérin, qui est agent depuis 1859, soit depuis 46 ans, et qui a son fils comme auxiliaire ?

L'agence de M. Lefèvre, agent depuis 50 ans, puisqu'il a commencé à représenter la Société en 1855 avec M. Oblet, qui demeura agent 21 ans ?

L'agence de M. Lemoine, agent depuis 33 ans, et dont le prédécesseur avait exercé 23 ans ?

L'agence de M. Jacquet, nommé en 1861, il y a 44 ans, en remplacement de M. Schmitt, agent depuis 1834, soit depuis la fondation de la Société ?

L'agence de M. Juin, agent depuis 22 ans, après M. Meunier-Leblanc, qui exerça ses fonctions 38 ans ?

L'agence de M. Sevestre, agent depuis 22 ans, et qui, pendant les 35 ans précédents, n'a eu que deux titulaires ?

L'agence de M. Royer, qui a été fondée en 1857 avec M. Piat, qui exerça ses fonctions jusqu'à sa mort, en 1891, soit pendant 35 ans ?

L'agence de M. Finon, fondée en 1852 par M. Gamblain, qui est demeuré agent pendant 30 ans, jusqu'à sa mort, en 1891 ?

L'agence de Louviers, qui a eu, pendant 35 ans, jusqu'à sa mort, le même titulaire, M. Lepic, auquel succéda M. Gambu, qui ne cessa ses fonctions qu'à sa mort, en 1899 ?

L'agence de M. Bruneau, agent depuis près de 30 ans ?

L'agence de M. Julien Viault, qui est attaché à la Société depuis près de 40 ans ?

L'agence de M. Fouché, qui en est titulaire depuis 35 ans et a été nommé en remplacement de M. Mestier, décédé en exercice et agent de 1858 à 1870 ?

Citera-t-on encore MM. Berthelemot, Billaudet, Chastel, Chevallier, Cosson, Delagneau, Gasselin, Gibert, Girardin, Guillaneux, Humbert, Jeannet, Jeuilly, Jolivet, Lemaire, Picard, Royer-Vauthier, Tardif, Tétard, Thiellement, Tiron-Candelot, etc., etc., tous agents depuis au moins 10 ans, et plusieurs depuis 15 à 20 ans ?

Ce qu'on a dit des agents et des experts, on peut le dire des assurés, car, s'il avait été possible de dépouiller tous les contrats souscrits à l'*Étoile* depuis 1834 (il y en a 78,377), on aurait constaté qu'ils sont pour bonne moitié, et sans doute davantage, attachés, par leurs familles, à la Société depuis les premières années de son existence.

Ce qu'on vient de dire des agents, on peut le dire des experts, dont tous les noms ne sauraient être donnés ici, mais parmi lesquels il convient, cependant, de citer M. Dupont, régisseur d'importantes propriétés dans le Berry, M. Firbach, le fils du distingué administrateur, M. Lejay, vice-président de la Société d'agriculture de Tonnerre, honoré d'une médaille d'or de la Société des agriculteurs de France, M. Vincent, géomètre-expert, M. Vinsot, ancien cultivateur important appartenant à une famille d'agriculteurs de la Beauce, assurés à la Société depuis 1840, M. Viault, expert régional bien connu et constamment désigné par les tribunaux, M. Mellotée, assuré, par lui et ses ancêtres, à la Société où leur signature figure au conseil général depuis 1838, M. Gilbert-Aucouturier, officier du mérite agricole, l'éleveur si connu dans le Berry, si souvent récompensé pour sa race charmoise, et dont le nom apparaît sur les registres de la Société il y a soixante ans, M. Henri Genet, conseiller d'arrondissement, M. Denis-Jolly, maire de Mulsans, appartenant à une famille assurée à la Société depuis sa fondation, M. Pinard, beau-fils de M. Jolly, qui, de longues années et jusqu'à sa mort, a été un des meilleurs experts de la Société, M. Foubert, président de la Société d'agriculture de Chaumont-en-Vexin et dont le nom figure parmi les sociétaires depuis une soixantaine d'années, MM. Guérin, Legay, Thiberge, Gautier-Marie, Moreau, Durantel, Baudoin, Labry, Grandjean, Rativeau, Bonnet, Royneau, Cochin, etc., etc.

Ce qu'on vient de dire des agents, des experts et des assurés, on peut le dire des employés des bureaux qu'on ne saurait énumérer, mais qui sont, pour la plupart, demeurés en fonctions jusqu'à leur mort. On se bornera donc à mentionner le caissier actuel, M. Molliens, au service de la Société depuis 1877, soit depuis 28 ans, et qui n'a eu que deux prédécesseurs depuis la fondation de la Société ; enfin, le chef des bureaux actuel, M. Gustave Hardillier, qui exerce ses fonctions depuis 1872 et n'a eu que deux prédécesseurs depuis l'origine de la Société. Si M. Hardillier appartient à l'administration de l'*Etoile* depuis 32 ans, ses relations et celles de sa famille avec la Société remontent à une époque bien plus éloignée : à l'époque même de sa création. Avant d'entrer dans les bureaux, M. Hardillier, après avoir terminé ses études classiques, avait aidé tout d'abord son père dans son importante exploitation de Lancôme, à la tête de laquelle celui-ci s'était mis, dès 1852, et qui comportait annuellement de 40 à 50,000 francs de valeurs assurés à l'*Etoile*. Aussi, le chiffre de l'assurance de M. Hardillier père le mit-il souvent au nombre des membres du conseil général des sociétaires, et notamment en 1861, 1864, 1867, 1868, 1869, 1870, 1871, 1872, 1873. Avant de prendre la ferme de Lancôme, M. Hardillier père, qui s'y vit décerner de nombreuses médailles aux concours d'Orléans et de Blois, avait cultivé la terre de son père à la ferme d'Izy où, depuis deux siècles, les Hardillier se succédaient de père en fils. Assurés à l'*Etoile* dès l'origine de la Société, les parents de M. Gustave Hardillier figurent sur ses registres sans interruption depuis 70 ans.

Cette longue fidélité des assurés doit-elle être attribuée aux belles promesses faites par la Société ? Non ! car l'*Etoile* n'a jamais fait de bruyantes réclames. Cette fidélité des agents tient-elle à leurs honoraires ? Non ! car chaque jour ils sont sollicités par des assurances concurrentes qui leur font miroiter des émoluments supérieurs. Doit-on l'attribuer à un engagement qui les lie ? Non ! car la Société n'a jamais lié personne, de même qu'elle-même conserve sa liberté vis-à-vis d'eux. A quoi donc attribuer cette constance des assurés, des agents, des experts, des auxiliaires de tout ordre, des administrateurs, des directeurs de l'*Etoile*, constance qui persiste pendant deux, trois et quatre générations, sinon à la manière équitable et juste avec laquelle la Société procède, en un mot, à sa parfaite honorabilité.

Telle est l'œuvre dont on a jugé utile de rappeler dans ce volume les origines, le fonctionnement et le développement.

A une époque où les Assurances, avec tout ce qui s'y rapporte, sont en discussion, où de nombreux projets de loi sont déposés, soit pour les régir, soit pour les grever de nouveaux impôts, soit même pour les supplanter au moyen de l'Assurance gouvernementale obligatoire ou facultative ; à une époque où, dans un but de protection poussée à l'excès, l'ingérence de l'Etat menace d'envahir le domaine des industries particulières, on a voulu montrer les résultats obtenus par l'initiative privée seule, administrée par ses seuls moyens. En voulant réglementer quand même l'initiative privée, en la chargeant de nouveaux impôts, on tend à l'empêcher de se développer, on arrive même à l'annuler, et l'on tarit une source de revenus pour le Trésor. Enfin, en voulant organiser l'Assurance gouvernementale, on risque, tout en compromettant les finances et la dignité de l'Etat, de détruire, sans pouvoir se flatter de les remplacer avantageusement, d'honorables associations qui rendent d'incontestables services.

ANNEXES

A Messieurs les Membres du Conseil d'État.

OBSERVATIONS

**Présentées le 28 juin 1857 par le directeur de l'Étoile,
société d'assurances mutuelles contre la grêle,
En réponse au projet d'une caisse générale des assurances
agricoles.**

M. Perron a proposé à S. E. le ministre de l'Agriculture, du Commerce et des Travaux publics le projet d'une *Caisse générale des Assurances agricoles*. Une commission a été nommée, laquelle a fait son rapport, par l'organe de l'honorable M. Josseau, et déposé un projet de décret modifiant ce que pouvait avoir de trop absolu le projet primitif. Le Conseil d'État est aujourd'hui saisi de l'ensemble de ces propositions.

M. Ch. Regnault, directeur de l'assurance mutuelle contre la grêle, l'*Étoile*, prend la liberté de soumettre à MM. les membres du Conseil d'État quelques observations rapides. Appuyées par le concours des directeurs d'autres compagnies, peut-être leur aurait-on trouvé plus d'autorité ; la nécessité de les faire à temps est la seule cause de l'isolement où paraît l'auteur du présent mémoire.

Il soulèvera trois questions principales :

1° *Quel est l'état actuel de l'assurance agricole ?*

2° *Quelles conditions sont essentielles au succès de l'assurance ?*

3° *Les résultats que l'on cherche seront-ils obtenus par les propositions nouvelles ?*

Si l'on objecte que les compagnies privées ont dans le débat un intérêt trop personnel pour être entendues avec faveur, l'auteur répondra que l'intérêt de chacun n'est pas toujours en opposition avec l'intérêt de tous, qu'il a essayé de se placer pour un moment dans le point de vue élevé où se tiennent les juges du projet, et il espère enfin, qu'après l'avoir lu, on voudra bien lui rendre cette justice, qu'il n'a rien hasardé qui fût indigne de ces préoccupations généreuses.

I

QUEL EST L'ÉTAT ACTUEL DES ASSURANCES AGRICOLES ?

Les auteurs du projet nouveau ont dû rechercher quelles voies avaient suivi les compagnies d'assurances particulières jusqu'au temps présent, et à quel état elles en sont venues. C'est le premier soin que leur commandait la pensée de mieux faire que ces devanciers, et la certitude de les détruire, quels qu'ils puissent être, par une concurrence partie de si haut.

Dans ce premier examen, deux sortes d'erreurs principalement notables ont échappé à la commission.

On a parlé d'*esprit de spéculation*.

Distinguons bien.

Des capitaux, avides de se faire valoir, se réunissent en société anonyme. A l'aide et sous la garantie d'un capital social, on offre aux agriculteurs l'appât d'une indemnité pour la perte totale dont tel ou tel fléau les menace, moyennant qu'ils verseront une prime déterminée par avance. Voilà, sans doute, la spéculation. Car, si les sinistres ont été peu nombreux, si la caisse sociale est riche au bout de l'an, ces bénéfices ravis à l'agriculture sont destinés aux actionnaires, et si l'on prie le ciel d'épargner les campagnes, c'est moins dans un espoir de les savoir soulagées, que dans l'attente de voir grossir les dividendes. Cette entreprise est celle des *Compagnies à prime fixe*.

Une pensée toute contraire, un dessein tout opposé, ont suscité la *Mutualité*. Ce sont les agriculteurs eux-mêmes qui se concertent dans leur intérêt commun. Tous les ans, quelques-uns d'entre eux sont atteints par le fléau. Le mal tombant sur un seul, l'accablera; réparti sur plusieurs têtes, il sera plus léger; divisé entre un grand nombre, il serait imperceptible. Donc, l'année terminée, on fera une masse du dommage, et, chacun s'engageant à verser une part proportionnée aux risques qu'il court lui-même, compensera une portion légère des pertes causées à tous, pour n'être point seul à supporter les siennes.

Toutefois, cette cotisation de chacun ne dépassera pas un certain *maximum*. Car le but de l'institution n'est pas de mettre en commun toute la perte, mais seulement d'adoucir les coups les plus rudes. La responsabilité commune cesse donc à un degré, passé lequel la masse active, ne se trouvant point au pair avec la quantité du dommage, paie *au marc le franc*.

Ainsi, le mal a-t-il fait de trop grands ravages? la masse entière est pour les victimes. Le ciel, au contraire, s'est-il montré clément? le bénéfice n'en va point grossir la richesse de capitalistes actionnaires. La cotisation est alors faible ou nulle et demeure tout entière à l'agriculture.

Dans un tel système, quelle main fait un gain regrettable, et détourne les ressources de la campagne de leur vraie voie et de leur but utile?

Une seule pourrait paraître suspecte. Le directeur de ces mutualités est rétribué en proportion des adhésions qu'il reçoit et des valeurs qui recherchent ainsi la protection de l'engagement commun; quelques-uns vont même jusqu'à prélever pour eux et leurs familles 15,000 ou 20,000 francs chaque année. Mais il n'échappera pas aux esprits élevés pour qui ce mémoire est écrit que ces personnes ne gagnent qu'en proportion de l'accroissement qu'elles apportent à leur société ; que ces traitements à forfait ne sont qu'une suite et un gage de sa prospérité, le prix en même temps que le stimulant d'une activité toujours en éveil ; qu'aux labeurs qui leur sont imposés, certaines responsabilités sont jointes. Tels sont, dans un tout autre ordre, les receveurs de l'Enregistrement et des domaines, encouragés par un prélèvement semblable, à surveiller les droits du fisc ; les agents de l'autorité à tenir les yeux ouverts sur certains délits ou contraventions ; les percepteurs et receveurs généraux, à faire rentrer activement les deniers de l'État.

Ainsi, à ce point de vue de spéculation, une distinction était donc nécessaire entre la *compagnie mutuelle* et la *compagnie à prime fixe*, et ce ne sera pas, tout à l'heure, une des moins intéressantes questions que de voir laquelle des deux les propositions nouvelles laisseront paisiblement subsister.

Mais, injuste par cette première confusion, le rapport de l'honorable M. Josseau contient encore, sur l'état présent des assurances privées, de notables erreurs en fait. Quelqu'insuffisantes que se sentent les compagnies créées jusqu'à ce jour, encore ne faut-il pas, dans l'intérêt général, rabaisser au-dessous du vrai cela même qu'on se propose de copier, et qu'on se borne à confier à une administration plus autorisée.

C'est à Toulouse, au commencement de ce siècle, qu'à l'imitation des assurances maritimes et des assurances contre l'incendie, fut tenté le premier essai d'une société contre les risques agricoles. L'assurance était contre la grêle. Le midi, avec ses fréquents orages, était mal choisi : l'entreprise échoua et dut gagner, pour avoir quelque chance de succès, des climats plus tempérés. Il serait trop long de faire le récit des efforts, des alternatives de succès et de revers qui troublèrent les sociétés nouvelles durant une longue enfance. Mais, vers 1830, plusieurs de ces sociétés se formèrent et parvinrent à s'asseoir. L'année 1839 vint leur porter un coup funeste, en même temps qu'un secours puissant. Cette année fut singulièrement désastreuse. Les compagnies à *primes fixes*, soumises à d'immenses obligations, accablées, succombèrent ; les compagnies *mutuelles*, grâce à leur échelle mobile, plièrent, payant au marc le franc. Mais de ces désastres mêmes était sorti un enseignement ; et c'est ainsi qu'un coup de la nature fait quelquefois plus pour un progrès que les spéculations les plus élevées du législateur. Au milieu d'un événement si étrange, les populations entrevirent le secours imparfait et presque imperceptible encore de l'assurance. Un nouvel essor fut donné aux compagnies, qui se signalèrent par des progrès plus marqués et des services notables rendus à l'agriculture. Les chiffres consignés au rapport sont erronés.

On dit que les compagnies existant aujourd'hui n'assurent pas plus de 200 millions de valeurs assurables. On prouvera que

sept seulement de ces compagnies assurent en une année
425 millions (1).

Elles ne réparent pas, selon la Commission, la totalité des
sinistres. — On affirme que, depuis 1839, aucune de ces compagnies n'a manqué à combler la perte intégrale.

La moyenne de leurs cotisations est de 1 fr. 50 pour 100, ou
15 francs pour 1,000. — Cette prétendue moyenne est le *maximum* de presque toutes les sociétés mutuelles.

Cinq compagnies, enfin, ont, depuis vingt ans, distribué
22 millions d'indemnité, ce qui répond à 3 milliards et demi de
valeurs assurées. De tels résultats, quelqu'humbles qu'ils paraissent, ne parviendront-ils pas à rendre quelqu'estime aux efforts
qui les ont produits ?

II

Toutefois, on le confesse, la vérité n'est ainsi rétablie que pour
trahir encore la faiblesse du remède en présence du mal.
22 millions d'indemnités répandus en vingt ans, qu'est cela, quand
chaque année les sinistres agricoles dévorent 35 ou 40 millions
de valeurs? — On parle d'assurances contre la grêle, mais la
gelée, mais les inondations demeurent sans remède ; l'épizootie
n'a donné lieu qu'à d'impuissants essais. — Et ces compagnies
même, qui prétendent pourvoir aux ravages de la grêle, de
quelles clauses restrictives ne sont-elles pas remplies sur les
vignes, les oliviers et mainte autre classe de cultures précieuses?
Enfin, formées presque toutes par les mêmes départements, ne
laissent-elles pas les deux tiers ou les trois quarts de la France
dépourvus et sans secours?

Il n'est que trop vrai. Mais tout en déplorant cette insuffisance, il en faut chercher la cause. Cette faiblesse même doit
être un enseignement. On doit se demander par quel inexplicable mystère l'activité privée, que tout devait pousser à étendre
son domaine aux hommes et aux choses, reste opiniâtrément
limitée à de certains climats et à de certaines valeurs? Il ne
suffit pas de maudire et de dédaigner l'industrie privée; elle n'est
pas toujours malintentionnée, et rarement elle se montre aveugle
ou maladroite pour ses intérêts: et c'est une erreur commune à
des doctrines que l'on connaît bien, de croire, quand une combinaison ne réussit pas au gré de ce qu'on désire entre les mains
des particuliers, qu'il suffira, pour qu'elle soit sauvée, de la faire

---

(1) Ces sept compagnies sont : *la Cérès, l'Etoile, la Versaillaise, la
Compagnie générale, la Seine-et-Marne, la Mutuelle de l'Aisne, la
Garantie agricole.*

passer en celles de l'administration supérieure. Sans doute, on poursuit de telles idées d'une ardente réprobation, mais quelquefois leurs influences mêmes nous gagnent à notre insu.

Vous voulez transporter l'entreprise des assurances à l'État. Procédez donc par ordre. Voyez, avant toutes choses, quels obstacles ont trouvé ces compagnies particulières, devant quelles conditions elles ont dû s'arrêter, quelles conditions vous seront imposées à vous-même ; vous verrez après si vous avez ce qu'il faut pour les remplir.

C'est ici une théorie délicate, mais c'est de toutes la plus absolue, la plus impérieuse et la mieux appuyée par l'expérience.

Les combinaisons de l'assurance (et particulièrement de la mutuelle, qui est celle à laquelle prétend se borner le projet nouveau) sont on ne peut plus complexes et trompeuses. On les voit réussir admirablement à l'incendie, passablement à la grêle, et dans certaines contrées : on s'indigne, on s'irrite de ne pas les voir appliquées à toute richesse, à tous climats, contre tous les fléaux. Cependant, on ne veut pas songer que c'est là un expédient né du génie de l'homme, et l'on veut que ce soit un fait universel ; on ne réfléchit pas que, née de la crainte ou de l'espoir que l'esprit fonde sur les accidents du hasard, l'assurance est une sorte de loterie où le calcul des probabilités, sinon l'imagination et la fantaisie, entrent pour beaucoup ; que là où ces calculs étaient appréciables, réguliers et leurs résultats séduisants, la combinaison a réussi ; qu'elle est devenue impraticable là où les calculs étaient irréguliers ou déplaisants, à mesure que les phénomènes contre lesquels on veut se prémunir sont devenus plus violents ou plus insaisissables dans leur marche.

Or, voici à quels principes une assurance doit demeurer fermement attachée si elle veut espérer le succès. — On prie le lecteur de ne point trop s'effrayer de la forme un peu abstraite des quelques lignes qui vont suivre.

La première règle sera *de ne point agir dans un rayon trop restreint*. Qui n'en voit la raison ? Ce petit territoire sera trop semblable à une propriété privée. Sans doute, il sera moins menacé, mais s'il vient à être atteint, il sera frappé tout entier, et ainsi l'assurance demeurera inutile, puisque le même territoire sera chargé de l'actif et du passif. Chacun convient de ce fait.

La deuxième sera : *sur ce sol suffisamment étendu, de réunir un nombre suffisant d'associés*. La démonstration est encore aisée. Qu'est-ce que l'idée de mutualité ? C'est diviser sur plusieurs têtes un même dommage, en telle sorte qu'il soit plus léger pour la part que chacun en prend. De là suit, que plus il y a de têtes dans un tel engagement, plus l'assurance est forte et utile ; car deux personnes souffrant moins qu'une seule, quatre souffriront moins que deux, cent que dix, mille que cent, et ainsi à l'infini. De là encore, mais en sens inverse, ce fait important que, toutes autres conditions restant les mêmes, à mesure que le nombre des associés diminuera, la combinaison de l'assurance offrira moins d'avantages, qu'il viendra un même moment où elle n'offrira plus que d'insignifiants secours, car un petit nombre de personnes sera trop semblable à une seule.

Troisième règle, enfin, qui se comprend de soi, *c'est qu'il faut une exacte proportion entre la cotisation à laquelle chacun doit s'engager et les risques qu'il court.*

Enfin, ce dont il faut bien être pénétré et ne jamais détourner la vue, si l'on ne veut point, en vertu de ces règles mêmes, s'égarer, ainsi que l'a fait le rapport de la Commission, dans les plus dangereuses erreurs de pratique, c'est que ces trois conditions doivent marcher réunies, et que ce qui est essentiel n'est pas seulement la fidélité isolée à chacun de ces principes, mais le maintien de leur ensemble.

Ainsi, ne vous attachez-vous qu'à rassembler un grand nombre d'assurés, vous périrez, si vous les rassemblez dans une zone trop restreinte. Portez-vous toute votre attention à étendre votre influence sur un vaste territoire, vous périrez si ce territoire n'a pas un nombre de têtes associées proportionnel à son étendue. Enfin, pensez-vous tout équilibrer par l'élévation du chiffre de la contribution, vous périrez encore si un nombre suffisant de personnes ne vous paie pas cette cotisation élevée.

Une observation physiologique importante complétera *cette métaphysique* de l'assurance. C'est que, de quelque matière qu'il s'agisse, le succès de la combinaison tient essentiellement, universellement à l'infériorité de la somme qu'il faut verser à la masse commune, mise par l'esprit de l'homme en comparaison avec le chiffre de la perte qui peut l'accabler seul. La vérité de ce fait est confirmée par toute la statistique. Elle est démontrée encore par cette invention du *maximum*, qui n'est autre chose que la stipulation que l'on n'exigera qu'une somme très minime relativement à la valeur assurée.

C'est là qu'il faut compter avec l'opinion, le caprice qui dirigent les calculs de chacun. Sans doute, cette comparaison aura des résultats très divers suivant les lieux et les temps ; elle variera suivant les lumières, la fermeté d'esprit de ceux qu'on sollicite ; elle sera plus clairvoyante, surtout dans les villes et dans les grands centres de population. Au contraire, le sentiment de répulsion, en voyant élever le chiffre de l'engagement, s'exercera plus puissamment à mesure qu'on voudra pénétrer dans les campagnes, favorisé qu'il est là, par une insouciance naturelle, par une perception plus confuse du risque, par celle plus présente au contraire et plus appréciable de la somme à débourser. Le campagnard s'assure, s'il faut verser à la caisse d'assurance 0 fr. 50, 0 fr. 60, 1 fr. 50 au plus pour cent. Mais,

que les risques qu'il encourt forcent la combinaison de l'assurance à élever ce chiffre à 5 francs, 10 francs, 15 francs pour
cent de la valeur assurée, il se détourne aussitôt. Ne lui objectez
pas qu'il paie 50 pour cent parce qu'il a cinquante chances de
perte pour cent de gain, il n'importe. C'est une loterie qui ne le
tente point, où l'avantage promis ne vaut pas pour lui l'enjeu
qu'il expose. Il préfère en ce cas recouvrer sa liberté, et compter
sur la fortune.

De là, enfin, cette conséquence pratique qu'on voudra bien
retenir encore : c'est une difficulté extrême dans l'accord de ces
règles fondamentales dont on vient de parler. *Il faut*, a-t-on dit
plus haut, *une contribution assez élevée, en même temps qu'un
nombre d'assurés assez nombreux par rapport au territoire
assuré.* Or, prenez garde qu'en élevant indéfiniment la prime,
vous éloignez les assurés en proportion : que ces deux principes,
en conséquence, se combattent souvent l'un par l'autre, et qu'il
est vraisemblable que la balance entre eux ne se fera que dans
des climats très tempérés.

Éclairés sur ces principes, dirigeons maintenant les *mutualités*, qu'elles s'appellent assurances privées, qu'elles s'appellent
assurances autorisées, supérieures, publiques, et vous allez voir
la pratique expliquer d'elle-même ses succès et ses revers, et se
rendre compte de difficultés souvent insurmontables.

Rassemblons les hommes dont les champs sont baignés par le
Rhône, la Loire ou un fleuve quelconque ; car nous ne songerons
pas, sans doute, à faire entrer dans l'assurance ceux qui cultivent
le versant d'une colline, ou qui habitent des lieux élevés. De-
mandons-leur pourquoi, rebelles à l'idée de l'assurance, ils consentent à tout perdre, et à ne compter que sur la bienfaisance
publique. N'avons-nous pas leur réponse ? C'est que, non seulement il faudrait de ces contributions énormes qui répugnent à
l'association et la rendent vaine, mais c'est que quand le fléau
sévit, sa violence emporte dans le torrent la masse tout entière,
la valeur assurante et la valeur assurée.

Tournons-nous vers d'autres champs. « L'épizootie dévore vos
troupeaux, que ne tentez-vous l'assurance ? » C'est à l'honorable
rapporteur de la Commission lui-même que nous allons demander
la réponse. « D'abord les sinistres ne dépendent pas ici d'accidents météorologiques. De mauvais fourrages, des eaux insalu-
bres, la privation ou la trop grande abondance de nourriture,
l'excès de travail, de mauvaises conditions de stabulation, le
défaut de soins, de mauvais traitements, l'absence de vétéri-
naires instruits dans la campagne, etc., amènent souvent la
perte des animaux. En outre, le retour périodique des épizooties
dans certaines localités, la facilité de tromper l'assureur, les
ventes fréquentes de bestiaux, les contestations auxquelles donnent lieu les augmentations ou diminutions de valeurs en cas de
sinistres, sont autant de causes qui détournent les capitaux de

ce genre de spéculation. Mais ces causes elles-mêmes sont devenues des obstacles à peu près insurmontables au succès des Compagnies mutuelles. »

(Rapport de la Commission, p. 8.)

Enfin, si les Compagnies d'assurance contre la grêle les plus prospères n'assurent elles-mêmes ni les vignes, ni les oliviers, ni quelques autres valeurs, on en devine aisément la cause. La vigne, l'olivier aiment une terre particulière, spéciale. Dans les lieux favorables, ils se resserrent et excluent toute autre culture ; ils constituent donc premièrement ce petit territoire, presque toujours accablé tout entier, s'il est atteint par le fléau. De plus, les fruits en sont précieux ; la vigne, surtout, blessée dans son bois même, est souvent atteinte pour plus d'une année. De là, nécessité d'élever la contribution à un chiffre énorme, de là, incompatibilité avec la pensée de mutualité.

Jusqu'ici, tout s'entend à merveille, mais voici que la question devient plus délicate. On s'étonne que les compagnies d'assurance sur la grêle ne se soient pas répandues sur tout le sol de la France, comme leur intérêt les y poussait, à n'en point douter, et qu'elles se soient jetées sur un petit nombre de départements, qui même ne sont pas ceux-là qui sont le plus menacés.

L'on se souviendra d'abord que, jusqu'aux dernières années, le Conseil d'État refusait toute autorisation aux demandes d'extension du périmètre des Sociétés mutuelles. Et le Conseil avait raison. Car, depuis, des tentatives ont été faites, et elles ont été malheureuses. Mais quelle cause a ruiné ces essais, c'est ce qu'un moment d'attention suffira à éclaircir.

Supposons donc qu'un directeur, que l'exemple du passé n'a pu convaincre, se propose de réunir sous sa direction, dans une assurance commune contre la grêle, tout le sol de la France.

Chacun sait que deux catégories au moins de territoire devront être distinguées. Dans l'une, il ne trouvera que peu d'obstacles : le Nord, par exemple, lui fournira toutes ressources ; la cotisation sera faible, les assurés très nombreux ; il recueillera là le succès des compagnies qui l'ont précédé. Chaque année, sans atteindre même le maximum de la contribution, cette zone de son administration couvrira intégralement ses pertes.

Mais, au contraire, une zone se présentera, dans laquelle les orages seront plus fréquents, les désastres plus irréparables. Que fera-t-il en cet endroit ? Il élèvera les cotisations. Il est vrai que, la zone du Nord, favorisée par le climat, payant 10, la zone du Midi, 10 fois plus exposée, paiera 100. De la sorte, les choses ne seront-elles pas égales ? Non, elles ne le seront pas, quelque étrange que cela puisse paraître ; car, à mesure que vous élevez la prime, vous éloignez les assurés. « Soit, dira-t-on, mais alors, si les assurés sont moins nombreux, le risque pour la

mutualilé sera moins grand les choses seront encore égales. »
Non, mille fois non ; vous perdez de vue cette simultanéité des
deux principes. Ces deux zones du Nord et du Midi ne seront
égales que sous le rapport de la cotisation ; et il a été démontré
que, toute proportion étant gardée pour la cotisation, une zone
d'assurances ne peut réussir qu'en conservant en même temps
la proportion du nombre de têtes ; que si, par exemple, avec
mille personnes dans une certaine zone, elle pouvait former une
masse active qui fût au pair avec la masse passive, en se rédui-
sant à cinq cents elle aurait un secours insuffisant ; avec deux
cent cinquante, un secours plus insuffisant encore ; avec dix, un
secours complètement inutile. C'est là qu'est le délicat, mais
c'est là aussi qu'est le vif de la question. Non, les choses ne
seront point égales. Cette zone menacée s'éloignera d'une des
conditions fondamentales de son existence en voulant s'appuyer
à l'autre ; elle sera dans cette alternative funeste dont on a
parlé, d'avoir des contributions trop faibles, ou des assurés trop
peu nombreux, elle sera perplexe entre ces deux écueils, tandis
que la zone septentrionale, heureuse et prospère, avec des cotisations basses et des associés nombreux, verra presque toujours
son actif balancer son passif ; la zone méridionale, avec ses
primes élevées et ses rares associés, ne sera point au pair et ne
paiera presque jamais qu'au marc le franc.

Que fera donc, en cette situation, ce directeur opiniâtre ?
Administrera-t-il séparément ces deux zones placées dans des
conditions si différentes ? Eh bien ! la deuxième sera toujours
inutile à elle-même, languira et se dissoudra dans peu. — Les
confondra-t-il dans une solidarité réciproque ? Mais qui ne voit
que cette réciprocité prétendue n'est que nominale ; que c'est
attacher un corps languissant à un corps viable ; que le Midi
fera d'éternels emprunts au Nord, et jamais le Nord au Midi ; et
que la zone septentrionale, enfin, révoltée d'une association si
injuste et si préjudiciable pour elle, maudira la solidarité et
prendra la fuite (1) ?

Telles sont les causes principales qui ont résisté à un progrès
plus marqué, plus universel de l'industrie privée en France. Le

---

(1) On objectera sans doute à ces démonstrations l'exemple de compagnies d'assurances contre l'incendie, qui confondent ensemble des catégories dont les risques et les cotisations sont très diverses, mais cet
exemple ne contredit en rien ce qui précède, et le confirme même.
Les assurances trouvent leur principal siège dans les villes, cela vient
de *ce que ces assurances* peuvent élever très notablement leurs primes
sans mettre en fuite les assurés. Cela tient à l'énorme valeur des objets
assurables, à l'aisance des propriétaires d'immeubles urbains, à leurs
lumières plus étendues, enfin à l'accumulation d'un grand nombre de
têtes en un même centre.

but de cette dissertation, qu'on trouvera peut-être trop longue, n'est pas de prouver que ce sont là des causes insurmontables, et qu'on en est venu aux dernières limites du progrès ; les compagnies obtiennent chaque jour de nouveaux résultats et en espèrent de plus grands encore ; mais il fallait montrer que la difficulté du progrès tenait à la nature des choses, non au mauvais vouloir ou à la mauvaise administration des compagnies. Il fallait faire voir à quelles conditions le progrès est possible. Ces difficultés véritables connues, on pourra apprécier maintenant si le vrai moyen de les vaincre est dans l'assurance par l'administration publique et s'il est dans les moyens qu'on veut mettre à sa disposition.

III

LES RÉSULTATS QUE L'ON CHERCHE SERONT-ILS OBTENUS
PAR LES PROPOSITIONS NOUVELLES

Dès l'abord, qu'on s'entende bien. Ce n'est pas ici une œuvre *d'assistance publique ;* l'auteur du projet ne prétend point engager la nouvelle administration à combler avec les deniers de l'État le déficit qui pourrait se trouver dans ses caisses. On lui assure une prospérité suffisante avec ses propres ressources, semblable qu'elle est en cela à toute entreprise particulière.

Cela dit, examinons le projet, modifié et appuyé par la Commission.

« *Il est créé une caisse générale des assurances agricoles pour indemniser, au moyen d'une cotisation annuelle, les assurés des pertes causées par la grêle, la gelée, les inondations et la mortalité des bestiaux.* » (Art. 1er du projet.).

« *L'assurance est facultative.* » (Art. 2 du projet.).

Ainsi tombent en partie, dès le premier mot, les promesses un peu fastueuses de l'auteur du projet. En 1850, M. Pézerat proposait à l'Assemblée constituante une sorte de contribution payée aux mains du percepteur, comme un impôt direct. En échange, il garantissait à l'agriculture une indemnité entière pour les pertes dont elle est menacée. Là, le projet était audacieux, mais assurément efficace pour le crédit agricole. Le projet actuel recule devant la violence d'une mesure si radicale. Il a raison, à n'en pas douter ; mais que devient-il par là ? Une innocente mutualité.

(Art. 6 du projet.) « *La caisse n'est tenue de la réparation des dommages que jusqu'à concurrence des sommes versées par les assurés, déduction faite des frais d'administration.* »

(Art. 8 du projet.) « *Si les recettes de l'année et les ressources empruntées au fonds de réserve dans les proportions qui seront fixées par le règlement de la caisse ne suffisent pas pour réparer les pertes, le déficit sera supporté, au marc le franc, par les assurés victimes des sinistres.* »

Donc, deux résultats à constater : 1° La *Caisse générale* ne s'engage pas à compenser la totalité des pertes ; ainsi après qu'on s'est si fortement élevé contre l'esprit de spéculation, on laisse subsister en paix l'assurance *à primes fixes*, qui seule spécule ; car elle s'engage à payer tous les sinistres, et la *Caisse générale* négligeant la classe d'assurés qu'attire l'appât d'une indemnité intégrale ne lui fait pas concurrence.

2° Le nouveau projet n'est que la copie textuelle, sur ce point, des statuts des mutualités actuelles. *La Caisse générale* n'est qu'une MUTUALITÉ.

Or, les caisses particulières, que l'on imite, ont obtenu, dit-on, d'insuffisants résultats. Au service de *la Caisse générale* que l'on va fonder, qu'ajoute-t-on pour lui assurer des succès notables ? Quoi ! *la gelée, l'inondation, l'épizootie !* Tout ce qui a été un obstacle pour les caisses particulières, inévitable, essentiel, commandé par la nature.

Quoi encore ! Ces trois caisses, qui n'ont pu s'asseoir nulle part, et la quatrième, la caisse des assurances contre la grêle, qui n'a fait quelques progrès qu'en choisissant le territoire, siège de ses combinaisons, quel secours imprévu, irrésistible leur apportez-vous ? L'UNITÉ. Vous leur ordonnez de réunir les intérêts du Nord et du Midi, de se répandre sur le territoire entier de l'Empire. Mais cela, qu'est-ce donc autre chose que ce qu'ont fui, comme la ruine, toutes les sociétés particulières ? Et par quel étrange phénomène ce qui est désastreux à mes combinaisons, parce que je ne suis qu'un citoyen privé, deviendra-t-il un meilleur secours à ces mêmes combinaisons quand on ne change que la personne ?

Il est vrai que ces expériences de l'industrie privée ne convainquent point l'honorable M. Josseau, et on lit dans son rapport : « *L'unité* d'association est la seule condition dans laquelle ce genre d'assurance puisse avoir des chances de succès ; ce n'est pas trop de toutes les parties du territoire français, *avec leurs variétés de risques,* avec les *différentes situations climatériques et topographiques* dans lesquelles elles se trouvent placées, pour permettre à la mutualité d'indemniser, par l'ensemble de ses ressources, des sinistres qui parfois ravagent des contrées entières. Nous l'avons dit précédemment, la première cause de l'insuccès des compagnies existantes, *c'est le peu d'étendue de leur périmètre.* » C'est là qu'on saisit nettement l'erreur que le présent mémoire signalait plus haut et l'abus étrange qu'on peut faire d'un principe juste en perdant de vue les principes qui le limitent et le corrigent.

Assurément, plus le *périmètre* sera étendu, plus l'assurance sera prospère, mais à condition qu'on augmentera en proportion de ce *périmètre,* le nombre des assurés, et à condition que, « *par la variété des risques, par la variété des situations topographiques et climatériques,* » on ne se verra pas forcé, pour maintenir la proportion entre les risques et les ressources, d'élever tellement la cotisation que l'on détruise par cet effort la proportion qui doit exister entre l'étendue de la zone et le nombre des habitants qu'elle enferme. Cela, sans doute, entre difficilement dans l'esprit; mais quand on voit les faits, qu'on ne se contente pas de dédains pour l'insuccès et qu'on en veut savoir les causes constantes, on les cherche et on les trouve.

La Caisse générale que l'on projette sera donc cet assureur persévérant dont il est question plus haut, qui entreprend d'administrer deux classes de zones opposées, qui trouve ici un territoire nombreux en assurés, rarement sinistré, balançant toujours et sans efforts l'actif et le passif, là un pays toujours menacé, accablé par les risques : elle sera ce directeur qui, ne sachant qu'imaginer pour que le pays déshérité se suffise à lui-même, s'avise de s'attacher à ce sol fortuné et prospère; qui croit avoir répondu à tout, lorsqu'il a élevé la prime en proportion des risques, et ne s'aperçoit pas enfin que, l'élévation de la prime éloignant les assurés, affaiblissant d'un côté la base de l'assurance qu'elle semble consolider d'un autre, cette zone malencontreuse, incapable de balancer l'actif et le passif, presque toujours au-dessous du pair, ne se liera à la zone prospère que pour lui faire un éternel emprunt, sans jamais venir à son secours, et enfin la mettra même en fuite par la violence et l'injustice d'une telle association.

« *Le produit des contributions d'assurance de chaque département est d'abord affecté à réparer les pertes du département; l'excédent est employé à réparer les sinistres des départements dont les ressources auront été insuffisantes.* » (Art.... du projet.)

Et là Caisse nouvelle sera encore plus imprudente que ce directeur supposé ; car lui pouvait, du moins, aller pas à pas, tenter sur les zones et les valeurs les moins infortunées entre les infortunées ; appuyé sur une contrée prospère, comme sur une base d'opérations solide, il pouvait essayer de gagner insensiblement du terrain, comme la civilisation gagne sur la barbarie. Mais non : la Caisse générale n'aura ni cette patience, ni cette sagesse. Elle prendra les climats les moins prospères, elle les prendra tout d'un coup ; les valeurs les plus sensibles et toutes ensemble ; elle pourvoira aux fléaux qui ont défié l'essai même, et, afin que rien ne manque à ses chances de ruine, elle prendra en un même jour tout cela à sa charge !

A quelle conclusion arrive-t-on ainsi ? C'est que le prétendu remède est le mal suprême ; c'est que *cet ensemble d'entreprises*, d'une part, et, d'autre part, cette extension irréfléchie et inconsidérée sur tout le sol de la France, désignée sous le nom d'UNITÉ, qu'on propose à la Caisse générale comme un moyen de laisser bien loin derrière elle tous les faibles succès jusqu'ici obtenus, n'est qu'un leurre qui cache une condition mille fois plus difficile et plus impossible que la condition des assurances privées.

Mais peut-être cette intervention de l'État, que l'auteur du projet signale comme un autre remède, comme un autre élément de succès, rachètera-t-elle les déceptions et les malheurs du premier?

Bien au contraire.

On espère prouver : 1° qu'au point de vue spécial de l'assurance, elle aggrave le mal ; 2° qu'au point de vue général, elle compromet l'État qu'elle met en jeu.

La participation prise par l'État à l'administration de la Caisse générale était plus absolue dans le projet primitif de M. Perron.

« Suivant ce projet, dit le rapport de l'honorable M. Josseau, la Caisse devrait être un service créé près du ministère de l'agriculture, du commerce et des travaux publics. Elle serait administrée au nom de l'État par un directeur assisté d'un haut conseil de surveillance, et par des directeurs particuliers assistés également d'un conseil et nommés par le ministère de chaque arrondissement.

« La déclaration d'assurance serait faite au maire de chaque commune ou à son délégué, et l'expertise, en cas de sinistre, aurait lieu avec le concours d'un délégué du conseil municipal.

« Les agents des finances seraient chargés de la perception des cotisations et du paiement des sinistres.

« Le Trésor serait responsable de toutes les sommes versées dans la caisse d'Assurances agricoles. Le fonds de secours, porté annuellement au budget et destiné à venir en aide à l'agriculture, serait attribué à cette même caisse. »

La Commission a cru qu'une intervention si active, si directe de l'État serait dangereuse ; elle en a restreint l'application aux dispositions suivantes :

Au centre, une administration supérieure, sous la surveillance du Ministre de l'agriculture, du commerce et des travaux publics;

Dans les départements, des représentants dignes de confiance;

Aux chefs-lieux d'arrondissement, des directeurs particuliers et un conseil, qui feront paraître non l'intervention, mais le patronage du Gouvernement.

Quant au mode et au lieu d'assurance : « *La déclaration d'assurance est reçue dans chaque commune, soit par le maire ou son délégué, soit par un agent de la Caisse générale, et inscrite immédiatement sur un registre déposé à la mairie.* » (Art. 17 du projet.)

Assurément tout ce qu'une pensée généreuse et amie du bien public a pu rêver de grand a passé dans ces propositions; mais sera-t-il permis, sans manquer au respect que ces conceptions commandent, d'y voir autre chose que ce qu'exige la pratique actuelle?

« *Ce qui manque*, dit le rapport, *aux sociétés particulières, c'est la confiance.* » Si c'était là le vrai mal, l'Etat sans doute pourrait tout. Mais si aux causes naturelles signalées plus haut, qui empêchent le progrès de l'assurance, on doit ajouter la froideur des populations : on se trompe sur le principe de cette froideur. « *Les sociétés privées ne sont pas sûres,* » dit-on. Mais faut-il répéter que, depuis 1839, elles n'ont pas manqué à combler la totalité des sinistres ? — « *Elles sont tracassières et difficultueuses.* » Chez toutes, c'est l'assemblée générale qui statue sur les réclamations, et chacun sait combien sont paternelles les juridictions des associés entre eux (1). « *Il semble qu'elles prennent à tâche de leur faire payer le plus possible pour leur donner le moins possible.* » Citons donc un fait ; ce sera le seul souvenir de personnalité que les directeurs des *mutuelles* auront à se faire pardonner dans cette Note. — Chaque année, le temps des sinistres passé, il faut fixer le dommage, la cotisation qui en est la suite, rassembler enfin l'actif social destiné à réparer les pertes, et l'on avouera bien que les directeurs ne sont tenus de payer que quand ils ont reçu eux-mêmes. — Mais quelles lenteurs ! Ils paient donc sur leur caisse personnelle, sauf à recouvrer plus tard, et consentent à perdre les intérêts des sommes avancées. La plupart montreraient des quittances d'indemnité, qui précèdent de six mois l'exigibilité de leur dette. « *C'est leur intérêt,* » dira-t-on. Soit, mais on conviendra que cette manière d'entendre son intérêt mérite quelques paroles plus douces que celles qu'on leur prodigue.

Que dire, enfin ? L'assurance particulière sur l'incendie serait-elle plus innocente de ces prétendus griefs que les mutualités agricoles, et ne les voit-on pas maîtresses de la confiance universelle ? C'est que la vraie cause de la froideur des campagnes n'est pas la défiance, mais l'insouciance et l'incurie.

Les assurances contre l'incendie s'adressent à des propriétaires d'immeubles, la plupart citadins, soigneux administrateurs, éclairés sur les risques, éclairés sur les bienfaits de l'assurance : ils accourent souvent d'eux-mêmes, ne résistent jamais aux premières sollicitations de l'agent de la compagnie. — Mais, dans les campagnes, rien de semblable. « Il faut bien peu connaître le propriétaire campagnard (dit un journal favorable au projet de M. Perron, mais qui voudrait l'assurance obligatoire) si l'on compte qu'il vienne volontairement à la voie qu'on lui ouvre. » En effet, rien de plus insouciant ni de plus immobile : qu'on ne croie pas qu'il vienne aux sollicitations du maire ou du percepteur. A différents maux, différents remèdes, et s'il est une tâche

---

(1) On ne raisonne ici que sur les mutualités, puisque, comme on a vu, la *Caisse générale* laisse subsister en paix les compagnies à *primes fixes.*

propre à la gravité imposante et calme des fonctions publiques,
il en est une aussi, propre à l'industrie privée, parce qu'elle est
souple, ingénieuse, adroite, insinuante. Elle seule est assez vive
pour remuer cette indolence. L'agent local est un moins digne
représentant, qui en doute ? Mais lui seul mettra sa vie entière au
service de l'assurance ; il connaît chaque lot de terre, il est
l'ami de chaque paysan, revient dix fois à la charge ; l'œil toujours ouvert, il saura saisir l'instant favorable, où, l'imagination
encore émue du sinistre qui vient de frapper le champ voisin, le
campagnard consentira enfin à donner sur une police imprimée
par avance, et que l'agent exhibe à propos, un contrat qu'il n'eût
pas signé la veille.

« Mais, dit l'auteur du projet, les frais d'administration seront
moindres et l'agriculture en sera moins grevée. »

Assurément, l'administration supérieure a des avantages sur
l'administration privée. Elle a pour elle une régularité merveil-
leuse et une incontestable grandeur. Mais l'économie est-elle
vraiment le plus assuré de ses bienfaits ? C'est ce que jugeront
les esprits à qui l'on s'adresse. Cette grandeur elle-même se
paye, et l'éclat dont les auteurs du projet environnent l'institution qu'ils proposent, et toutes les fonctions élevées qui la
rehaussent, pourront certainement nuire à leurs intentions d'é-
conomie.

On trouve dans le projet un moyen plus certain d'épargne ;
mais la statistique la plus irrécusable va prouver combien il est
malheureux. Ce moyen, c'est de ne payer les pertes *qu'autant
qu'elles dépassent le dixième de la valeur assurée.* (Rapport,
page 20.) Que penseront la Commission et le rapporteur lui-
même, quand on leur prouvera que les deux tiers des cas de
sinistre par la grêle, n'atteignent pas ce dixième, et qu'en **1839**,
dans cette année si désastreuse, cette clause eût dispensé les
compagnies d'alors, de payer environ la moitié de leurs charges ?

Mais, ce n'est pas seulement, avons-nous dit, au point de vue
spécial de l'assurance que l'intervention de l'État est dangereuse.
Elle l'est encore au regard de sa dignité et de sa responsabilité
propre. « Cette organisation, disait-on du projet de M. Perron,
habituerait les populations à regarder l'État comme réellement
obligé vis-à-vis d'elles à parer à toutes les éventualités les plus
impossibles, à prévoir, à combler le déficit en cas d'insuffisance
des ressources, et à faire peser sur lui toutes les calamités qui
ne seraient pas suffisamment réparées. » Sans doute, on a restreint l'intervention de l'État. La *Caisse générale* cesse d'être un
démembrement du ministère de l'agriculture et du commerce.
Pour se servir des mots du rapport, il n'y a point direction de
l'État, il n'y a que concours. Mais, croit-on que cette distinction,
réelle et fondée pour les esprits instruits des choses du gouvernement et de l'administration, saisira l'intelligence simple et
ignorante des campagnes ? Quand ils verront le maire, les con-

seils supérieurs, les agents d'une caisse publique et autorisée, partout les insignes et la présence du pouvoir, feront-ils cette subtile distinction, entre l'intervention officieuse et la responsabilité directe et officielle ?

Et ce danger est d'autant plus à redouter que le succès semble moins assuré. Le rapport parle « d'expérience à faire ». « Il est permis d'espérer le succès. » C'est la certitude qu'il faudrait, et non l'espoir, à moins de croire, ce qui ne saurait entrer dans la pensée de personne, qu'il suffit de promettre aux populations d'un pays, sauf à ne tenir que ce qu'on pourra. Qu'un particulier tente une entreprise décevante ; il sera assurément imprudent et blâmable s'il s'aventure dans un dessein où toutes chances ne semblent pas pour lui ; mais, du moins, si cet homme privé tombe, l'insuccès n'entraîne que sa ruine, et le bruit de sa chute ne dépasse pas l'horizon borné dans lequel il vit. Mais combien ne serait pas plus imprudent un État, se laissant entraîner à des expériences de ce genre ? Non, sans doute, que tout essai lui soit interdit, que toute erreur lui soit imputée à crime, mais au moins faut-il qu'il ne se montre pas trop facile en ses tentatives, et que, purement satisfait qu'on ait foi en ses intentions, il n'ébranle pas la foi que l'on doit avoir dans ses lumières.

Enfin, qu'on veuille bien songer qu'en faisant intervenir, prématurément tout au moins, la puissance publique en concurrence avec l'industrie privée, sans la certitude du succès, on va supprimer au profit d'un corps immense, mais rendu impuissant par son immensité même, le secours limité, mais vivace et plein d'avenir des institutions isolées. N'a-t-on pas déjà vu un semblable exemple, et le Crédit foncier ne sera-t-il donc pas un enseignement ? Un jour, l'esprit de théoriciens généreux s'est mis en travail. Deux ou trois établissements isolés fonctionnaient tant bien que mal. On n'a pas imputé leur faiblesse à la difficulté des choses, ni aux mœurs publiques, ignorantes encore et mal accommodées à ces combinaisons : on a cru qu'il fallait devancer l'habitude et l'expérience, et que des institutions largement conçues et des noms imposants suffiraient à tout. — A l'heure qu'il est, le grand corps languit, il a ruiné les éléments isolés qui pouvaient vivre au moins, dans leur sphère restreinte, accommodés qu'ils étaient aux nécessités de ce petit état de choses qui les avait fait naître. Encore, ces établissements particuliers n'étaient-ils rien auprès des compagnies d'assurances agricoles, si humbles qu'elles aient été jusqu'à ce jour.

Mais laissez-les grandir et suivre leur essor, songez au temps qui n'est pas loin de nous, où l'on étudiait sur les murs des villes ces plaques indiquant quelque secours nouveau et inconnu. Combien ne se sont-elles pas multipliées et répandues, et combien leur progrès ne peut-il pas être infini ?

Mais, pour nourrir un tel espoir, qu'on se montre moins dédaigneux des efforts de l'industrie privée, qu'on dépose des préven-

tions et qu'on sache mieux quelles sont ces mutualités qu'on va
briser sans pouvoir se flatter de tenir leurs places. Elles sont
sûres, quoi qu'on en ait dit, fidèles, très actives, et s'il y a de
vrais progrès à faire, elles seules pourront attaquer isolément,
jour par jour, effort par effort, cet ensemble d'obstacles que le
projet nouveau semble aborder comme un jeu, et qui pourtant,
réunis en un même jour sur la Caisse générale, ne peuvent manquer de l'accabler.

RAPPORT DU DIRECTEUR DE L'ÉTOILE

Sur les projets d'assurance grêle par l'État présentés
par MM.

Chollet, Jonnart, Rey et Lachièze, Pochon et Philippon,
Daynaud, Cassagnac, Quintaa, etc., députés.

Tous les auteurs de projets réclament l'assurance par l'État,
en basant leur exposé des motifs sur une série de reproches faits
aux assurances déjà existantes : ces reproches, les voici ;

PREMIER REPROCHE

Cherté exagérée des assurances particulières.

La moitié au moins des primes payées aux compagnies, dit
M. Chollet, est absorbée par les frais d'administration et de
remises aux agents.

Une cause de cherté des assurances privées, dit M. Jonnart,
réside dans le but que ces sociétés poursuivent, but de lucre,
qui les entraîne à rémunérer largement les actionnaires et un
grand nombre d'agents. De ce chef, 50 à 60 0/0, quelquefois une
proportion plus forte des fonds versés par les assurés, se trouvent
ainsi détournés de leur véritable objet.

Ces sociétés, disent MM. Rey et Lachièze, sont beaucoup trop
chères et n'offrent pas assez de garanties. Par suite des risques
qu'elles courent, des frais généraux qu'elles ont à supporter, du
dividende qu'elles sont obligées de servir à leurs actionnaires,
elles font payer des primes énormes. Avec l'État, on n'aurait
pas de capital social à rémunérer, pas de directeurs, d'administrateurs, d'inspecteurs à payer chèrement, ni toutes ces commissions parfois énormes (1) que l'on abandonne à cette armée
d'agents et de sous-agents qui parcourent nos campagnes. Avec

---

(1) Ces commissions sont en rapport avec le travail des agents.

lui, pas ne serait besoin de ces hôtels coûteux pour loger l'administration de la société et ses bureaux, l'économie qui en résulterait ne serait pas moindre de 50 à 60 0/0.

MM. Pochon et Philippon parlent de l'élévation anormale de la tarification, des profits véritablement exorbitants, de la fructueuse industrie des assurances.

Ces reproches sont-ils vraiment fondés ?

Dans toutes ces affirmations, les auteurs de projets ne semblent envisager que les trois compagnies par actions, qui seules fonctionnent contre la grêle, et passer légèrement sur les sociétés mutuelles cinq fois plus nombreuses et qui assurent annuellement les 2/3 des valeurs assurées.

Or, il s'agit de distinguer.

(*a*. Compagnies par actions,

(*b*. Sociétés mutuelles.

(*a*). *Compagnies par actions.*

Il y en a trois, et c'est sur leurs exercices 1891 et 1892 *seuls* que MM. Pochon et Philippon s'appuient pour établir que sur toutes les primes encaissées, 45 0/0 seuls ont été employés en indemnités de grêle, et que le reste est passé en frais généraux et aux actionnaires.

Mais pour établir une affirmation exacte, il ne faut pas envisager dans l'histoire des compagnies, seulement deux années favorables. Il faut embrasser au moins une période de dix ans. Or, si nous recherchons le pourcentage des indemnités payées par les trois compagnies par actions par rapport à leurs primes encaissées, nous trouvons que la moyenne des indemnités payées aux assurés ressort non pas à 45 0/0, mais à 63 0/0 pour l'Abeille et 57,04 0/0 pour la Confiance.

Les frais généraux, impôts, droits du fisc et les actionnaires n'absorbent donc pas, comme l'affirment les auteurs du projet, 50, 60 0/0 et même plus; ils n'absorbent en moyenne que 39 0/0.

Et si en 1890 et 1892, comme le disent MM. Pochon et Philippon les indemnités payées n'ont représenté que 45 0/0 des primes encaissées, ils omettent de rappeler qu'en 1885 les indemnités payées ont représenté 106 0/0 des primes encaissées, non compris les frais généraux et charges diverses.

Passons maintenant aux sociétés mutuelles.

(*b*). *Sociétés mutuelles.*

MM. Pochon et Philippon en citent dix-sept, et c'est à leur rapport même qu'il suffit de s'en référer pour savoir à quoi s'en tenir sur la cherté des sociétés privées.

De l'aveu même de ces messieurs, en 1892, 76,84 0/0 des primes encaissées ont été versés aux sinistrés.

En 1890 et 1892, disent MM. Pochon et Philippon, les sociétés
mutuelles ont distribué, année moyenne, en indemnités de sinistres
84,33 0/0 des cotisations perçues, ce qui fait ressortir les frais
généraux à 15,66 0/0.

15 0/0! Mais alors nous sommes loin du chiffre des 50 et 60 0/0
auxquels on avait dit s'élever les énormes frais généraux qui
détournent les primes de l'agriculture?

Et si l'on veut ne pas s'en tenir à l'exemple d'une ou deux
années seulement et que l'on veuille embrasser une période de
dix ans et même plus longue, on arrivera certainement à des
résultats analogues, puisqu'il est de l'essence même de la
mutualité que, si tous les impôts et frais essentiels payés, les
sinistres n'absorbent pas dans certaines années le total des
primes encaissées, l'excédent ne constitue pas un bénéfice distribué à des actionnaires, mais demeure la propriété des assurés
et est mis en réserve pour parer aux années calamiteuses où le
chiffre des sinistres dépasserait celui des primes.

Deuxième Reproche

Esprit de spéculation des assurances privées.

Les Compagnies, dit M. Chollet, traitent toujours en connaissance de cause avec des personnes souvent ignorantes qui
signent de confiance des contrats préparés en se soumettant, les
yeux fermés, à tous les tarifs qui leur sont imposés; aussi par le
fait d'habiletés bien calculées les primes payées dépassent toujours de beaucoup les risques assurés.

Elles sont nombreuses, dit M. Jonnart, les sociétés qui, au
cours de leur existence plus ou moins fugitive, n'ont fait que des
dupes dans nos campagnes, laissant après elles dans l'esprit du
cultivateur un sentiment bien légitime de défiance contre toutes
les sociétés privées... Chaque fois qu'un sinistre se produit il
n'est difficultés de tous genres qu'elles ne soulèvent pour le
règlement; moyens dilatoires, interprétations draconiennes des
polices souvent pleines d'arguties et de finesses insoupçonnées
de l'assuré, procès, tout leur est bon pour arriver à ne payer que
le moins possible ou à ne pas payer du tout

Toutes sont viciées en principe par leur objectif dominant qui
est de faire des bénéfices en exploitant la crainte que ces fléaux
inspirent et l'esprit de prévoyance. L'avantage le plus grand de
l'assurance par l'État, écrivent MM. Rey et Lachièze, serait la
sécurité absolue qui en serait la conséquence. Les assurés n'auraient plus, comme aujourd'hui, la crainte continuelle de voir les
compagnies manquer à leurs engagements et perdre le fruit de
lourds sacrifices.

Si les Compagnies d'assurances rendent des services, disent
MM. Pochon et Philippon, elles savent se réserver d'honnêtes

courtages. Les Compagnies à primes fixes, qui exploitent la branche Grêle, ne sont pas moins habiles, etc., etc.

Un pareil langage est-il vraiment dans la vérité et peut-on généraliser ainsi, contre toutes les assurances agricoles, des critiques aussi acerbes et aussi amères?

Certes, il a pu exister des Sociétés obscures qui, par leurs agissements, se sont attirées le discrédit. Mais, est-ce à dire que leurs agissements soient ceux de toutes les autres?

On parle d'esprit de spéculation; là encore, il faut distinguer.

Et les Compagnies par actions.

Et les Sociétés mutuelles.

Evidemment, les Compagnies par actions se sont constituées à l'aide de capitalistes désireux de faire fructifier leur argent. Mais la spéculation a-t-elle eu un si grand succès dans les Compagnies d'assurances Grêle? Il suffit de regarder la liste très longue des Compagnies créées et la liste très courte des trois seules subsistantes, pour se convaincre du contraire, et comprendre que si la spéculation avait été si fructueuse, les Compagnies n'auraient pas liquidé, les unes après les autres, et se seraient bien gardées de tarir si promptement la source si facile des bénéfices si abondants, dont on parle avec tant de complaisance.

La très honorable Compagnie l'*Abeille* qui a 39 ans d'existence, a été 28 ans sans donner aucun dividende. La *Confiance*, en 10 ans, a donné une fois 3 fr. 50 et, une autre fois, 4 francs. Quant à l'*Eternelle*, elle n'a jamais donné de dividende.

En ce qui concerne les Sociétés mutuelles, où peut-on voir un semblant même de spéculation? Des cultivateurs se réunissent dans un intérêt commun. Chacun verse dans la caisse commune une cotisation proportionnée aux risques qu'il fait courir; l'année terminée, on compte la caisse, on la partage au prorata des droits de ceux qui sont sinistrés. Le chiffre des pertes est-il inférieur au chiffre des cotisations, le surplus reste la propriété commune et constitue une réserve prévoyante, pour parer à l'insuffisance possible des cotisations dans les années calamiteuses.

Où est la spéculation?

Où est l'esprit de lucre?

Où sont les bénéfices illicites?

Quels fonds sont détournés de leur vraie voie et de leur but utile?

On parle de moyens dilatoires, d'arguties, de procès pour arriver à ne pas payer les indemnités. Sur quoi se fonde-t-on pour alléguer de pareils faits?

Il suffit de lire les comptes rendus de nos principales Sociétés d'assurance contre la grêle, pour voir qu'elles ont à honneur de tenir leurs engagements scrupuleusement et que les difficultés sont l'exception.

A l'*Étoile*, depuis plus d'un demi-siècle qu'elle existe, il n'y a pas eu dix procès se rapportant à des indemnités et, pourtant, pendant ce laps de temps, elle a garanti plus d'un milliard et demi de récoltes et remboursé vingt millions de pertes à l'agriculture.

TROISIÈME REPROCHE

Impuissance et précarité des assurances privées.

Après avoir reproché aux assurances privées la prétendue exagération de leurs primes et de leurs bénéfices, les auteurs de projets leur reprochent leur impuissance et leur précarité ! Ce reproche serait aussi illogique qu'inattendu si les deux premiers griefs étaient exacts.

« Les Sociétés contre la grêle et la mortalité du bétail, disent MM. Rey et Lachièze, se sont montrées impuissantes à soulager le mal; elles restent stationnaires si même elles ne perdent du terrain. »

« Chez nous, disent MM. Pochon et Philippon, l'assurance agricole est encore dans l'enfance, les Sociétés par actions qui se livrent à ce genre, sont peu nombreuses. Un grand nombre d'entre elles ont sombré, après une existence éphémère et tourmentée; quelques-unes même ont été obligées, pour vivre, de recourir à des procédés qui les ont conduites devant les tribunaux répressifs. Quant aux Sociétés mutuelles qui assurent les risques agricoles, elles sont pour la plupart sans vitalité et sans avenir, condamnées par leur origine à n'opérer que dans des contrées de peu d'étendue ; il en résulte une concentration des risques qui leur enlève toutes chances de réussite et de durée. »

« L'initiative privée s'est montrée impuissante à garantir le cultivateur. Cela est indiscutable pour la gelée. Quant à la grêle et à la mortalité du bétail, les Sociétés privées qui assurent contre ce risque sont en si petit nombre, elles se développent avec une si lamentable lenteur et opèrent sur une portion si infime de valeurs exposées, qu'en réalité elles semblent n'exister que pour témoigner de l'incapacité radicale où se trouve l'industrie privée d'exploiter l'assurance agricole. »

Ces aménités que les auteurs prodiguent aux assurances agricoles sont aussi fondées que les autres griefs qu'ils leur font.

En effet, de deux choses l'une : Ou bien les assurances privées réalisent des bénéfices importants, comme l'affirment les auteurs de projet, et dans ce cas, elles sont prospères et offrent toutes sécurités, ou bien elles sont au-dessous de leurs affaires et sont alors sans vitalité et sans garantie.

La vérité ne réside dans aucune de ces situations extrêmes.

Les assurances privées ne sont ni trop riches, ni prêtes à faire des banqueroutes frauduleuses. Elles rendent de véritables services et ne sont pas des agences de spéculation au détriment des assurés.

La juste tarification des primes est leur grande préoccupation.

Il n'existe aucun syndicat entre les différentes assurances agricoles pour établir des tarifications exagérées et exploiter les cultivateurs.

Chaque Société s'efforce de fixer ses primes le plus équitablement et le moins chèrement possible.

Plusieurs ont des statistiques qui remontent à 50 ou 60 ans ; ce n'est pas la fantaisie qui dicte leurs tarifs, mais des moyennes mathématiquement établies.

C'est le bon sens même le plus élémentaire qui nous dit que, dans ces conditions et étant donnée la concurrence, une Société qui s'amuserait à faire payer le double de ce qu'il faut, ne pourrait exister, quoi qu'en disent les auteurs de projet.

Et si l'assurance agricole, en France, ne couvre pas toutes les récoltes assurables, si son développement ne se fait que lentement et progressivement, ce n'est ni à l'esprit de spéculation des Sociétés qu'il faut s'en prendre, ni à l'incapacité et à l'indélicatesse de leur gestion, car alors, il faudrait admettre que les assurances agricoles aient toujours eu et aient encore la spécialité d'avoir des directeurs, des administrateurs et des agents soit imbéciles, soit malhonnêtes.

Ce développement lent et progressif tient uniquement à des causes de force majeure, contre lesquelles l'assurance par l'Etat ne saurait pas mieux lutter que les assurances privées.

RÉSUMÉ DES PROJETS D'ASSURANCES PAR L'ÉTAT

MM. Quintaa, Rivet et Daynaud voudraient mettre purement et simplement à la charge du budget de l'Etat, le paiement de tous les sinistres agricoles. A cet effet, ils affecteraient soit un certain nombre de centimes qui seraient ajoutés à l'impôt foncier, soit le produit de l'impôt foncier tout entier, dont le déficit serait alors comblé par la conversion des rentes 4 1/2 0/0.

Ces projets n'ayant pas de chances d'aboutir, nous les laissons de côté pour ne nous occuper que des projets qui paraissent avoir plus de chances d'être admis.

M. Chollet propose, à l'Etat, de créer une mutuelle nationale, où l'incendie, l'épizootie, les accidents, la grêle, la gelée et l'inondation seraient assurés.

Pour garantir tous ces fléaux à la fois, M. Chollet estime qu'il suffirait de percevoir des primes au moins moitié moins élevées que celles perçues par les assurances existantes.

Les primes seraient perçues par le percepteur : les évaluations de propriété, bétail, récoltes, meubles assurés, comme leur expertise, seraient faites par le maire, le contrôleur des contributions directes et un répartiteur de la localité.

Le Conseil municipal statuerait sur la question d'assurance et le juge de paix ou le tribunal civil, sur les difficultés en cas de sinistres.

Est-il vraiment possible de supposer que le maire, le contrôleur des contributions, le conseil municipal consentiraient à faire gratuitement le métier d'agents d'assurances, de contrôleurs et de juges des évaluations? Et en supposant qu'ils y consentent, le pourraient-ils pratiquement? Puisque nous parlons ici spécialement d'assurances agricoles, sera-t-il possible de faire évaluer des récoltes par un contrôleur des contributions qui n'aura jamais fait de culture, et par un maire qui peut être très bon administrateur, mais qui peut n'être pas cultivateur et ignorer absolument les choses agricoles? Et en supposant encore qu'ils possèdent les connaissances requises, auraient-ils le loisir d'aller vérifier les sinistres lorsque, ce qui se présente trop souvent en matière de grêle, des sinistres atteignent des communes en pleine moisson et se répartissent sur deux ou trois cents parcelles qu'il faut expertiser d'urgence?

Il est vrai que M. Chollet se passerait de faire des expertises. Chaque sinistré ferait afficher, pendant quinze jours, la somme réclamée par lui, et au bout de ce temps, on la paierait comptant, s'il n'y avait pas de protestation.

Alors, en pleine moisson, il faudrait attendre 15 jours avant de moissonner pour laisser les protestations se produire! Et, au bout de ce temps, l'indemnité quelque exagérée qu'elle soit, serait allouée si le chiffre était passé inaperçu et si tous les voisins n'étaient pas allé contrôler à la porte de la mairie?

Le projet de M. Jonnart, plus étudié et plus sérieux consiste à vouloir créer dans chaque département, des caisses mutuelles de secours contre la grêle, la gelée, les inondations et les épizooties. Ces caisses départementales seraient rattachées à une caisse centrale à Paris, alimentée par le versement du vingtième des recettes de chaque caisse départementale, des dons de l'Etat et des intérêts des fonds placés.

La caisse centrale formerait un fonds de réserve destiné à donner des subventions aux caisses départementales qui se trouveraient en déficit.

La caisse centrale serait administrée par un directeur et un Conseil d'administration composé du ministre de l'Agriculture, de cinq sénateurs, de cinq députés et de plusieurs hauts fonctionnaires du ministère.

Les caisses départementales seraient administrées par un directeur et un conseil d'administration composé du préfet, des conseillers généraux, de sept notables et du trésorier général.

Chaque commune posséderait un bureau composé du maire, de trois notables, du contrôleur des contributions directes. Ce bureau serait chargé de constater les dommages causés par les sinistres.

MM. Rey et Lechièze veulent établir une caisse nationale d'assurances contre la grêle, la gelée, l'inondation et la mortalité du bétail. Comme dans les projets précédents, c'est le percepteur qui recueillerait les primes. La Caisse des dépôts et consignations administrerait la caisse nationale. Ce seraient les conseils municipaux qui détermineraient si une commune doit être ou n'être pas assurée. Le sinistré devrait faire la déclaration au maire qui la transmettrait au Préfet lequel enverrait un agent pour évaluer les dommages.

Comme M. Jonnart, MM. Pochon et Philippon voudraient créer des caisses mutuelles départementales, centralisant leurs recettes dans une caisse nationale subventionnée par l'État et chargée de répartir les indemnités. Mais ces caisses n'assureraient que la grêle et la gelée.

Dans tous ces projets, nous retombons dans les inconvénients que nous avons signalés plus haut et résultant de la difficulté pour ne pas dire l'impossibilité, de transformer les maires, les contrôleurs des contributions, les percepteurs et les conseils municipaux en agents d'assurance.

Aussi toute cette organisation administrative ingénieuse nécessitera-t-elle inévitablement l'adjonction de tout un personnel d'employés spéciaux, pour les multiples détails qu'entraînent les assurances et dont les auteurs de projets ne semblent nullement se douter. On retomberait ainsi dans une organisation mille fois plus compliquée et plus onéreuse que celle des assurances existantes.

De plus se figure-t-on qu'il sera agréable à tous les assurés d'aller déclarer et voir afficher à la porte de la mairie l'état de tout ce qu'ils possèdent, l'état de leur revenu espéré et de l'argent qu'ils ont à toucher en indemnités ?

En général, chacun aime à garder ses affaires pour soi et à ne pas les publier à la porte de la mairie.

Enfin, ne doit-on pas envisager une question grave sur laquelle nous n'insisterons pas, car tout le monde la comprend, la question des influences et des dissensions locales inévitables, qui porteront les municipalités à favoriser ou à ne pas favoriser tel ou tel assuré ami ou ennemi.

Mais admettons pour un instant que toute cette organisation administrative puisse fonctionner. Sur quelle base les auteurs de projets s'appuient-ils pour prétendre que l'assurance par l'État réussira mieux que l'assurance privée? Ils s'appuient sur ce principe que la plupart des assurances existantes n'opèrent que sur des rayons trop restreints, et sur des risques et des cultures trop peu variés. Ils espèrent que l'assurance par l'Etat étendue à toute la surface de la France, entrera dans une ère de prospérité, en vertu de ce principe : que plus la base des opérations est large, plus l'assurance est prospère et puissante. Ce principe s'appelle le principe de l'unité de l'assurance.

Ce principe est vrai, mais à une condition expresse, c'est de réunir des régions, des risques, des cultures de même nature.

Ce principe, au contraire, est radicalement faux, si l'on réunit des régions, des risques, des cultures de natures différentes.

Ces vérités sont tellement essentielles et élémentaires qu'il est à peine besoin de les démontrer.

Il y a des départements, des risques, qui, par leur situation, par leur nature même, sont inassurables, même avec des primes exagérées.

Si, en vertu du principe de l'unité de l'assurance on réunit en une même mutualité les risques inassurables avec les risques assurables, qu'arrivera-t-il ? Les sinistres étant répartis sur tous, les mauvais risques verront leur prime évidemment très diminuée, les bons au contraire verront leur prime s'élever dans des proportions n'ayant aucun rapport avec le danger qu'ils font courir.

Ces bons paieraient pour les mauvais.

Ce n'est ni juste ni pratique.

C'est pourtant le résultat qu'obtiendraient les mutuelles générales de l'Etat.

Cet écueil n'est pas évité par les mutualités départementales alimentant par leurs excédents une caisse centrale destinée à secourir les départements en déficits.

Comme tout à l'heure, ce principe serait bon, mais à la condition de ne réunir pour alimenter la caisse centrale que des départements, des risques et des cultures semblables.

Etendu à toute surface de territoire, à tous les risques, le principe est mauvais. Les risques étant inégaux, ce seraient toujours les mêmes qui verseraient à la caisse centrale, et toujours les mêmes qui seraient en déficit et lui emprunteraient (1).

Conclusion : Les bons paieraient toujours pour les mauvais.

Aussi il est à remarquer que tous les projets d'assurance par l'Etat, émanent de députés de départements périodiquement, presque mathématiquement, sinistrés, possédant des risques

____

(1) Une quinzaine de départements de la France éprouvent, à eux seuls, du chef de la grêle, autant de pertes que les 70 autres. Mais la valeur des terres est en proportion des fléaux qui les menacent, et l'intérêt général n'exige pas que les 70 bons paient pour les 15 mauvais.

presque inassurables et qui verraient avec plaisir les autres payer pour eux.

Du reste, il faut bien convenir que si ce principe de l'unité de l'assurance généralisé était vrai, les mutualités particulières eussent été bien insensées de n'y pas recourir.

Pour inventer un remède si souverain et pour l'appliquer, il *n'était pas nécessaire d'être député ou administration de l'Etat.* Il suffisait d'être un directeur et un conseil d'administration intelligents et sensés. Pourquoi l'activité des assurances privées que tout devait pousser à étendre leur domaine aux hommes et aux choses, ont-elles, au contraire, avec l'expérience, reculé à embrasser tous climats et toutes valeurs?

Cela tient, non pas à un mystère inexplicable, mais tout sim- *plement aux motifs très précis que je viens d'énoncer.*

C'est ce qui explique pourquoi la plupart des assurances agri- coles existantes sont ou locales ou étendues à un petit nombre de départements.

Et, s'il en existe quelques-unes étendues à toute la France c'est que, fondées à l'origine dans des départements très exposés, elles se sont vues à la veille de sombrer ; elles ont dû alors, pour *vivre, s'étendre à des contrées plus clémentes, où elles* n'ont pu s'implanter qu'à la condition d'abandonner peu à peu les dépar- tements inassurables.

Dans ces conditions, la mutualité de l'Etat ne saurait avoir plus de succès que les mutualités particulières.

Bien plus, les mutualités générales de l'Etat ne récolteraient que les mauvais risques, car les bons préféreraient rester à leur *mutuelle privée, plutôt que d'aller payer pour les mauvais.*

C'est inévitable.

C'est alors que surgit chez les auteurs de projets, une idée extrêmement grave :

Pour récolter d'un coup tous les bons risques en même temps que les mauvais, ils proposent d'édicter l'assurance obligatoire pour tous et pour toute la surface de la France.

Les uns la demandent *purement et simplement obligatoire* aux mutuelles de l'Etat.

Les autres la rendraient obligatoire, avec faculté pour les assurés d'opter entre les mutuelles de l'Etat et les mutuelles pri- vées. Mais, l'assuré des mutuelles privées n'en serait pas moins tenu de donner chaque année à la mairie l'extrait de sa police, et de ses assolements. Tout ce qui ne serait pas assuré, le serait *d'office.*

D'autres laissent aux Conseils municipaux le soin de décider si l'assurance obligatoire serait imposée ou non à leur com- mune.

Quel que soit le système, l'obligation constituerait à la fois un impôt inique, une prime à la négligence, une source d'inquisi- tion, une atteinte à la liberté.

Arbitraire et oppressif, écrivait en 1857 un spécialiste d'assurances, M. de Courcy, le monopole des assurances entre les mains de l'Etat, aurait encore un caractère frappant d'iniquité, car l'impôt atteindrait toutes les parties du territoire et ne profiterait qu'à quelques localités. Les autres monopoles, du moins, sont les mêmes pour tous ; tous les Français sont égaux devant la poste aux lettres et la régie, mais le sont-ils devant la grêle, devant l'inondation, devant la gelée ?

Ici la question s'agrandit singulièrement, et de hautes considérations se présentent à l'esprit. La nature a inégalement réparti ses dons, inégalement aussi ses fléaux. Il y a des terres fécondes et des landes arides. Il en sera éternellement ainsi jusqu'à ce que l'école égalitaire ait réussi à cultiver sous les glaces du pôle, l'olivier de Provence et les vignes de Sauterne. Mais par une sorte de compensation qui est comme une justice de la Providence, les terres les moins riches sont les moins exposées aux fléaux de la nature. De toutes ces chances combinées; de tous ces éléments divers se compose la valeur des terres. Le propriétaire de maigres pâturages de montagne où errent quelques moutons et quelques vaches est sans doute à l'abri de l'inondation. Demandez-lui cependant s'il ne les changerait pas avec empressement contre les riches herbages de la vallée qu'engraisse le limon même du fleuve, au risque de les voir inondés tous les dix ans. La chance de l'inondation empêche-t-elle ces belles prairies de valoir, à contenances égales, vingt fois plus que les landes qui les dominent? Quoi donc de plus manifestement injuste que d'imposer le pâtre de la montagne pour indemniser l'herbager de la vallée ?

Il en sera de même pour tous les autres fléaux. Il y a une vaste province qui nourrit plus du quinzième de la population totale de la France et qui est dans une situation tout à fait singulière, c'est la Bretagne.

Le soleil n'y prodigue pas ses rayons, la terre est ingrate dans une grande partie de la province, les pâturages sont maigres, toutes les races de bestiaux de petite taille. Le cultivateur ne recueille que les fruits d'un dur et opiniâtre labeur, mais du moins il n'a rien à craindre des fléaux qui menacent d'autres contrées plus favorisées, ni la grêle, ni l'inondation, ni la gelée. Même son bétail robuste est peu sujet aux maladies.

De quel droit viendrait-on lui imposer une assurance contre des calamités qu'il ignore? Et ce seul exemple ne suffit-il pas à montrer combien il serait profondément inique de généraliser, de rendre obligatoire une précaution qui doit rester facultative sous peine de violer les lois même de la nature?

L'assurance obligatoire des produits agricoles serait de plus tout à la fois immorale et funeste à la production, car elle favoriserait la paresse et l'incurie. Elle habituerait les cultivateurs à compter en toute chose sur le gouvernement et non plus sur eux-mêmes. « C'est le gouvernement qui paye ! » On sait assez ce que signifie cette locution dans le langage populaire.

Je finis, Messieurs, et je conclus :

1° Les reproches que MM. les auteurs de projets adressent aux assurances agricoles privées pour justifier la création d'une assurance par l'État sont absolument inexacts.

2° L'organisation d'une assurance agricole par l'État au moyen de tous les fonctionnaires administratifs entraînerait des inconvénients tels qu'elle est pratiquement impossible.

3° Une mutualité d'assurance agricole dirigée par l'État ne peut pas arriver à combattre les fléaux atmosphériques plus efficacement qu'une assurance privée.

4° Enfin si l'État rend l'assurance obligatoire, il constitue par ce fait même, quelles que soient les paroles employées pour l'expliquer et le justifier, un impôt inique et oppressif.

L'État, Messieurs, a le devoir de protéger l'agriculture. Il a une grande et noble mission à remplir, et il a mille moyens pour y arriver, sans se lancer dans des entreprises où il compromettrait à la fois sa dignité et ses finances. Car enfin, une fois dans cette voie, pourquoi s'arrêterait-il à l'assurance de trois ou quatre fléaux, et négligerait-il les autres, la sécheresse, l'excès d'humidité, le phylloxéra, les multiples maladies des plantes, les accidents ; ceux qui en sont victimes sont aussi intéressants que les victimes de la grêle ou de l'inondation. Pourquoi s'en tenir aux sinistres agricoles, pourquoi ne pas assurer contre les naufrages, contre les chômages industriels ? Cela n'aurait plus de fin.

Que l'État lutte contre les épizooties par de sages mesures administratives, par des prix accordés dans les concours au bétail le mieux tenu, qu'il lutte contre les inondations en construisant des digues, de même qu'il diminue les naufrages avec des phares et des sémaphores, employant ainsi les ouvriers sans travail et mettant à profit la science de ses ingénieurs. Qu'il continue, comme il le fait déjà, à opérer de justes dégrèvements, dans les localités minées par quelque fléau imprévu et exceptionnel. Qu'il lutte contre l'incendie en perfectionnant le service des pompiers dans les villes et les campagnes ! Qu'il lutte contre les maladies des plantes en répandant l'instruction agricole. Qu'il encourage l'émulation par ses fermes modèles, ses concours, ses expositions. Qu'il favorise les Syndicats agricoles qui nés presque d'hier ont déjà rendu de si grands services, soit par l'achat et la vente des produits, soit par la création de Sociétés coopératives, soit par la création de crédits agricoles que certains Syndicats ont déjà organisés avec succès dans leur sphère locale, à l'aide de leur seule mutualité.

Certes un domaine immense est ouvert à l'activité et aux bienfaits de l'Etat. Qu'il ne cherche donc pas au delà. Que sous un prétexte de protection il ne mette pas le cultivateur en tutelle, qu'il lui laisse au contraire son bien le plus précieux, la Liberté. (1)

NOTE adressée par la Société d'assurances mutuelles contre la grêle l'Étoile à M. le Ministre du commerce au sujet du projet de loi déposé le 24 avril 1894.

§ I

Dans cette note très courte, il ne sera pas parlé des considérations générales et sociales qui s'opposent à ce que l'Etat entre dans le domaine des industries privées quelles qu'elles soient. Ces considérations sont trop connues et trop puissantes pour qu'il soit besoin de les rappeler au gouvernement qui doit nécessairement y avoir égard.

Il ne sera pas non plus parlé ici des Compagnies par actions, car on ne pourrait que répéter tout ce que les délégués du syndicat ont dit dans leur rapport à la Commission de la Chambre des députés. Ce qu'ils ont exposé s'applique à toutes les assurances, soit par actions, soit mutuelles. On se borne donc ici à le confirmer en y ajoutant certains arguments propres aux mutuelles grêle, spécialement visées par le projet de loi déposé le 24 avril 1894, et qui, six fois plus nombreuses que les Compagnies par actions, garantissent les deux tiers des valeurs assurées en France.

§ II

Pour justifier l'assurance par l'État ou patronnée par l'État, on reproche communément aux assurances privées leur cherté exagérée, leur esprit de spéculation.

Pour détruire cette légende, il suffit de rappeler la définition même de la mutualité.

Les cultivateurs se réunissent dans un intérêt commun, chacun verse dans la caisse commune une cotisation proportionnée au risque qu'il fait courir. L'année terminée, on compte la caisse, on la partage au prorata des droits de ceux qui ont été sinistrés. Le chiffre des pertes est-il inférieur à celui des cotisations, le surplus, après le paiement des impôts et frais essentiels reste la propriété commune sous la forme d'une

---

(1) Cf. De Courcy.

réserve prévoyante destinée, soit à dégrever le taux normal des cotisations, soit à parer aux années calamiteuses où le chiffre des cotisations serait inférieur au total des pertes.

Les assurés s'administrent eux-mêmes, ils choisissent parmi eux leurs administrateurs et sont, en même temps, assureurs et assurés. N'est-ce pas la meilleure garantie de l'absence absolue de spéculation, de l'équité des tarifs, de la réduction des frais généraux à leur plus extrême minimum, du règlement le plus juste et le plus conciliant des sinistres?

Ces résultats, s'ils n'étaient la conséquence logique et nécessaire de la mutualité, seraient la conséquence inévitable de la concurrence existant entre les diverses assurances privées qui s'administrant séparément et librement, dans le but unique de satisfaire leurs assurés, de les retenir et d'en accroître le nombre, s'efforcent chaque jour de mieux faire.

Outre leur cherté, on reproche encore aux assurances privées leur impuissance et leur précarité.

Ce reproche n'est pas plus fondé que le précédent.

La grêle est le dernier des risques assurables. Les assurances grêle qui réussissent n'ont marché qu'après avoir coûté des sacrifices considérables à leurs fondateurs, qu'en procédant ensuite avec la plus grande prudence et progressivement.

C'est à cette condition qu'elles sont arrivées à rendre de grands services à l'agriculture. Si elles n'en rendent pas de plus grands encore, c'est qu'elles se heurtent à des causes de force majeure dont il sera parlé plus loin, et contre lesquelles l'assurance par l'État, ou patronnée par l'État, ne saurait pas mieux lutter que l'assurance privée.

§ III

On n'insistera pas sur le projet de transformer les fonctionnaires de l'Administration en agents des caisses départementales.

Il y a là une impossibilité matérielle, par suite des travaux multiples, compliqués, difficiles et spéciaux, que nécessitent l'établissement des tarifs, la rédaction des contrats et avenants qui, en grêle, se renouvellent chaque année, le détail et l'évaluation des parcelles, le calcul, le recouvrement et le paiement des cotisations et des indemnités, les expertises faites d'urgence en pleine moisson sur des milliers de pièces, etc.

Mais, il y a plus. Que l'on essaie d'utiliser les fonctionnaires existants ou d'en créer de nouveaux, une question domine toutes les autres : a-t-on mesuré l'étendue et la gravité des inconvénients, résultant des influences et des querelles locales inévitables, la situation faite aux fonctionnaires mis ainsi à la merci de réclamations, de discussions et de critiques irritantes, altérant leur crédit et, par suite, celui du gouvernement?

§ IV

Admettons cependant pour un instant, que cette organisation administrative puisse fonctionner. Sur quelle base s'appuie-t-on pour prétendre que l'État réussira mieux que les particuliers?

On pense que les caisses départementales établies dans toute la France, se rattachant à une caisse centrale régulatrice, entreront dans une ère de prospérité, en vertu de ce principe que plus la base des opérations sera large, plus l'assurance sera prospère et puissante.

Ce principe est vrai, mais à une condition expresse, c'est de réunir des régions, des risques, des cultures de même nature.

Ce principe, au contraire, est radicalement faux, si l'on réunit des régions, des cultures de nature différente.

Ces vérités sont essentielles et élémentaires.

Il y a des départements, des arrondissements, des cantons, des communes qui, régulièrement, sont sinistrés. On les appellera inassurables, car dans toute assurance, il doit y avoir un aléa, et là, il n'y a pas d'aléa.

Si, avec des caisses départementales on réunit, en une même mutualité les risques sans aléa, c'est-à-dire inassurables avec les risques aléatoires, c'est-à-dire assurables, qu'arrivera-t-il? Les sinistres étant répartis sur tous, la prime des mauvais risques sera évidemment très diminuée, celle des bons, au contraire, s'élèvera d'une manière très disproportionnée.

Les bons paieront toujours pour les mauvais.

Ce n'est ni juste, ni pratique.

Cet écueil ne serait évité, par la création de la caisse centrale régulatrice, qu'à la condition de réunir des départements, des risques et des cultures semblables. Autrement, ce serait toujours les mêmes qui verseraient à la Caisse centrale et toujours les mêmes qui seraient en déficit et lui emprunteraient.

Du reste, si ce système était bon, les assurances particulières y auraient recouru depuis longtemps déjà.

Dans ces conditions, les Caisses départementales ne sauraient mieux réussir que les assurances particulières, à moins de puiser tous les ans très largement dans les caisses de l'État et de grever ses finances. Et qu'on ne vienne pas parler ici de la solidarité de la grande famille agricole. Elle ne peut, elle ne doit pas s'appliquer ici. La nature a inégalement distribué ses dons, inégalement aussi ses fléaux. Il y a des terres fertiles, d'autres arides. Il y a des sites régulièrement grêlés, gelés ou inondés ; d'autres, rarement ou inégalement.

De toutes ces chances et de tous ces éléments divers se compose la valeur des terres. Faire payer, au nom de la solidarité de la famille agricole, les cultivateurs rarement grêlés pour ceux qui le sont toujours, ce serait aussi juste que de faire payer les cultivateurs de la montagne, pour indemniser ceux de la vallée qui sont inondés.

§ V

Les partisans de l'assurance par l'État, ou patronnée par l'Etat, évaluent, d'après les statistiques officielles, le total des pertes de l'agriculture que l'État aurait annuellement à rembourser.

La direction de l'*Etoile* a fait le relevé de ces statistiques officielles dans les quinze dernières années, et elle a pu constater leur inexactitude absolue.

Prenons, par exemple, le département d'Eure-et-Loir, pays essentiellement agricole.

En 1880, d'après la statistique officielle, l'Eure-et-Loir aurait éprouvé 458,000 francs de perte. Or, sept Sociétés mutuelles y ont payé ensemble 672,000 francs; c'est un tiers en sus.

En 1881, l'Eure-et-Loir aurait éprouvé, d'après la statistique officielle, 12,400 francs de perte. Or, six sociétés mutuelles y ont payé 110,938 francs, ce qui constitue une perte neuf fois plus élevée que le chiffre officiel.

En 1882, l'Eure-et-Loir aurait éprouvé, d'après les statistiques officielles, 416,000 francs de pertes, tandis que six mutuelles y ont payé ensemble 768,091 francs, soit presque le double.

En 1883, l'Eure-et-Loir aurait éprouvé, d'après les statistiques officielles, 110,000 francs de perte ; or, cinq mutuelles y ont payé 309,523 francs, c'est-à-dire, près du triple.

Il en est de même pour les années suivantes et dans les autres départements.

Prenons l'année 1878.

Dans le Loiret, la perte officielle est de 12.861 francs, alors que l'*Etoile* seule, sans parler des autres mutuelles, y a payé 21,870 francs, presque le double.

Dans Seine-et-Oise, la perte officielle est de 11,031 francs; alors que trois sociétés mutuelles seules y ont payé 109,139 francs, soit dix fois plus.

Dans l'Oise, la perte officielle est de 4,812 francs, alors que trois mutuelles seules y ont payé 80,169 francs de pertes, soit vingt fois plus que le chiffre officiel.

On pourrait encore multiplier ces exemples à l'infini, mais on se bornera à faire remarquer que l'on a eu seulement entre les mains les comptes rendus, par département, de quelques mutuelles.

Si l'on avait les comptes rendus de toutes les mutuelles et ceux des compagnies à primes, et si l'on additionnait les pertes que toutes les sociétés et compagnies ont ensemble constatées et remboursées, l'écart entre les pertes réellement éprouvées et les pertes officielles, serait encore plus sensible et plus accentué.

Les statistiques officielles indiquent aussi dans chaque département le nombre des sinistrés assurés. Là, encore, les chiffres sont aussi erronés que pour les pertes.

Pour ne donner qu'un exemple, dans le Loiret, les statistiques officielles disent qu'il n'y avait aucun sinistré assuré dans ce département en 1876, 77, 78, 79, 81 et 82, alors que l'*Etoile*, à elle seule, a indemnisé dans ce département, pendant ce laps de temps, 661 sinistrés assurés.

En 1880, la statistique officielle découvre, cependant, 9 sinistrés assurés, mais ce chiffre n'en est pas plus vrai pour cela, car l'*Etoile* y a indemnisé, cette année, à elle seule, 175 sinistrés.

Et c'est sur ces statistiques que l'on s'appuie pour dire, qu'en France, il n'y a pas 5 cultivateurs assurés sur 100 sinistrés, et pas 2 exploitations assurées sur 100, et au lieu de rechercher la cause de cette proportion si minime dans l'inexactitude des statistiques officielles, on les adopte, au contraire, sans contrôle, comme exactes, et on en conclut que s'il n'y a pas plus de 2 exploitations assurées sur 100, cela tient évidemment aux assurances particulières qui sont tellement chères, chicanières et aléatoires, qu'on ne peut s'adresser à elles, et que dans ces conditions, l'assurance par l'Etat, ou patronnée par l'Etat, est indispensable.

Mais, s'appuyer sur de telles bases, c'est vouloir entraîner l'Etat dans un inconnu qui peut être aussi funeste à sa dignité qu'à ses finances.

En effet, que l'assurance soit faite directement par l'État ou avec son concours, aux yeux des populations ce sera toujours l'assurance par l'Etat.

Les conséquences qui peuvent en résulter dans les années calamiteuses où les ressources des caisses seraient insuffisantes, sont d'une gravité incalculable.

Une assurance particulière peut sombrer.

L'Etat ne peut pas faire faillite.

§ VI

On a indiqué seulement ici les grandes lignes de la question, sans entrer dans les multiples détails qui seraient venus confirmer ce qui a été dit.

Au surplus, on ne peut trouver de meilleurs arguments contre le projet de loi déposé par M. Viger, ministre de l'Agriculture, que les déclarations suivantes qu'il fait lui-même dans l'exposé de ses motifs :

« L'étude des nombreux documents de cette enquête, écrit

« M. Viger, dont un résumé figure aux pièces annexes de ce
« projet de loi, contient un enseignement dont il importe de
« tenir compte. Dans les nombreuses formes qu'ont revêtues les
« combinaisons d'assurances agricoles, dues à l'initiative privée,
« il en est quelques-unes qui doivent fixer l'attention et qu'il
« convient de développer en les améliorant, pour propager
« l'esprit de prévoyance dans nos populations rurales et les
« pousser à garantir leurs récoltes.

« Par quel moyen parviendra-t-on à ce résultat ?

« Est-ce en substituant l'État aux particuliers et en le char-
« geant d'encaisser les primes et de payer les sinistres?

« Une pareille combinaison parait devoir être écartée tout de
« suite, comme contraire au rôle de l'État qui ne doit pas
« intervenir dans des affaires concernant les intérêts particuliers
« des individus, ni s'exposer aux contestations sans nombre,
« résultant de l'évaluation et du règlement des sinistres.

« L'État est trop impersonnel pour entreprendre des opéra-
« tions de cette nature. Ses agents n'ont pas les qualités voulues
« pour défendre ses intérêts, surtout lorsqu'ils risquent de se
« trouver en présence d'influences étrangères dont ils peu-
« vent redouter d'irriter les susceptibilités. Sa mission est
« plus haute : elle consiste à s'occuper des intérêts généraux
« du pays et comme le développement des institutions de pré-
« voyance revêt ce caractère d'une façon indiscutable, l'État
« doit évidemment intervenir pour les favoriser, mais non pour
« les faire fonctionner lui-même. »

Il est impossible de mieux dire et on ne peut trouver de
meilleure conclusion à cette note que les paroles mêmes de
M. le ministre de l'Agriculture.

PROTESTATION

**Signée individuellement par tous les Agents de l'Abeille
et de l'Étoile, et envoyée séparément par eux
à chaque député de leur circonscription en 1895.**

Monsieur le député,

Vous connaissez les très nombreuses pétitions qui ont été
adressées à la Chambre des députés contre les divers projets
de loi, notamment ceux de MM. Bourgeois et Viger, qui ont
pour but de faire faire l'assurance directement ou indirectement par l'État.

La Commission chargée d'examiner le projet de loi Bourgeois
est en grande majorité hostile à ce projet.

Au contraire, la Commission, chargée d'examiner le projet de loi Viger, propose l'adoption, avec quelques modifications, de ce dernier projet de loi.

Le projet de loi Viger propose de créer, dans chaque département, avec le concours de l'État et de ses fonctionnaires, une *Caisse d'assurances mutuelles et de secours contre les sinistres agricoles* (grêle, mortalité, abatage ou accidents des animaux de ferme et aussi gelée des récoltes et tous autres risques agricoles).

Nous venons, tant en notre nom qu'en celui de nos auxiliaires, protester auprès de vous de la façon la plus énergique contre cette création, comme contre tous les projets tendant à faire faire par l'État, directement ou indirectement, facultativement ou obligatoirement, l'assurance de tous risques quelconques.

En effet :

1° *Cette création n'est réclamée ni par les Agriculteurs ni par l'opinion publique.*

Cela résulte des protestations unanimes émises à la suite de rapports aussi documentés que circonstanciés sur la question.

2° *Cette création est inutile au moins en ce qui concerne la grêle.*

Les Sociétés actuelles d'assurances contre la grêle ne demandent qu'à augmenter leurs affaires, et beaucoup d'entre elles offrent aux cultivateurs des garanties de premier ordre. Si trop d'agriculteurs ne sont pas assurés contre la grêle, ce n'est pas qu'ils ne trouvent pas assureur, c'est qu'ils ne veulent pas s'assurer.

3° *Cette création n'apporterait aucun allègement aux souffrances de l'Agriculture.*

Les cotisations des caisses départementales ne pourraient pas être inférieures aux primes ou cotisations des sociétés d'assurances existantes

L'expérience a montré que les primes des sociétés d'assurances contre la grêle étaient plutôt trop basses, puisque la plupart de ces sociétés ont été forcées de liquider après avoir dû, pour désintéresser leurs assurés, dévorer tout ou partie de leur capital social, et que les autres n'ont pu, qu'après de longues années, constituer des réserves relativement faibles, en comparaison des réserves réunies par les sociétés d'assurances contre l'incendie.

Quant aux frais d'administration des sociétés actuelles, ils seraient nécessairement dépassés par ceux des caisses départementales, l'État gérant plus chèrement que l'industrie privée. Il faudrait donc, pour que les agriculteurs trouvassent un profit, qu'on rejetât une partie des cotisations et les dépenses d'administration sur l'ensemble des contribuables. Or, la Chambre des Députés semble vouloir prendre pour devise : Des économies et plus d'impôts nouveaux.

4° *Cette création serait funeste à la dignité et aux finances de l'Etat?*

Que l'État soit assureur directement ou indirectement, aux yeux des populations il sera l'État assureur.

Des sociétés particulières après avoir englouti, dans les années calamiteuses, toutes leurs réserves et leur capital social, peuvent cesser leurs opérations. L'Etat assureur est tenu de continuer et de grever ses finances.

C'est ce qu'ont compris toutes les Assemblées législatives qui ont été appelées à voter sur les projets d'assurance directe ou indirecte par l'Etat, contre tous risques; projets présentés presque sans interruptions depuis 1848.

4° *Cette création serait une menace pour 150.000 personnes qui vivent de l'industrie des assurances.*

La grêle et la mortalité des bestiaux étant les risques les plus dangereux et les plus onéreux, l'État, pour amoindrir ses pertes, chercherait probablement, après avoir créé des caisses d'assurances mutuelles et de secours contre les sinistres agricoles, à y annexer les risques d'incendie, sur la vie, etc.

Aussi tous les agents d'assurance grêle et toutes les personnes qui vivent de l'industrie de l'assurance sont justement alarmés, et certainement l'adoption du projet de loi Viger aurait pour résultat de créer de nombreux adversaires au Gouvernement et aux Corps élus.

5° *Cette création causerait un préjudice immédiat irréparable aux soussignés agents d'assurances contre la grêle.*

Elle susciterait contre eux la concurrence inégale des fonctionnaires de l'Etat, diminuerait la clientèle qu'ils ont péniblement acquise et leur enlèverait sans indemnité leurs moyens d'existence.

Par ces motifs, nous venons respectueusement, Monsieur le Député, vous demander d'user instamment de tout votre pouvoir et de toutes vos influences pour faire repousser des créations aussi désastreuses pour les intérêts particuliers que dangereuses pour l'Etat.

Veuillez agréer, Monsieur le Député, l'expression de nos sentiments respectueux.

Suivait la liste des protestations émises par les sociétés d'agricultures et les chambres de commerce contre les divers projets d'assurance directe ou indirecte par l'Etat.

PREMIÈRE NOTE

sur les subventions aux assurances mutuelles agricoles

(Chapitre 38 du Budget de l'Agriculture)

Adressée le 22 mars 1898, à MM. les Sénateurs et, notamment,
à la Commission des finances du Sénat, par le Directeur de
l'*Etoile*, délégué de la Réunion des Directeurs mutualistes.

Le 25 février 1898, la Chambre des Députés a voté le chapitre 38 du budget de l'agriculture libellé « Subventions aux
Sociétés d'assurances mutuelles contre la grèle et la mortalité
du bétail et secours pour calamités agricoles », ce chapitre remplaçant l'ancien chapitre 40, *uniquement affecté aux secours
pour calamités agricoles.*

Comme motifs de cette transformation, M. le Ministre de l'agriculture exposa que les secours précédemment attribués, ne dépassant pas 5 0/0 des pertes, étaient insuffisants ; que la répartition
en était compliquée et souvent injuste et semblait encourager
l'imprévoyance, et qu'il fallait, au contraire, engager vivement
les cultivateurs à s'assurer.

D'autre part, la création d'assurances ne pouvant se faire du
jour au lendemain, M. le Ministre de l'agriculture demanda que
le chapitre fût divisé en deux parts : l'une destinée à donner des
subventions pour créer des mutuelles agricoles : l'autre consacrée à accorder encore des secours, qui diminueraient au fur et
à mesure de la création et du développement des mutuelles.

C'est dans ce sens que la Chambre des Députés a voté un
crédit de trois millions au lieu de deux millions demandés par le
Ministre.

La modification de destination de l'article 40 serait acceptable
s'il s'agissait de développer les idées d'assurance et de prévoyance au moyen de subventions ou d'encouragements répartis
à toutes les mutualités agricoles, suivant une règle nette, pré-
cise, à l'abri des abus et de l'arbitraire, par exemple, proportionnellement au capital assuré ou au montant des cotisations.

En effet, en agissant ainsi, comme l'a dit M. Rey, député, à la
séance du 25 février, l'Etat remplacerait peu à peu l'assistance
par la prévoyance, respecterait et encouragerait l'initiative individuelle, ne classerait pas les Sociétés en amies et en ennemies
du pouvoir, en favorisant les unes au détriment des autres, et
laisserait aux Sociétés toute leur liberté, mais en même temps
toutes leurs responsabilités dont on ne peut prévoir l'étendue en
cas de sinistres de grèle ou d'épizooties.

Il résulte bien, au contraire, des paroles prononcées à la tribune de la Chambre par M. le Ministre de l'agriculture, que

l'objet de ces crédits serait de créer des mutualités en s'inspirant du projet de M. Viger, lequel consiste à faire des Caisses d'assurances mutuelles gérées par les fonctionnaires de l'Etat.

M. le Ministre de l'agriculture a, en effet, formellement déclaré qu'il était d'accord avec M. Bertrand, rapporteur du projet de loi Viger, pour le faire aboutir ; que le temps manquait pour le voter avant la séparation des Chambres ; qu'il ne pouvait joindre cette loi organique au budget, parce que le Sénat la disjoindrait ; qu'alors il demandait des crédits, quitte à en faire la répartition lui-même, en attendant le vote de la loi ; qu'il pouvait agir ainsi, parce que, lorsqu'on vote des crédits au Ministère de l'agriculture, il n'est pas nécessaire qu'une loi en règle la répartition, dont le Ministre se charge : que, dans sa pensée, les crédits serviraient *à créer des mutuelles nouvelles* et non à subventionner les mutualités existantes, qui fonctionnent bien : que, si les crédits étaient insuffisants, en cas de sinistres exceptionnels, la Chambre lui voterait certainement ultérieurement des crédits supplémentaires, comme elle l'avait toujours fait antérieurement.

Le vote des crédits paraît donc clairement constituer l'application certaine. quoique un peu déguisée, du projet de loi Viger, car M. le Président de la commission a dit d'autre part, le 8 janvier 1898, à des délégués d'assurances agricoles, qu'à son avis le vote des crédits constituait le premier pas de l'assurance par l'Etat, facilitait et préparait le vote du projet Viger, et M. Viger lui-même s'est déclaré, dans la discussion du 25 février, satisfait des paroles de M. le Ministre, prévoyant le vote ultérieur de son projet.

Or, le projet Viger, c'est l'assurance par l'Etat (1).

Il est impossible d'accepter la théorie de M. le Ministre, quelle que soit l'autorité qui s'attache à sa personne et à sa fonction. On ne peut pas admettre, en effet, que l'on puisse aujourd'hui escompter les effets d'une législation qui n'existe pas, et qui n'interviendra, si elle intervient, qu'à une époque indéterminée. On ne peut pas raisonner comme si elle existait. En un mot, on ne peut pas, sous le prétexte d'une analogie plus ou moins exacte avec une autre matière (celle des secours mutuels), faire voter des fonds par le législateur, à l'heure actuelle, avec la pensée de les employer suivant un mode qui ne peut légalement résulter que d'un vote ultérieur.

---

(1) Le 14 mars, MM. Rey et Mougeot ont démontré à la Chambre la nécessité de répartir les subventions entre toutes les mutuelles suivant une même base. M. Viger a déclaré cet amendement contraire à son projet de loi et, sur la demande du Gouvernement et du rapporteur du projet Viger, l'amendement a été repoussé. L'arrière-pensée est donc le projet Viger, c'est-à-dire l'assurance par l'Etat.

L'assurance par l'Etat, directe et indirecte, est, quoi qu'on ait pu dire, une application du socialisme et une atteinte à l'initiative et à l'industrie privées.

Depuis le dépôt du projet de loi Viger, toutes les Sociétés et Chambres d'agriculture, tous les Syndicats et Congrès agricoles, les Chambres de commerce et les économistes ont énergiquement protesté, sans compter tous les professionnels de l'assurance qui ont organisé un pétitionnement général.

Déjà, en 1857, des projets analogues d'assurances agricoles par l'Etat avaient été déposés et le Conseil d'Etat, après un mûr examen, les avait rejetés.

Il importe donc, si l'on veut entrer dans la voie des subventions pour favoriser les mutuelles, de spécifier nettement que ces subventions n'auront pas pour but de créer des nouvelles mutuelles d'Etat, mais, au contraire, d'encourager toutes les mutuelles privées, suivant des formes fixes, et à l'abri de l'arbitraire.

M. le Ministre a dit un moment qu'il pourrait secourir les mutuelles existantes qui seraient en déficit. Parlait-il des caisses d'assurances déjà créées par les préfets dans plusieurs départements ou des mutuelles privées? Quoi qu'il en soit, le déficit d'une Société peut tenir à tant de causes qu'une base fixe de répartition est, en tous cas, indispensable.

La grande majorité des cultivateurs assurables (en grêle tout au moins) est assurée. Si les statistiques officielles, qui indiquent d'ailleurs des pertes très inférieures à la vérité, ne le mentionnent pas, c'est tout simplement parce que, pour avoir droit aux secours de l'Etat, il faut, comme l'a dit M. le Ministre, *déclarer n'être pas assuré.* Mais en réalité, il existe de nombreuses et honorables mutuelles-grêles ; des mutuelles-bétail se fondent tous les jours et la nécessité de l'assurance par l'Etat, outre qu'elle est extrèmement dangereuse, n'est pas réclamée par les cultivateurs qui, grâce à la concurrence, trouvent les conditions les meilleures dans leurs mutuelles particulières. Si donc le gouvernement, comme il l'a dit souvent, est réellement adversaire du socialisme, et partisan des mutualités, il devra nettement les encourager et non pas les détruire par la concurrence administrative.

Liste des principales protestations émises depuis 1894 seulement contre les divers projets de loi d'assurance directe ou indirecte par l'Etat.

Société des Agriculteurs de France (12,000 membres), 20 janvier 1894, 21 février 1895, 9 janvier 1896, 8 mars 1898.

Congrès des Syndicats agricoles réunis à Lyon (402 délégués représentant 1,500 syndicats), 22, 25 août 1894.

7º Congrès du Crédit populaire et agricole, Bordeaux, 1894.

Union des Syndicats du Sud-Est, Bordeaux, 1896.

Société des Agriculteurs du Calvados en 1895.

— de la Haute-Vienne, 30 mai 1895.

— de Tonnerre, en 1895.

— de Saint-Omer, 27 avril 1895.

— de la Côte-d'Or, 28 décembre 1895.

Société d'Économie industrielle et commerciale de Paris (M. Lourdelet, président), 15 juin 1894.

Union commerciale de Caen, 11 décembre 1894.

Congrès populaire et agricole de Caen, 10 au 16 mai 1896.

Chambre syndicale des négociants en vins de Caen, 21 décembre 1894.

Syndicat du commerce de Cette, 15 janvier 1895.

Lettre du Président de la Chambre de commerce de Bordeaux.

Syndicat des Agents généraux de la Somme, août 1895, janvier 1896, février 1898.

Syndicat des Agents généraux de Lille, octobre 1894.

Principales objections contre le projet Viger, agents d'Abbeville, 1895.

Observations sur le projet d'une caisse départementale d'assurance, Côte-d'Or, 1895.

Exposé critique par le Syndicat des assurances agricoles d'Amiens, 1895.

Syndicat des Agents généraux d'Arras, août 1895, novembre 1897.

Syndicat des Agents généraux de Guéret.

— de Dôle.

— de Laon.

— de la Dordogne.

— de Valenciennes.

— de Sens.

— de la Somme.

— de S.-et-Marne, 5 mars 1898.

— de la Côte-d'Or, 21 février 1898.

— du Pas-de-Calais, 9 février 1898.

— de la Hᵗᵉ-Vienne, 11 janvier 1898.

— de la Marne, 29 juin 1897, 20 novembre 1897.

— de Vaucluse, novembre 1897.

— de la Seine-Infᵉ, 5 février 1898.

— de la Gironde, 23 novemb. 1897.

— de la Drôme, 23 mars 1896.

— de Meurt.-et-Mos., 31 mars 1896

— des Vosges, février 1898.

— de Seine-et-Oise, février 1898.

— de Semur, 28 février 1898.

Syndicat des Agents généraux d'Alençon, 18 janvier 1898.
        —   de St-Quentin, 17 janvier 1898.
        —   de Beaune, février 1898.

Pétitionnement des Agents d'assurances (150.000), déposé par M. Say, 16 mai 1895.

Syndicat des Compagnies par actions, 14 février 1895.

Union syndicale des Directeurs mutualistes, 25 mai 1895, 14 mars 1898.

Pétition des Employés de la Compagnie l'*Union*, 28 janvier 1895.

Union syndicale des Commerçants de Toulouse, 12 novembre 1894.

Union des syndicats agricoles réunie à Bordeaux, 28 février 1896.

Union du commerce de la Côte-d'Or, 29 novembre 1897.

Syndicat des assurances agricoles, 1895, 1897.

Des assurances agricoles à la ligue de la petite propriété, par Sabatier, secrétaire général, Cravant, 1897.

CHAMBRES DE COMMERCE

Abbeville, 17 mai 1895 ; Agen, 31 mai 1895 ; Alençon, 12 juin 1895 ; Alger, 13 mars 1895 ; Amiens, 8 mai 1895 : Angers, 19 mars 1895 ; Angoulème, 13 mars 1895 ; Annonay, 30 mars 1895, 16 novembre 1897 ; Armentières, 9 avril 1895 ; Arras, 9 avril 1895 ; Aubenas, 30 mars 1895 : Auxerre, 19 mai 1895 ; Avesnes, 14 mai 1895 ; Avignon, 8 mai 1895.

Bar-le-Duc, 3 mars 1895 ; Bayonne, 17 juillet 1895 : Beaune, 4 avril 1895 ; Beauvais, 27 avril 1895 ; Besançon, 27 avril 1895 ; Béthune, 22 avril 1895 : Bordeaux, 27 avril 1895 ; Boulogne-sur-Mer, 8 mars 1895 : Bourges, 7 mai 1895 ; Brest, 9 mars 1895.

Caen, 7 février 1895 : Calais, 23 mars 1895 ; Cambrai, 16 mars 1895 ; Carcassonne, 5 juin 1895, 11 décembre 1897 ; Castres, 9 février 1895 ; Cette, 8 mai 1895 : Châlons-sur-Marne, 15 mai 1895 ; Charleville, 7 février 1895 : Cherbourg, 16 mars 1895 ; Clermont-Ferrand, 27 juin 1895 : Cognac, 3 juillet 1895.

Dieppe, 12 mars 1895 : Dijon, 1er avril 1895 ; Douai, 28 mars 1895 ; Dunkerque, 8 mars 1895.

Elbeuf, 13 mai 1895 ; Epinal, 2 février 1895.

Flers, 21 juin 1895 ; Fougères, 4 mars 1895.

Granville, 6 mai 1895 ; Gray, 21 mai 1895.

Hàvre (Le), 28 juin 1895 : Honfleur, 20 décembre 1894.

Jura, 14 mars 1895.

Laval, 6 avril 1895 ; Lille, 22 mai 1895 ; Limoges, 29 mars 1895 ; Lons-le-Saulnier, 14 mars 1895 ; Lorient, 9 mai 1895 ; Lyon, 25 avril 1895.

Màcon, Charolles et Tournus, 1er décembre 1894 ; Le Mans, 2 mai 1895 ; Marseille, 26 mars 1895 ; Montauban, 17 juin 1895 ; Montpellier, 27 avril 1895.

Nancy, 5 avril 1895 ; Nantes, 14 mai 1895 ; Nevers, 26 avril 1895 ; Nice, 12 juin 1895 ; Nimes, 6 mars 1895.

Oran, 4 mars 1895 ; Orléans, 7 juin 1895.

Paris, 26 juin 1895 ; Perpignan, 16 mai 1895 ; Pont-Audemer, 8 avril 1895.

Quimper, 29 mai 1895.

Reims, 24 décembre 1894 ; Rennes, 7 mars 1895 ; Roanne, 1er mai 1895 ; La Rochelle, 11 mars 1895 ; La Roche-sur-Yon, 7 mai 1895 ; Rochefort, 7 juin 1895 ; Roubaix, 22 mars 1895 ; Rouen, 9 mai 1895.

Saint-Dizier, 19 juin 1895 ; Saint-Étienne, 10 mai 1895 ; Saint-Nazaire, 25 juillet 1895 ; Saint-Quentin, 6 février 1895 ; Saint-Omer, 13 mai 1895 ; Sedan, 18 avril 1895.

Toulouse, 2 juillet 1895 ; Tourcoing, 4 avril 1895 ; Tours, 15 mai 1895 ; Le Tréport, 14 mars 1895 ; Troyes, 5 avril 1895 ; Valence, 5 mars 1895 ; Valenciennes, 6 mars 1895 ; Vienne, 6 avril 1895 ; Vosges, 2 février 1895, etc...

DEUXIÈME NOTE

Sur les Subventions aux Assurances mutuelles agricoles.

(Chapitre 38 du Budget de l'Agriculture)

Adressée le 22 mars 1898, à MM. les Sénateurs et, notamment, à la Commission des finances du Sénat, par le Directeur de l'*Etoile*, délégué de la Réunion des Directeurs mutualistes.

Nous nous excusons, vis-à-vis du Sénat, de prendre encore la parole au sujet de cette affaire.

On voudra bien nous le pardonner à raison des responsabilités qui nous incombent et, dès à présent, nous disons que l'objet spécial de la présente note est de proposer une disjonction pure et simple qui nous parait, devant le Sénat, la seule solution raisonnable.

Le chapitre 38 du budget de l'Agriculture est ainsi libellé :

« Subventions aux Sociétés d'assurances mutuelles agricoles contre la grêle et la mortalité du bétail, et secours pour calamités agricoles ; »

Il remplace l'ancien chapitre 40, intitulé :

SECOURS POUR CALAMITÉS AGRICOLES (1)

Comme l'a dit M. le Ministre de l'Agriculture, le 14 mars, cette modification est *une nouveauté.*

---

(1) Voir *Journal officiel* des 25 février et 14 mars 1898.

Elle est inspirée par le projet de loi de M. Viger qui établit l'assurance par l'Etat au moyen de caisses mutuelles départementales rattachées à une caisse centrale d'Etat.

En effet, M. le Ministre de l'Agriculture, après s'être déclaré formellement partisan de ce projet de loi qui, faute de temps n'avait pu encore être voté, exposa, à plusieurs reprises, que l'utilité des subventions serait « *de créer des Sociétés nouvelles partout où l'on pourrait* », que le rôle de l'Etat n'était pas de subventionner les Mutuelles existantes qui fonctionnaient bien, mais de faire naître des Sociétés nouvelles et de servir de « régulateur » entre les diverses Sociétés.

(25 février et 14 mars).

(M. Viger prévoit, en effet, dans son projet, une caisse centrale d'Etat où les caisses départementales pourraient recourir dans certains cas).

MM. Rey et Mougeot, députés, demandèrent, à la séance du 25 février et à celle du 14 mars, que toutes les Mutuelles soient également traitées, et reçoivent une subvention proportionnelle, suivant une base égale, fixe et non arbitraire.

M. Viger combattit ces amendements, disant :

« Leurs amendements (de MM. Rey et Mougeot) *vont à l'encontre des dispositions qui ont été inscrites dans le projet que j'ai déposé jadis* au nom du gouvernement. *Ce projet consistait à constituer des caisses d'assurances*, ou plutôt de prévoyance, *départementales et d'Etat...* Vous allez empêcher la *constitution de la caisse de réassurance que j'avais eu la pensée de constituer au Ministre de l'Agriculture... Laissez la réglementation intervenir par le projet* que j'ai déposé autrefois, *tel qu'il a été rapporté par M. Bertrand.* »

(14 mars 1898).

« *M. le Président du Conseil, nous sommes tout à fait d'accord... Il serait bien entendu que, les années suivantes, on restreindrait progressivement le chapitre 38* (Secours pour calamités agricoles), qu'on opérerait une ventilation du chapitre 38 au chapitre 38 *bis* (Subvention aux Mutuelles), *de façon que les cultivateurs soient bien prévenus* qu'après un certain temps, *lorsque mon projet serait voté*, ce chapitre de secours spéciaux serait complétement épuisé et absorbé par l'autre chapitre, *celui des subventions aux Sociétés d'assurances agricoles...*

« Je désirerais qu'on *conservât* à ce fonds la *destination qui lui avait été donnée primitivement par le projet.* »

(25 février 1898).

Après ces diverses discussions, M. le Rapporteur général exprima ainsi :

« *La Commission, d'accord avec le gouvernement et avec la Commission des Assurances agricoles, dont M. Bertrand est le Rapporteur, demande le rejet de l'amendement.* »

(14 mars 1898).

L'amendement fut repoussé.

Il en résulte implicitement l'approbation du projet de loi de M. Viger.

On préjuge ainsi l'emploi des fonds, suivant un mode qui n'existe pas légalement et qui ne peut résulter que d'un vote ultérieur. On tend indirectement à faire juger le fond d'une question de législation. On provoque d'une manière détournée une décision qui ne regarde ni le budget ni la loi de finances, car, ainsi que l'a déclaré le Président de la Commission du budget de la Chambre, le 8 janvier, à des délégués d'assurances agricoles, le vote de ces subventions constitue le premier pas de l'assurance par l'Etat, prépare et facilite l'adoption du projet de M. Viger.

Le vote de ces subventions peut permettre au Ministre de créer des Mutuelles nouvelles, patronnées par l'Etat, c'est-à-dire un organisme nouveau, qui, lors de la discussion ultérieure du projet d'assurance par l'Etat, serait invoqué comme existant en vertu de l'approbation des Chambres, et qui forcerait à l'adoption du projet de M. Viger.

Ce vote peut permettre au Ministre de créer un état de choses contraire aux lois existantes.

Déjà la création de plusieurs Mutuelles départementales a été tentée ces dernières années. Elle a été déclarée illégale par le Conseil d'Etat (Avis du 21 mai 1896) et même par le Ministre de l'Intérieur (Lettre du 9 août 1897). Le vote des subventions demandées par le M. le Ministre de l'Agriculture donnerait à ces créations une apparence de légalité.

Pour justifier le vote de ces subventions, il n'y a pas lieu d'établir d'analogies entre les assurances mutuelles agricoles et les Sociétés de secours mutuels, dont l'objet et l'organisation sont différents, et pour lesquelles, du reste, la répartition des subventions est réglementée.

Les explications que nous venons de formuler ici ont eu pour résultat évident de démontrer au Sénat qu'il existe dans cette matière spéciale une situation contentieuse. Le Sénat est saisi du budget de 1898 et de la loi de finances qui a trait à ce budget et ce n'est ni le budget ni la loi de finances qui peuvent en réalité trancher ces questions sur lesquelles des projets de loi sont déposés depuis plus de quarante ans et qui divisent et le Ministère, et M. Viger, et les agriculteurs, et les Sociétés d'assurances.

M. Viger soutient un système qui n'a cessé de soulever les protestations vives et unanimes des Sociétés d'agriculture, des

syndicats agricoles, des professionnels de l'assurance et des
économistes ; des amendements fortement motivés soutiennent
un autre système ; M. le Ministre de l'Agriculture au milieu de
ces divergences demande à avoir la libre disposition des fonds
pour les employer suivant les principes du projet de loi de
M. Viger.

M. le Ministre de l'Agriculture a bien compris l'irrégularité à
laquelle on allait aboutir, car *il a dit en propres termes* que ce
n'était pas le moment de discuter et de résoudre une question
de cette nature ; *que, si on le faisait* malgré sa *protestation, le
Sénat serait obligé de disjoindre.*

La question n'en a pas moins été, en fait, discutée à la Chambre
par suite des amendements proposés, et il ne pouvait en
être autrement en présence de la modification demandée à
l'article 38. Or, ce n'est pas en désertant son véritable cadre,
que la question a pu venir se faire solutionner par le budget
de l'année courante, et la loi de finances ne peut résoudre
implicitement ce qui constitue une loi organique des plus
graves.

C'est la négation de tous les principes.

Il ne faudrait pas que le Sénat crût qu'il donnerait une bonne
solution en abaissant le crédit de 3 millions à 2 millions. Il
changerait un chiffre mais ne donnerait aucune solution.

Ce que nous appelons une irrégularité, pour ne pas dire une
illégalité, continuerait à subsister.

Il n'y a donc qu'une chose à faire pour le Sénat, c'est de
disjoindre purement et simplement, comme il va nécessairement
le faire aussi sur un grand nombre de questions que l'on
a mal à propos arrachées de leur cadre naturel, pour essayer
de les faire résoudre par le budget. En conséquence, il **y a**
lieu de rétablir le crédit tel qu'il était autrefois avec sa même
affectation : « Secours pour calamités agricoles » *et de disjoindre
les mots* : « Subventions aux Mutuelles agricoles ».

TROISIÈME NOTE

**adressée le 30 mars 1898 par le Directeur de l'« Étoile »
au Rapporteur et aux Membres de la Commission de
finances du Sénat, à la suite de la communication à lui
faite du Rapport général du budget.**

MESSIEURS LES SÉNATEURS,

Permettez-moi de compléter, en quelques mots, les deux notes
des 16 et 18 mars, que j'ai eu l'honneur de vous faire remettre
sur les Subventions aux Mutuelles agricoles.

Au sujet de ces subventions et du projet de loi de M. Viger, on lit dans le Rapport général du budget, page 760 :

« C'est en vue de réaliser une réforme sur l'opportunité de laquelle tout le monde est aujourd'hui d'accord, mais dont le vote par la Chambre peut subir encore d'assez longs retards que le libellé du chapitre 40 a été modifié pour l'exercice 1898.

Le concours de l'Etat aura le précieux avantage de stimuler et d'encourager l'initiative privée...

Or, 1° si une réforme a jamais suscité les plus vives et les plus unanimes protestations, c'est bien celle proposée par le projet de loi de M. Viger. Ma note, du 16 mars, *in fine*, en contient les principales.

2° Le projet de loi de M. Viger, loin d'encourager l'initiative privée, la détruit totalement, car ses caisses mutuelles sont gérées et instituées entièrement par les fonctionnaires de l'Etat.

Enfin, la loi de M. Viger n'est pas votée et, comme je l'ai expliqué déjà, il est impossible d'en voter régulièrement les crédits.

Par ces motifs, puisque la Commission des finances du Sénat propose de réduire le crédit au chiffre de 1897, je demande instamment, au nom des assurances mutuelles, dont je suis le Délégué, qu'en même temps elle rétablisse l'ancien libellé du chapitre et disjoigne les mots : « Subventions aux Mutuelles agricoles ».

Je me permets d'insister avec d'autant plus d'énergie que je suis incontestablement le fidèle interprète de tous les intéressés, c'est-à-dire, de tous les cultivateurs assurables, de toutes les chambres et sociétés d'agriculture, de tous les syndicats agricoles qui n'ont cessé de protester unanimement avec tous les professionnels de l'assurance et les chambres de commerce contre le projet de loi de M. Viger.

Veuillez agréer, etc.

QUATRIÈME NOTE

**remise par le Directeur de l' « Étoile » à plusieurs Séna-
teurs et à la Commission de finances, pour démontrer que
le projet de loi déposé au nom du gouvernement, le 24
avril 1894, constitue formellement l'assurance par l'État,
malgré les considérations contraires de l'exposé des motifs.**

(Voir *Journal officiel* du 5 juin 1894, page 629, annexe n° 558).

EXPOSÉ DES MOTIFS DU PROJET
DE LOI

Pour les risques provenant de la grêle, ce sont les grandes compagnies à primes fixes ou mutuelles, *sur toute la France ou sur une grande étendue de territoire, qui donnent les meilleurs résultats*, parce que les risques divisés et répartis de tous côtés égalisent et nivellent les pertes. Toutes les petites sociétés locales qui ont voulu se constituer pour garantir les récoltes ont toutes dû cesser leurs opérations.

..... Si l'on voulait imposer l'assurance au cultivateur en l'obligeant à payer chez le *percepteur* sa prime d'assurance, on *ruinerait l'institution en se faisant des ennemis de* tous les habitants des campagnes, qui ne manqueraient pas, vu la forme qu'affecterait le paiement des primes, *de les considérer comme un impôt nouveau.*

..... Dans les nombreuses formes qu'ont revêtues les combinaisons d'assurances agricoles dues à l'initiative *privée*, il en est quelques-unes qui doivent fixer l'attention, et qu'il convient de *développer* en les améliorant pour propager l'esprit de prévoyance dans nos populations rurales et les pousser à garantir leurs récoltes et leur bétail contre les accidents qui les menacent.

TEXTE DU PROJET DE LOI

ARTICLE PREMIER. — Il est créé dans *chaque* département une institution d'assurance mutuelle.

ART. 5. — Les cotisations individuelles sont recueillies par les *percepteurs des contributions publiques.* Les fonds sont immédiatement versés dans la caisse *du trésorier payeur.*

ART. 6. — Les demandes d'inscription pour assurances sont faites *à la mairie* et *transmises au préfet* qui les envoie au directeur de la caisse. En cas de sinistre, déclaration en est faite au *maire*, etc.....

ART. 7. — Dans chaque commune, il est institué un bureau local composé du *maire*, de trois membres désignés, *du contrôleur des contributions.* Ce *bureau* est chargé de constater les dommages, etc.

ART. 8 et 9. — Le *directeur* de chaque caisse est nommé par le *préfet;*

Par quel moyen parviendra-t-on à ce résultat ? Est-ce en substituant *l'Etat aux particuliers* et en les chargeant d'encaisser les primes et de payer les sinistres ?

Une telle combinaison paraît devoir être *écartée tout de suite comme contraire au rôle de l'Etat, qui ne doit pas intervenir dans les affaires concernant les intérêts particuliers des individus, ni s'exposer aux contestations sans nombre résultant de l'évaluation et du règlement des sinistres.*

L'Etat est trop impersonnel pour entreprendre des opérations de cette nature. *Ses agents n'ont pas les qualités voulues* pour défendre ses intérêts, surtout lorsqu'ils risquent de se trouver en présence d'influences étrangères dont ils peuvent redouter d'irriter les susceptibilités. Sa mission est plus haute : elle consiste à s'occuper des intérêts généraux du pays, et comme le développement des institutions de prévoyance revêt ce caractère d'une façon indiscutable, l'Etat doit évidemment intervenir *pour les favoriser mais non pas pour les faire fonctionner lui-même.*

...... Avec les caisses ainsi organisées, avec un *mécanisme des plus rudimentaire, sans frais de personnel ni d'intermédiaire,* on obtiendra le maximum d'économie possible......

Une grande diminution dans le taux des primes et la simplification du mécanisme auront certainement pour effet le développement de l'assurance dans les campagnes, et l'Etat, en encourageant ces institutions, en poussant à leur développement sans s'imposer des sacrifices exagérés, aura rempli la mission dont il est investi, TOUT EN RESTANT COMPLÉTEMENT ÉTRANGER A LEUR FONCTIONNEMENT.

le Conseil d'administration est composé du *préfet,* du *trésorier-payeur général,* etc.

Le trésorier-payeur général remplit les fonctions de trésorier de la caisse.

ART. 10. — Le Conseil d'administration se réunit sur convocation du directeur, après avis préalable *du préfet.* Il détermine *le traitement du directeur, le nombre et les émoluments de ses agents,* de même que les indemnités qui peuvent être dues pour *frais de voyages et autres causes.*

ART. 11. — Les mandats de paiements sont adressés aux sinistrés par l'entremise du *maire* de leur commune.

ART. 24. — Une caisse *nationale de secours* est instituée à Paris, *avec le concours et sous le contrôle de l'Etat.*

Le directeur serait nommé par le *ministre* et les fonctions de trésorier seraient remplies par le *directeur de la Caisse des Dépôts et Consignations* (art. 29).

La comptabilité serait contrôlée par l'inspection générale des finances (art. 34), et, chaque année, un rapport serait soumis au Président de la République (art. 32).

Statuts de la Société l' « ÉTOILE »

I. — Constitution.

ARTICLE PREMIER. — L'ÉTOILE, Société d'assurances mutuelles contre la grêle, a été autorisée par ordonnance royale du 7 juin 1834. En exécution de l'article 67 de la loi du 24 juillet 1867 et du décret du 22 janvier 1868, elle a été réglementée avec une durée expirant au 1er janvier 1960, suivant délibérations du *Conseil général des Sociétaires* en date des 6 décembre 1899 et 4 décembre 1901, suivant statuts déposés au rang des minutes de Me M. Robin, notaire à Paris.

ART. 2. — La Société conserve son siège à Paris, et la dénomination de l'ÉTOILE. Elle étend ses opérations aux départements de l'Aisne, de l'Aube, du Cher, de l'Eure, d'Eure-et-Loir, de l'Indre, d'Indre-et-Loire, du Loiret, de Loir-et-Cher, de la Marne, de l'Oise, du Pas-de-Calais, de la Sarthe, de la Seine, de Seine-et-Marne, de Seine-et-Oise, de la Seine-Inférieure, de la Somme, de l'Yonne et limitrophes.

ART. 3. — Elle a pour objet de garantir mutuellement contre les risques de la grêle seulement, d'après le mode indiqué au chapitre II, les produits agricoles désignés en l'article 7.

La Société n'assure pas contre les inondations, les trombes, coups de vent et autres accidents météorologiques qui peuvent précéder, accompagner ou suivre les orages : elle ne garantit que les dommages causés aux récoltes par l'action exclusive et mécanique de la chute des grêlons.

La garantie de la Société s'étend exclusivement jusqu'à la mise en meules ou l'enlèvement des produits assurés.

ART. 4. — La Société exclut toute solidarité entre ses membres. Elle peut donner et prendre des réassurances. Ces réassurances sont autorisées par le Conseil d'administration.

II. — Système de l'Assurance.

ART. 5. — Le système fondamental de la Société est la division de sa circonscription générale en circonscriptions partielles formant autant de mutualités qui se portent réciproquement secours et concourent au payement des charges en proportion des risques que présentent les récoltes assurées. *Sauf exceptions déterminées par le Conseil, les circonscriptions partielles correspondent, dans chaque département, aux arrondissements administratifs.*

Art. 6. — Les circonscriptions partielles subviennent d'abord intégralement et par préférence à leurs propres charges. Si, dans l'une ou plusieurs d'elles, la cotisation élevée jusqu'au maximum ne suffit pas pour y faire face, les autres circonscriptions viennent alors à leur aide, en versant une contribution dite de secours ; mais cette contribution de secours ne doit, en aucun cas, réunie à leur contribution personnelle, dépasser les 4/5mes du maximum de la cotisation. D'après ces principes, il est dressé chaque année une répartition qui forme la statistique de la Société et sert de base au Conseil général pour fixer le taux de la cotisation ordinaire annuelle dans chaque circonscription.

ART. 7. — Les produits agricoles assurés par la Société sont répartis en deux classes qui, elles-mêmes, peuvent se subdiviser en classes intermédiaires.

La première comprend : les prairies naturelles et artificielles, les plantes fourragères, les pailles et graines de toutes les céréales, les pommes de terre, les maïs, sarrasins.

La deuxième se compose des colzas, chénevières, œillettes et, en général, de toutes les graines oléagineuses, des fèves, pois, lentilles et haricots, fourrages à graines, et, selon les contrées, de tout ou partie des céréales.

Le Conseil d'administration pourra modifier le tableau des circonscriptions ainsi que la désignation et le classement des récoltes qui peuvent être assurées.

ART. 8. — L'estimation donnée aux récoltes dans l'adhésion ou le dernier assolement forme le capital de l'assurance. Elle sert de base aux charges sociales de l'assuré et détermine la limite maximum de la garantie de la Société. Le capital sera toujours arrêté par somme ronde de cent francs.

ART. 9. — Les charges de la Société sont de deux sortes :

1° Les indemnités et par privilège les frais d'expertises et d'actions judiciaires, les non-valeurs régulièrement constatées, les frais d'enregistrement et de timbre, les frais de premier établissement et de liquidation de la Société, les frais de réassurances et de perception des cotisations, enfin les jetons de présence aux membres des Conseils et les dépenses extraordinaires autorisées par le Conseil général.

Ces charges sont supportées par le fonds de garantie dont le maximum est fixé par le paragraphe 1° de l'article 10 ci-après, et en cas d'insuffisance par le fonds de réserve.

2° Les frais et dépenses de toute nature d'administration et de gestion de la Société.

Ces frais et dépenses sont supportés par la contribution spéciale dont le maximum est fixé au paragraphe 2° de l'article 10 ci-après.

III. — **Cotisations et Fonds de réserve.**

ART. 10. — Tout assuré doit payer annuellement à la Société :

1° Une cotisation dont le maximum, formant le fonds de garantie de la Société, ne peut dépasser : 1 fr. 50 c. pour les récoltes de première classe et au-dessous ; et 3 francs pour les récoltes de deuxième classe et au-dessous, par 100 francs de valeurs assurées ;

2° Une contribution pour frais d'administration dont le maximum est fixé à 30 centimes par 100 francs de valeurs classées, à 2 francs pour le coût de la police et à 1 franc pour le coût de chaque assolement.

Tarif fixé pour les frais d'administration.

26 cent. par 100 fr. sur toute assurance de			100 fr.	à 10.000 fr.
24 —	—	—	10.100	à 20.000
22 —	—	—	20.100	à 30.000
20 —	—	—	30.100	à 40.000
18 —	—	—	40.100	à 50.000
16 —	—	—	50.100	à 60.000
14 —	—	—	60.100	à 70.000
12 —	—	—	70.100	à 80.000
10 —	—	—	80.100 et au-dessus.	

Art. 11. — Dans les limites du maximum établi par l'article précédent et en se basant sur les répartitions dressées en exécution de l'article 6, le Conseil général fixe chaque année, sur la proposition du Conseil d'administration, le taux de la cotisation ordinaire qui sera perçue l'année suivante dans chaque circonscription pour faire face aux charges spécifiées au paragraphe 1er de l'article 9.

Le taux de la contribution pour frais d'administration est également fixé par le Conseil général, sur la proposition du Conseil d'administration, mais pour une période de cinq années. Il pourra être modifié tous les cinq ans.

Art. 12. — La cotisation ordinaire et la contribution pour frais d'administration sont exigibles au commencement de chaque année ou lors de la remise de la police ; néanmoins, le Conseil d'administration peut en ajourner l'échéance au 1er octobre. Quant aux appels supplémentaires de tout ou partie de la cotisation, dans le cas prévu par l'article 16 ci-après, ils ne peuvent avoir lieu qu'en vertu d'une décision spéciale du Conseil d'administration qui en règle la quotité d'après la liquidation définitive des sinistres et charges de l'exercice. Ne sont considérées comme valables que les quittances signées du Directeur.

Art. 13. — Les cotisations sont payables à la caisse de la Société, à Paris, ou entre les mains du receveur désigné par le Directeur et porteur de la quittance. A défaut de payement, le sociétaire est averti par lettre chargée qui vaut mise en demeure ; il peut alors être poursuivi par toutes voies de droit à la requête de la Société, poursuite et diligence du Directeur, auquel tous pouvoirs sont donnés à cet effet.

Art. 14. — Le bénéfice de l'assurance est suspendu à l'égard de tout sociétaire mis en demeure de payer sa cotisation. Le contrat peut, dans ce cas, être maintenu ou annulé. Le bénéfice de l'assurance est également suspendu lorsque les récoltes assurées ont été warrantées, cédées ou saisies, sans que, préalablement, la Société ait été prévenue et que la cotisation de l'année ait été payée. En cas de suspension, le payement, pendant ou après le sinistre, ne donne droit à aucune indemnité, l'assurance ne reprenant son effet, au profit de l'assuré, qu'à dater du lendemain, à midi, du payement intégral en principal et frais à la caisse de la Société, à Paris.

Art. 15. — Les cotisations reconnues irrécouvrables sur un exercice, pour quelque cause que ce soit, et les non-valeurs admises par le Conseil d'administration sont portées au compte de l'exercice suivant et au débit respectif de chaque circonscription. La cotisation est indivisible entre les héritiers ou ayants droit de l'assuré et chacun en est tenu pour le tout.

Art. 16. — Lorsque les charges d'un exercice n'absorberont pas la totalité de la cotisation ordinaire, l'excédent formera un fonds de réserve destiné à suppléer à l'insuffisance de la cotisation ordinaire et supplémentaire pour le payement des sinistres et charges spécifiées en l'article 9, § 1er.

Si la cotisation ordinaire est insuffisante, il y est suppléé comme il suit : par un premier prélèvement sur le fonds de réserve, mais seulement jusqu'à concurrence des $2/6^{mes}$ de ce fonds ; par une cotisation supplémentaire élevée, s'il y a lieu, jusqu'à concurrence du maximum dans celles des circonscriptions dont les charges ne sont pas couvertes ; par un second prélèvement sur le fonds de réserve, mais seulement jusqu'à concurrence d'un troisième sixième de ce fonds ; enfin, par une cotisation de secours prélevée dans toutes les circonscriptions dont la cotisation n'atteint pas les $4/5^{mes}$ du maximum, mais sans que leur cotisation personnelle, réunie à celle de secours, puisse dépasser les $4/5^{mes}$ de ce maximum, ainsi qu'il est dit à l'article 6.

Art. 17. — En cas d'insuffisance de la cotisation et de la portion disponible du fonds de réserve, l'indemnité de chaque ayant droit, dans les circonscriptions qui n'ont pu se suffire, est diminuée au centime le franc, sans que le déficit puisse jamais être réclamé à la Société.

Les quittances de cotisations et d'indemnités sont données pour solde de tous comptes relatifs à chaque exercice.

Art. 18. — Le fonds de réserve est formé au profit de la Société tout entière, sans distinction de circonscriptions. La répartition, dans les cas prévus par l'article 16, se fera entre les diverses circonscriptions, au prorata du déficit de chacune d'elles.

Art. 19. — Le fonds de réserve devra être placé en rentes sur l'Etat, bons du Trésor ou autres valeurs créées ou garanties par l'Etat, en actions de la Banque de France, en obligations des départements et des communes, du Crédit foncier de France ou des Compagnies françaises de chemins de fer qui ont un minimum d'intérêt garanti par l'Etat. Ces valeurs seront immatriculées au nom de la Société : elles ne pourront être aliénées qu'avec l'autorisation du Conseil d'administration, et le transfert en sera signé par un Administrateur délégué et par le Directeur. Le fonds de réserve est acquis à la Société. En aucun cas, il ne peut être l'objet de réclamations individuelles ou collectives de la part des sociétaires. Lors de la dissolution de la Société, et après la liquidation, ce qui restera du fonds de réserve sera employé en dons, secours et œuvres de bienfaisance. La répartition en sera faite par le Conseil général, sur la proposition du Conseil d'administration.

IV. — **Du contrat d'assurance, de sa formation et de sa durée.**

ART. 20. — La demande d'admission dans la Société se fait par un acte d'adhésion aux Statuts, dans la forme prescrite par le Conseil d'administration. *L'adhésion signée et datée par le demandeur ou son mandataire, énonce ses nom et prénoms, la qualité dans laquelle il agit, la durée de l'assurance, le détail parcellaire des récoltes, leur situation et terroir et l'estimation proposée pour chacune d'elles.*

Le Conseil d'administration, à chacune de ses réunions, et dans l'intervalle, son Président ou l'un des membres délégués à cet effet, prononcera l'admission ou le rejet sur le vu de la demande et le Directeur entendu. Aussitôt la demande admise, l'assurance reçoit un numéro d'ordre et est inscrite sur les livres de la Société : le contrat devient alors définitif et le Directeur délivre une police à l'assuré.

ART. 21. — L'assurance ne produit ses effets actifs et passifs qu'à dater du lendemain, à midi, du jour de son admission par le Conseil.

Le détail des récoltes, désignées dans l'adhésion ou le dernier assolement, continuera à servir de base à l'assurance, tant qu'il n'aura pas été modifié conformément aux dispositions des articles 25 et 26 ci-après.

Toute personne intéressée directement ou indirectement à la conservation d'une récolte peut la faire assurer.

ART. 22. — L'assurance ne couvre qu'une récolte par an ; néanmoins, l'assurance des prairies naturelles et artificielles comprend toutes les coupes de l'année, pourvu que l'assuré indique, dans son assurance, la valeur de chacune d'elles, faute de quoi la première coupe seule est assurée.

Toutes les parties intégrantes d'une récolte, notamment le grain et la paille, sont obligatoirement comprises dans l'assurance. L'assuré a la faculté d'indiquer séparément, pour chaque céréale assurée, la valeur du grain et celle de la paille ; mais la valeur donnée aux pailles ne peut jamais être inférieure au dixième du prix du grain.

Faute par l'assuré de faire cette estimation, ou si elle est faite à un prix inférieur, la paille entrera de droit et d'office pour un cinquième dans la valeur totale de chaque céréale assurée.

ART. 23. — L'assurance est obligatoire pour toutes les céréales d'une exploitation, même si elle s'étend en dehors de la circonscription de la Société. L'assurance est facultative pour les autres récoltes.

La situation des bâtiments de l'exploitation déterminera toujours la circonscription dans laquelle l'assurance devra être classée pour la répartition tant des charges à payer que des indemnités auxquelles elle pourra donner droit.

ART. 24. — L'assuré doit, sous peine de déchéance, faire connaître à la Société si ses récoltes sont déjà assurées à une autre Société ou Compagnie. Si les récoltes sont déjà assurées ou s'il les fait réassurer plus tard, l'indemnité, en cas de sinistre, sera réglée au prorata des diverses assurances qui porteront sur les mêmes objets.

ART. 25. — En raison des variations auxquelles la culture est assujettie, chaque sociétaire a la faculté de fournir tous les ans, avant le 31 mai au plus tard, sous peine de nullité, un nouveau détail de ses assolements, destiné à faire cadrer le montant de son assurance avec la quantité, la nature et la valeur réelle de ses récoltes, mais sans rien changer aux clauses et conditions du contrat.

Les assolements n'ont pas d'effet rétroactif pour les sinistres antérieurs à leur admission : ils ne sont valables qu'à dater du lendemain, à midi, du jour de leur admission à la Direction, à Paris.

En cas de sinistre antérieur, les natures et les quantités de récoltes assurées l'année précédente servent seules de base au décompte de l'indemnité.

ART. 26. — Les dispositions des articles 8, 20 à 25, sont applicables aux assolements, qui doivent être adressés à la Direction, à Paris, avant le 31 mai au plus tard.

Faute par l'assuré de faire son assolement dans ledit délai, il est considéré comme n'ayant pas de changement dans sa culture et compris dans la répartition de l'année pour le même capital et les mêmes natures et quantités de récoltes que l'année précédente, tant pour le payement des cotisations que pour le décompte de l'indemnité que, le cas échéant, il peut être appelé à recueillir.

Jusqu'à la moisson, mais avant tout sinistre, l'évaluation des récoltes peut, avec l'assentiment du Directeur, être augmentée par l'assuré.

ART. 27. — Chaque sociétaire est assureur et assuré soit pour trois, six ou neuf années ou exercices, soit pour la durée de la Société, avec la faculté de se retirer à la fin de chaque période de cinq années ou exercices. Toute dérogation à ces termes doit être stipulée et contresignée dans l'adhésion et relatée dans la police. Le taux des cotisations fixées en exécution des articles 10, 11 et 16 des Statuts subira une augmentation d'un dixième pour toutes les assurances d'une durée moindre de trois années.

Tout exercice, quelle que soit la date de la police, commence le 1er janvier pour finir au 31 décembre de chaque année. Néanmoins, celui qui s'assure dans le courant d'un exercice n'a droit à aucune indemnité pour les sinistres qu'il aurait éprouvés antérieurement, et n'en est pas moins tenu de payer la cotisation entière de l'exercice.

ART. 28. — La Société ou le Sociétaire peuvent rompre l'assurance, soit à la fin de la première et de la deuxième période triennale, soit, si le contrat a été souscrit pour la durée de la Société, à la fin de chaque période quinquennale, en se prévenant réciproquement, par écrit, six mois à l'avance, c'est-à-dire avant le 1er juillet de l'année dans laquelle doit expirer cette période.

Le désistement de l'assuré devra, sous peine de nullité, être écrit et signé par lui ou son fondé de pouvoir, et être remis ou adressé au siège de la Société, à Paris. Le désistement de la Société, signé du directeur, sera notifié à l'assuré par lettre recommandée ou par acte extrajudiciaire.

La Société se réserve, après tout sinistre, la faculté de résilier l'assurance pour les années restant à courir, à la condition de notifier cette résiliation à l'assuré par lettre recommandée, avant le 31 décembre.

ART. 29. — Dans le cas du décès du sociétaire, de vente ou de résiliation forcée, de fin de bail et de toute autre cause de force majeure qui fait que l'assuré ou ses ayants droit n'ont plus d'intérêt à l'assurance, le contrat peut être annulé à la fin de l'année courante, à la condition par l'assuré, ses héritiers ou ses représentants, de justifier par écrit à la Direction, à Paris, avant le 1er mai de l'exercice suivant, de la cause du retrait.

ART 30. — En cas d'aliénation ou de cession volontaire, l'assuré est tenu d'imposer à son acquéreur ou cessionnaire l'obligation de continuer l'assurance, à peine de payer à la Société, à titre de dommages-intérêts, une somme égale aux cotisations de l'année précédente. Le cessionnaire ou acquéreur n'est garanti qu'après acceptation par le Directeur.

V. — Sinistres et Expertises.

ART. 31. — Tout dommage d'au moins un vingtième ou 5 0/0 causé par la grêle aux récoltes assurées doit, sous peine de déchéance, être porté à la connaissance de la Direction, à Paris et non ailleurs, dans les cinq jours qui suivent celui du sinistre.

Le timbre de la poste des avis de sinistre justifiera de la date de leur arrivée à la Direction. Aucun avis rectificatif du premier ne pourra être admis sans l'autorisation du Directeur.

Art. 32. — L'assuré est tenu de fournir à la Direction et aux experts tous les renseignements qu'il peut posséder sur le sinistre qui l'a frappé et sur son exploitation, de représenter sa police, son dernier assolement, son bail, et au besoin des extraits de la matrice cadastrale. Il ne peut y avoir lieu à indemnité sur toute parcelle qui n'a pas été séparément et nominativement désignée dans l'assurance, le dernier assolement ou le détail des ensemencements exigé par le paragraphe suivant.

Si, avant le sinistre, l'assuré n'a pas envoyé d'assolement, il devra fournir avant l'expertise, mais seulement à titre de renseignement, le détail complet de tous ses ensemencements de l'année, grêlés ou non grêlés, ainsi que des jachères.

La Direction peut exiger que le fait de grêle soit certifié par une attestation du maire ou de deux habitants notables de la commune. Sera considéré comme ayant renoncé à l'expertise et déchu de tous droits à indemnité l'assuré qui, invité à produire tout ou partie des renseignements ou documents à lui demandés, s'y sera refusé.

Art. 33. — Sera déchu de tout droit à indemnité l'assuré qui aura fait une fausse déclaration, aura dissimulé une partie de ses ensemencements, déclaré des contenances inexactes, ou qui, sans en faire mention dans son adhésion, aura soumis à l'assurance, des récoltes grêlées antérieurement. Sera également déchu de tout droit à indemnité l'assuré qui, par son fait, aura entravé ou empêché l'expertise des dommages, l'évaluation de la valeur des récoltes ou l'arpentage de ses pièces de terre.

Art. 34. — L'expertise a lieu, autant que possible, dans les quinze jours qui suivent l'arrivée de l'avis du sinistre à la Direction, à Paris, mais la Société se réserve, jusqu'à l'époque de la maturité des récoltes, le droit de fixer le jour de l'estimation définitive des dommages. Elle peut exiger l'arpentage contradictoire des pièces de récolte avant l'expertise. Elle pourra, si elle le juge convenable, provoquer plusieurs expertises.

L'évaluation des pertes se fait sur chacune des pièces ou fractions de pièces de récoltes sinistrées en parties aliquotes et par vingtièmes, après que les experts auront constaté, sur chacune d'elles, leur valeur réelle à l'hectare au moment du sinistre. L'assurance ne pouvant jamais être une cause de bénéfice pour l'assuré, cette estimation servira de base au décompte de l'indemnité si elle est inférieure à l'estimation donnée dans l'assurance. Si elle est supérieure, l'assuré sera son propre assureur pour le surplus, la Société ne pouvant jamais être tenue de payer plus que la valeur assurée. Les frais de moisson et autres sont toujours déduits en cas de perte totale. Cette déduction ne peut être inférieure à deux vingtièmes.

Art. 35. — Tout dommage qui, sur chacune des pièces grêlées, n'atteint pas au moins un vingtième ou 5 0/0 ne peut donner lieu à indemnité, comme aussi toute expertise qui, dans son résultat total, ne produit pas une indemnité de 20 francs au moins est considérée comme non avenue et indûment réclamée.

Dans ce cas, l'assuré supporte seul tous les frais d'expertise et de déplacement, qui ne peuvent être inférieurs à 15 francs.

Art. 36. — L'estimation de la perte a lieu d'après les règles du droit commun, en présence de l'assuré ou lui dûment appelé, par deux experts désignés, l'un par le Directeur et l'autre par l'assuré, si mieux n'aime ce dernier déclarer s'en rapporter à l'expert de la Société. Les experts de l'assuré ne peuvent être choisis parmi ses parents, alliés, serviteurs et salariés, non plus que parmi ses cosociétaires grêlés. En cas de désaccord, les experts choisiront eux-mêmes un tiers expert. Chacune des parties peut exiger que ce tiers expert soit pris en dehors du canton où réside l'assuré. Les trois experts opèrent en commun à la majorité des voix. Ils sont dispensés du serment et de toute formalité judiciaire.

Art. 37. — Si les experts ne s'entendent pas sur le choix du tiers expert, il est nommé par le juge de paix du canton ou le président du tribunal de l'arrondissement de la situation des biens sur simple requête de la partie la plus diligente.

Art. 38. — Toute récolte enlevée ne pourra faire l'objet d'une expertise, ni donner lieu à une indemnité. A l'époque de la moisson, les sinistrés peuvent couper leurs récoltes entièrement, sans laisser de témoins; ils peuvent aussi lier et mettre en dizeaux, mais ils ne peuvent rien enlever de leurs champs grêlés, sauf autorisation spéciale du Directeur. Si les prescriptions ci-dessus n'ont pas été strictement observées, la récolte devra être réputée enlevée.

Art. 39. — Tout dommage nouveau causé par la grêle à la même récolte donne lieu à un nouvel avis, à une nouvelle expertise, en se conformant aux prescriptions ci-dessus.

La dernière expertise annule les précédentes.

Art. 40. — Les dommages causés par la grêle aux récoltes pouvant souvent se réparer par l'effet de la température, de la végétation ou toute autre cause, la Société aura toujours, jusqu'à la moisson, le droit de faire procéder à une nouvelle expertise.

Les prescriptions et pénalités prévues par l'article 33 sont applicables aux contre-expertises ordonnées par le Directeur dans les cas prévus par le présent article. L'assuré qui, après un sinistre, aura détruit ou laissé détruire tout ou partie de la récolte, sans y être autorisé par le Directeur, pourra être privé de toute indemnité. Si, après le sinistre, le dommage est tel qu'il n'y ait plus aucun espoir de récoltes, et qu'il soit encore temps de resemer, le Directeur pourra, après avoir fait constater le fait, traiter à l'amiable avec l'assuré d'une diminution sur l'indemnité à lui payer, et ce dernier pourra dès lors semer une seconde fois à ses risques, périls et profits. L'indemnité ainsi réglée demeure toujours soumise à tout ce qui est prescrit pour la répartition des dommages.

Art. 41. — L'expertise est faite sur les lieux; une note en mentionnant le résultat est remise immédiatement à chaque assuré.

Art. 42. — La Société paye les experts qu'elle a désignés et les assurés ceux qu'ils ont choisis. Tous les frais nécessités par une tierce expertise sont partagés par moitié. Les droits de timbre des déclarations de sinistres et des procès-verbaux d'expertises, s'il y a lieu d'en faire, sont à la charge des sinistrés.

Art. 43. — Il est procédé, dans les trois derniers mois de l'année, à la liquidation des sinistres survenus pendant le cours de l'exercice. C'est seulement alors que les indemnités sont payables aux ayants droit. Les indemnités sont payées à la caisse de la Direction, à Paris, sur les fonds disponibles, au fur et à mesure des recouvrements.

Si les cotisations de l'assuré n'ont pas été payées d'avance, elles sont toujours imputées sur la somme, quelle qu'elle soit, qu'il peut être appelé à recevoir. La preuve testimoniale n'étant pas admise pour le payement de toute somme supérieure à 150 francs, les assurés qui ne sauront ou ne pourront signer seront tenus de fournir à leurs frais une quittance ou procuration par-devant notaire lorsque l'indemnité excédera cette somme. (*Art. 1341 du Code civil.*)

VI. — De l'Administration.

Art. 44. — La Société est représentée par un Conseil général des sociétaires et gérée par un Directeur assisté d'un Conseil d'administration.

§ 1er. — *Du Consèil général des Sociétaires.*

Art. 45. — Le Conseil général se compose des plus fort assurés, ayant au moins vingt mille francs d'assurances, pris, savoir :

Un seul, par circonscription qui n'a pas un capital d'un million d'assurances: deux, dans celles qui ont un million; trois, dans celles qui ont deux millions et plus. Il se réunit au moins une fois par an, sans préjudice des autres convocations que le

Conseil d'administration ou le Directeur juge nécessaire de réclamer. Les veuves et les mineurs ne peuvent en faire partie.

Art. 46. — Les assurés appelés par l'article précédent à constituer le Conseil général sont prévenus individuellement, dix jours au moins avant celui indiqué pour la réunion.

Ils peuvent se faire remplacer par un mandataire qui n'est admis aux séances qu'autant qu'il est porteur d'un pouvoir signé des mandants. Un mandataire ne peut être porteur de plus de cinq pouvoirs.

Art. 47. — Le Conseil général est valablement constitué en assemblée ordinaire par la présence ou la représentation du quart au moins de ses membres. A défaut de ce nombre, il est procédé à une nouvelle convocation dans le délai de quinze jours : dans ce cas, alors, le Conseil est valablement constitué, quel que soit le nombre des membres présents ou représentés, mais il ne peut délibérer que sur l'ordre du jour de la convocation précédente. Pour les assemblées extraordinaires, il est procédé conformément aux articles 19 et 20 du décret du 22 janvier 1868.

Art. 48. — Le Conseil général est présidé par le Président du Conseil d'administration. Il fixe le taux de la cotisation annuelle et quinquennale. Il nomme les membres du Conseil d'administration, le Directeur et le ou les Commissaires institués par l'article 21 du décret du 22 janvier 1868. Il reçoit, par l'organe du Directeur et du ou des Commissaires, communication du compte de chaque exercice, ainsi que des mesures prises par le Conseil d'administration et les approuve s'il y a lieu. Enfin il délibère et statue sur toutes les affaires de la Société et les intérêts qui peuvent la concerner. Ses décisions obligent tous les assurés. Aucune proposition ne peut être mise à son ordre du jour si elle n'a été soumise préalablement au Conseil d'administration. Les dispositions de l'article 53 sont applicables aux membres du Conseil général des sociétaires.

§ II. — *Du Conseil d'administration.*

Art. 49. — Le Conseil d'administration se compose de vingt membres ayant au moins 2,000 francs d'assurances, élus pour 5 ans par le Conseil général. Il se renouvelle par cinquième chaque année. Les membres sortants sont d'abord désignés par le sort, ensuite par leur rang d'ancienneté. Ils peuvent être réélus.

Art. 50. — En cas de décès ou de démission d'un de ses membres, le Conseil pourvoit à son remplacement provisoire jusqu'à la première assemblée du Conseil général.

Art. 51. — Le Conseil d'administration nomme ses Président et Vice-Président. La présence du tiers, au moins, de ses membres est nécessaire pour valider ses délibérations. Il délibère à la majorité des suffrages : en cas de partage, la voix du Président est prépondérante.

Art. 52. — Le Conseil d'administration statue sur l'admission ou le rejet des adhésions et des assolements. Il vérifie et contrôle la gestion du Directeur, se fait rendre compte de la situation des caisse et portefeuille, inspecte les opérations, vérifie les livres, les pièces de comptabilité et les répartitions de sinistres et d'expertises. Il reçoit et vérifie le compte annuel des recettes et des dépenses et l'approuve, s'il y a lieu; il fixe le chiffre des sommes qu'après la liquidation annuelle il y a lieu de porter au fonds de réserve; il autorise, le cas échéant, l'aliénation de la portion du fonds de réserve qui peut être employée au paiement des sinistres. Enfin il prend et règle par arrêtés toutes les mesures d'ordre, d'interprétation et exécution des Statuts.

Le Conseil d'administration peut déléguer tout ou partie de ses pouvoirs à un comité choisi dans son sein, mais dont les arrêtés ne seront définitifs qu'autant qu'il les aura approuvés.

Art. 53. — Les membres du Conseil d'administration ne contractent, en raison de leurs fonctions, aucune obligation personnelle ou solidaire relativement aux opérations et aux engagements de la Société. Leurs fonctions sont gratuites; ils ont droit seulement à des jetons de présence dont la valeur est déterminée par le Conseil général.

§ III. — *De la Direction.*

Art. 54. — La Société est gérée par un Directeur responsable, qui assiste aux réunions des deux Conseils avec voix consultative et dont il rédige les délibérations.

Art. 55. — Le Directeur nomme et révoque tous inspecteurs, receveurs et autres employés, règle leurs attributions, délivre les polices ainsi que les quittances des sommes dues par les sociétaires, à quelque titre que ce soit, et en fait opérer le recouvrement. Il contrôle l'exactitude de l'évaluation des récoltes dans les adhésions et assolements. En cas d'exagération ou d'évaluation trop minime, il provoque toute expertise amiable ou judiciaire. Il fait procéder à l'évaluation des pertes; à cet effet, il nomme tous les experts arbitres, délègue tous inspecteurs ou employés, dicte leurs instructions, règle leurs vacations et frais de déplacement, fait vérifier et dépouiller les expertises, liquider et payer les indemnités. Il fait établir et tenir la comptabilité. Il est chargé d'intenter et de soutenir toutes actions judiciaires au nom de la Société, de transiger, compromettre et donner mainlevée pour elle. Enfin, il est chargé de faire exécuter toutes les mesures qui peuvent se rattacher à la gestion et à l'administration de la Société.

Art. 56. — Le Directeur n'est pas responsable des cas de force majeure.

Art 57. — Le Directeur, pour sûreté de sa gestion, est tenu de fournir un cautionnement en argent, en immeubles ou en rentes sur l'Etat ou en valeurs citées en l'article 19 des statuts. Le chiffre en sera fixé par le Conseil d'administration. Il aura pour base le fonds de réserve et devra toujours être au moins du dixième de ce fonds, sans pouvoir être inférieur à 50,000 francs ni supérieur à 100,000 francs, quel que soit le chiffre du fonds de réserve. Le Conseil d'administration ne peut donner main-levée et décharge du cautionnement qu'après l'apurement des comptes de gestion du Directeur.

Le compte des frais de premier établissement dus au Directeur est, conformément à l'article 13 du 22 janvier 1868, apuré par le Conseil d'administration et soumis au Conseil général qui l'arrête définitivement et détermine le mode et l'époque du rembourse-ment.

Art. 58. — Le Directeur est nommé par le Conseil général sur la proposition du Conseil d'administration. Il peut, avec l'agré-ment des deux Conseils, s'adjoindre un Sous-Directeur, désigné par lui et agréé par eux. M. Edmond Regnault (Regnault de Beaucaron, Charles-Edmond) est Directeur de la Société. En cas de démission ou décès, il aura pour lui ou ses héritiers le droit de présenter un successeur.

VII. — Dispositions générales.

Art. 59. — Toutes contestations entre la Société et les assurés seront déférées à la juridiction civile.

Art. 60. — Tous changements aux présents statuts devront être délibérés et approuvés, sur le rapport du Directeur et du Conseil d'administration, par le Conseil général. Dans ce cas, la moitié au moins de ses membres présents ou représentés sera nécessaire pour valider ses délibérations. Toute modification de Statuts sera portée à la connaissance des sociétaires dans la première quittance de cotisation qui leur sera délivrée. La Société sera dissoute de plein droit si le capital descendait au-dessous de cinq millions.

TABLE ANALYTIQUE

C

H

HACHE, 100.
HADENGUE, 106.
HAGUIN, 223.
HAIMÉ, 104.
HALLOPPÉ, 104.
HALLOT, 223.
HAMOT, 105.
HARAN, 99.
HARANG, 104.
HARDEMARE (V^to de), 103.
HARDILLIER, 102, 102, 102, 230.
HAUSSONVILLE (Comte d'), 24.
HAXAIN, 223.
HAYE, 72, 99.
HEAU, 103, 104.
HEBERT, 105.
HEDOUIN, 104.
HELIE, 226.
HENAULT, 101, 102.
HÉNISSART, 165.
HENOCQUE, 243.
HERBET-PICARD, 224.
HEU, 104.
HEULLANT, 100.
HIAULT, 102.
HIOLIN, 222.
HOGU, 71, 103.
HOUDAS, 103.
HOUDOT, 105.
HOUDY, 103.
HOUSSET, 102.
HOUY, 105.
HOUZÉ, 101.
HUBERT, 71.
HUBLEUR, 226.
HUCHET, 102.
HUET, 100.
HUET, 223.
HUMBERT, 229.

I

INDEMNITAIRES (les cent plus fort), 70.
ISAMBERT, 101.

J

JACQUEMIER, 223.
JACQUES-PALOTTE, 106, 166.
JACQUET, 228.
JACQUILLAT DES PRÉAUX, 109.
JAMAIN, 104.
JANICOT, 221.
JANNAIRE-SIROT, 168.
JARRY, 223.
JAVET, 103.
JEANNET, 229.
JEUILLY, 229.
JOHANET, 103.
JOLIVET, 229.
JOLLY, 230.
JONNART, 81, 251.
JOSEPH, 101, 103.
JOSSEAU, 77, 235, 237.
JOURDAN, 168.
JOURNAUX, 71, 102.
JOZON, 223.
JUBERT, 105.
JUCHET, 101.
JUIN, 228.
JUMEAU, 71, 100, 101, 169.
JUSTES, 227.

K

KREBS, 228.

L

TABLE DES MATIÈRES

CHAPITRE XI

CHAPITRE XII

CHAPITRE XIII

CHAPITRE XIV

CHAPITRE XV

ANNEXES

Imp. Paul Dupont, 144, rue Montmartre. — Paris 2ᵉ Arrᵗ. —120.5 1905 (Cl.)

www.ingramcontent.com/pod-product-compliance
Ingram Content Group UK Ltd.
Pitfield, Milton Keynes, MK11 3LW, UK
UKHW022325090726
13658UKWH00001B/76